W0294533

Amerika na Donald Trump

Van Charles Groenhuijsen verschenen eerder

Live! Macht, missers en meningen van de nieuwsmakers op tv
(met Ad van Liempt)
Oorlog in Irak. Dagboek van Charles Groenhuijsen
Amerikaanse Zaken. 87 columns over bazen in business, knuffelaars op kantoor, leiders aan lagerwal en vrouwen zonder vrees
Hoera! Een nieuwe president
Lekker schrijven in m'n pyjamabroek
Leve Nederland
Amerikanen zijn niet gek
Oh, oh, Amerika
Donald Trump. 'Iedereen houdt van mij'
Oh, oh Amerika – herziene versie
Optimisten hebben de hele wereld

Charles Groenhuijsen

Amerika na Donald Trump

Steeds meer kiezers willen een rechtvaardiger, menswaardiger en zachtaardiger Amerika

Uitgeverij Atlas Contact
Amsterdam/Antwerpen

Deze uitgave is een compleet vernieuwde editie van *Alles gaat voorbij. Zelfs Donald Trump* (2019).

Omslagontwerp Studio Jan de Boer
Foto auteur Sjaak Ramakers
Ontwerp typografie binnenwerk Wim ten Brinke
Drukkerij GGP Media GmbH, Pößneck

ISBN 978 90 450 4328 9
D/2020/0108/760
NUR 508

www.atlascontact.nl
www.chgroenhuijsen.com

FSC www.fsc.org
MIX
Papier van verantwoorde herkomst
FSC® C014496

'If you can't fly then run,
if you can't run then walk,
if you can't walk then crawl.
But whatever you do,
You have to keep moving forward.'

Martin Luther King (1929-1968)

Inhoud

Inleiding

Welkom in de eenentwintigste eeuw: Amerika wordt jonger, veelkleuriger, duurzamer

'Er is een nieuw extreemlinks fascisme in ons land. Vergis je niet, deze linkse culturele revolutie is bedoeld om de Amerikaanse revolutie omver te werpen. Onze kinderen leren op school om hun eigen land te haten; boze bendes proberen standbeelden van onze stichters neer te halen en ontketenen een golf van geweldsmisdrijven in onze steden.'
Donald Trump op 4 juli over demonstraties in het voorjaar van 2020

'We hebben nu de kans om de onderdrukten een eerlijk deel van de Amerikaanse droom te geven. We hebben de kans om de wortels van systemisch racisme in dit land uit te roeien en de idealen te realiseren waarop dit land is gebouwd.'
Presidentskandidaat Joe Biden op 4 juli 2020

VEEL NEDERLANDERS VINDEN AMERIKANEN EN HUN PRESIDENTEN DOM EN OPPERVLAKKIG: HEBBEN ZE GELIJK?

Zijn er Nederlanders die géén gepeperde mening over de VS hebben? Nederland telt zeventien miljoen Amerikakenners. En ze weten bijna allemaal heel zeker hoe het verder moet met de 330 miljoen Amerikanen die sinds januari 2017 Donald Trump als president hebben.

In ons land zou Trump electoraal geen deuk in een pakje boter slaan. De meeste Nederlanders vinden hem vreselijk, afstotend zelfs. Er is in Nederland ook een rumoerige minderheid die vooral via social media ongezouten tekeergaat tegen eenieder die deel uitmaakt van de verzonnen samenzwering van Trumphatende activisten, opiniemakers en medewerkers van de publieke omroep. Ik ben geen complotdenker, maar soms denk je: daar moet een organisatie achter zitten.

Nederland kijkt op 3 november bij de presidentsverkiezingen in elk geval niet neutraal toe zoals we tamelijk ongeïnteresseerd de verkiezingsuitslag in Luxemburg, Finland of zelfs Duitsland tot ons nemen. Nederlanders winden zich – lijkt het wel – meer op over de Amerikaanse politiek dan over het wel en wee van onze vaderlandse politici.

In de 35 jaar dat ik de Amerikaanse politiek volg, heb ik in die Nederlandse waarneming een paar pregnante patronen ontdekt.

Patroon één: Nederlanders zouden elke Democratische kandidaat een overweldigende meerderheid bezorgen, een 'landslide victory'. Republikeinen hebben geen kans in ons polderige politieke landschap. Nederlanders vinden Republikeinse presidenten schurkachtig (Richard Nixon), oppervlakkig (Ronald Reagan), kleurloos (George H.W. Bush), een beetje dom (George W. Bush) of héél dom (Donald Trump). Het is natuurlijk prettig als je dat zo zeker weet. Geef een politicus het etiket *oppervlakkig* of *dom* en je hoeft zelf niet meer na te denken.

Er is in Nederlands denken over Amerika een tweede patroon: wij hebben niet zo'n hoge pet op van de Amerikaanse samenleving. We kijken in meerderheid met afgrijzen naar sociale ongelijkheid, misdaad, wapenbezit, de arrogantie van rechtse politici en het fanatisme van conservatieve christenen. 'Typisch Amerikaans allemaal.' Nou, dan weet je het wel...

Een derde patroon: Nederlanders zijn niet erg optimistisch over de toekomst van de VS. Ze hebben een ronduit pessimistisch Amerikabeeld. Komt het nog wel goed met onze machtige vriend en bondgenoot? Zijn we nog wel zo close met het land van Donald Trump? Nederland is er somber over.

Het vierde patroon: Nederland verwacht in meerderheid dat 'The Donald' herkozen wordt voor een tweede termijn in het Witte Huis. In 2016 verwachtte ook niemand dat hij zou winnen. Hillary Clinton zou de klus wel even klaren. In de opiniepeilingen leek ze onverslaanbaar. Niet dus. Nu koerst Trump met de politieke wind in de rug naar een tweede presidentiële termijn.

Ik stel al die veronderstelde zekerheden in dit boek graag op de proef.

ECHT WAAR – ER IS HOOP: AMERIKA WORDT SNEL EEN PROGRESSIEVER LAND

De eerste maanden van 2020 (deze herziene versie van dit boek loopt tot eind juli) gaat het alleen maar over de om zich heen grijpende corona-epidemie en de in het ravijn getuimelde Amerikaanse economie. Dat ontneemt het zicht op al die andere onderwerpen uit de VS die in rustiger tijden ook opduiken in Nederlandse media. We lezen met diepe afkeuring over draconische abortuswetten, het drastisch terugdraaien van milieuwetten, razzia's om vluchtelingen op te pakken, het onmenselijke gevangenissysteem, de zoveelste massaschietpartij en de onbeschaamde zelfverrijking van Amerika's multimiljardairs.

Dit boek gaat al dat akeligs niet uit de weg. Als de vertrouwde dreun van CNN, Fox of MSNBC met *breaking news* door de Amerikaanse huiskamers dendert, is het vaak slecht nieuws: over conflicten en ruzies, beledigingen en scheldpartijen.

Wat we dan horen en zien, is vaak een eenzijdig relaas over de gekkigheid van gisteren en vandaag. Het goede nieuws gaat veel langzamer en belandt dus niet op de voorpagina of in het tv-journaal. We zitten met zijn allen gevangen in het schuttersputje van de dagelijkse nieuwscyclus. Vanuit zo'n laag punt heb je slecht zicht op je omgeving. Hoe sneller het ene breaking news het andere opvolgt, hoe slechter ons zicht op de langere termijn.

De verslavende vierentwintiguursnieuwsfabriek vertelt ons níét over de minstens even spannende en hoopgevende ontwikkelingen in de Amerikaanse samenleving die zich over jaren uitstrekken. Ontwikkelingen die lang vóór corona begonnen en daarná ook nog jaren zullen doorgaan. En ja, dan is er hoop.

Amerika wordt snel een progressiever land. Een paar voorbeelden: ik had in mijn beginjaren als NOS-correspondent (1986-1989) niet durven voorspellen dat Amerika nog eens het homohuwelijk zou legaliseren. Toch is het gebeurd en de meeste Amerikanen – zelfs veel Republikeinen – vinden dat nu prima.

Na vele jaren van hysterische opsluitgekte denken Democraten én Republikeinen – ja, gelukkig ook Donald Trump – eindelijk schuchter na over een minder bruut en racistisch gevangenissysteem.

Marihuana is in steeds meer staten legaal. Amerika heeft Nederland allang links ingehaald. Hoe symbolisch: in *dispensaries* – de Amerikaanse variant van onze coffeeshops – zijn oer-Hollandse stroopwafels met marihuana te koop. Voor de liefhebbers: Ze heten 'Dutch Girl Stroopwaffles' en hebben tien milligram THC per wafel. In de marihuanawinkels is ook een rijk assortiment aan vrolijk makende chocola, snoepjes, kauwgum en drankjes in de aanbieding. In Nederland zijn die producten niet te krijgen.

Wie had dat tien, vijftien jaar geleden verwacht? Marihuana legaal! Er zitten gevangenissen vol met betrapte gebruikers en kleine dealers. In 1992 liet Bill Clinton zich ontvallen wel eens een stickie te hebben gerookt. Hij voegde er – weinig geloofwaardig – aan toe: 'Ik heb niet geïnhaleerd.' Dit soort zelfreinigende, presidentiële kletspraat lijkt érg lang geleden.

We moeten ook hoognodig ons beeld bijstellen van Amerika als een fanatiek godsdienstig land. De kerken lopen leeg; vooral jongeren keren God massaal de rug toe. Rechts Amerika klampt zich vast aan de achterhaalde zekerheid dat hemelse genade een levenslange garantie biedt voor de overleving van hun strenge conservatieve ideologie. Zelfs deze eeuwige waarheid is nu onderhevig aan de harde wetten van tijdelijke, aardse beperkingen. Ook vóór corona liepen kerken al leeg. Er gingen elk jaar duizenden kerkgebouwen dicht; nu durven velen niet meer naar de kerk vanwege besmettingsgevaar. Het coronavirus geeft veel kerken het laatste zetje.

Steeds meer jongeren zijn niet godsdienstig. De ontkerkelijking, die in West-Europa in de vorige eeuw het fundament onder veel kerken wegsloeg, heeft nu Amerika in zijn greep. De gevolgen voor politiek en samenleving zijn vergaand en niet terug te draaien. Zelfs niet door Donald Trump en zijn kompanen.

Ook onomkeerbaar is de demografische verkleuring van de VS. Het aantal blanken neemt percentueel snel af, met name in de jongere generaties. Onder Amerikanen tot achttien jaar zijn blanken al in de minderheid. De gekleurde minderheden stemmen overwegend Democratisch. Op den duur trekt de demografie het land naar links. De kruistocht van Trump tegen immigranten lijkt een vergeefse poging die ontwikkeling af te remmen. Is Trump zo tegen immigranten omdat hij deze potentiële Democratische kiezers buiten de deur wil houden? Of is dat te cynisch?

De jonge generatie van millennials (1981-1996) en de nog jongere Generation Z zijn samen nu al de grootste groep kiezers. Ze willen een ander Amerika: duurzamer, socialer, minder ongelijk. De kritiek van jonge kiezers op Amerika en zijn merendeels bejaarde leiders is diepgaand. Deze groep kiezers tot pakweg vijfendertig jaar bepaalt het eigen levenspad. Zij zijn de energieke, creatieve en veelal progressieve leiders van morgen.

Zeggen linkse Amerikanen over tien jaar: 'Wat 'n vreselijke man was die Trump toch. Maar achteraf is het het beste wat ons had kunnen overkomen. Hij probeerde ons uit elkaar te drijven maar bracht ons juist samen. En over Trump gesproken: wanneer komt hij eigenlijk uit de gevangenis?'

Wat een scenario zou dat zijn!

Of is het naïeve dagdromerij van de iets te gretige Trumphaters?

EEN ANDER AMERIKA: OVER STILLE REVOLUTIES EN SPREEKSTALMEESTER DONALD TRUMP

Wij journalisten letten eenzijdig op het dagelijkse nieuws en veel minder op de lange termijn. Als nieuwsjunkie was ik in de afgelopen veertig jaar een medeplichtige ervaringsdeskundige! Bij verkiezingen blijft het verleidelijk om te letten op de lawaaiige malligheden van het campagnecircus: wie scheldt op wie en hoe hard is de tegenreactie? Heb je dat laatste tv-spotje gezien? Echt schandalig! Weet je wat Donald Trump nu weer over latino-immigranten, linkse vrouwen en zwarte demonstranten heeft gezegd? En dat dan vierentwintig uur per dag, zeven dagen per week.

Het nieuws uit de carrousel van 24-uurs breaking news is belangrijk, maar gaat bijna altijd gepaard met een knal of plof, ruzie of conflict. Maar dat mitrailleurvuur aan nieuwsfeiten maakt ons niet veel wijzer over wat er echt in de VS verandert. Het aanzien van de Amerikaanse samenleving (en elke andere samenleving) wordt op den duur veel meer bepaald door langzame, stille revoluties. Die zijn nooit breaking news.

Dit boek gaat over het politieke circus; dat is immers te leuk om te missen. Maar ik schrijf vooral over die stille revoluties; alleen als je die meeneemt in je waarneming snap je echt wat er gaande is in de VS.

Ik zoek daarbij naar de stem van het volk. Wat willen Amerikanen als je er echt naar vraagt? De titel van dit boek zegt het: Amerika na Donald Trump. Het land gaat een toekomst tegemoet waarin het gedachtegoed van Donald Trump en de Republikeinen gestaag aanhang verliest.

De politieke agenda in Washington werd tientallen jaren beheerst door de Republikeinen en hun christelijke bondgenoten. Dat monopolie verbleekt nu. Veel kiezers vragen om andere prioriteiten. Dit is ten opzichte van eerdere verkiezingen een ommekeer, die Republikeinen moet verontrusten. De prekerige dominees maken plaats voor Black Lives Matter. De zedenmeesters van de versleten Moral Majority verliezen hun plek aan moderne, energieke millennials. De nieuwe generatie politici (steeds meer vrouwen, veel 'non-whites', dertigers in plaats van zeventigers) wil met samenwerking en respect een ander, rechtvaardiger Amerika creëren.

Geen wonder dat Donald Trump zoveel lawaai maakt. In de aanhef van dit hoofdstuk staat zijn uitspraak over dreigend links fascisme en radicale politieke bendes die het gemunt hebben op de rijke tradities van 'The Good Old USA'. De Republikeinen zien de onomkeerbare veranderingen ook. Hun antwoord: schelden op progressieve politici en kiezers die voor een eigentijdser Amerika zijn.

Dat gemopper leidt prettig af van een diepere, serieuzere analyse van wat écht gaande is in de VS. Trump kan het proberen te maskeren, maar wie de politieke herrieschopperij van Trump even terzijde schuift, ziet dat de stemming in de VS écht verandert. Het politieke tij keert zich tegen rechts, zegt opiniepeiler James Stimson van de University of North Carolina, die zich specialiseert in de langetermijntrends in de politieke voorkeur van Amerikanen.

Na de linkse jaren zestig volgde een lange periode van rechts denken (Nixon, Reagan, tweemaal Bush en nu Trump). Die periode komt nu versneld ten einde door de populistische gekkigheid van Donald Trump. Stimson: 'De stemming is sinds 1961 niet meer zo links ("liberal") geweest. Het is de te verwachten linkse reactie op Donald Trump.'

Maar er is meer aan de hand dan de afkeer onder progressieven van Donald Trump. Er is in het politiek discours eindelijk serieus ruimte voor progressieve onderwerpen als klimaat, beperking van vuurwapenbezit, betaalbaar onderwijs, toegankelijke gezondheidszorg en aanpak van de schrijnende verschillen tussen rijk en arm.

De kans op een Democratische meerderheid in het land wordt met het jaar groter, tenzij de Democraten het opnieuw voor zichzelf verknallen. Donald Trump doet zijn uiterste best om de progressieve agenda verdacht te maken. Hij brengt liever zijn rumoerige angstagenda aan de man: hij is tegen ultralinkse relschoppers in grote steden, te veel immigranten, de tienduizenden talentloze bureaucraten in Washington, naar radicaal-links wegglijdende, Trumphatende Democratische machtswellustelingen. Daarmee gooit de president het linkse wensenlijstje van de Democraten in zijn politieke prullenbak. Dat lukte hem in 2016 wonderwel. In 2020 weer?

DE CORONACRISIS: OEI, DIE HAD DONALD TRUMP NIET ZIEN AANKOMEN

De eerste versie van dit boek rondde ik af in de zomer van 2019. Een jaar later moet ik het drastisch herschrijven. Er is immers veel veranderd. Het coronavirus treft Amerika in het hart. Op de piek van de epidemie vallen er elke twee dagen evenveel doden als bij de aanslagen van 11 september (3000 slachtoffers).

Donald Trump doet wat hij altijd doet: hij verzamelt vijanden die onophoudelijk en eensgezind in een ongekend complot tegen hem samenspannen: Democratische Congresleden, immigranten, vluchtelingen, nepnieuwsjournalisten en natuurlijk Nancy Pelosi, Joe Biden, Hillary Clinton en Barack Obama. Ze hebben als enige doel om de Uitverkorene (Trump noemt zichzelf 'the Chosen One') dwars te zitten.

Een onverwachte, onvoorspelbare vijand die een jaar eerder nog niet in het complot zat, is het coronavirus. Het is de sluipende, onzichtbare vijand díe Trump niet zag aankomen. Maar niet getreurd, het gevaar is snel geweken.

Plan A is namelijk de presidentiële verzekering dat het virus op bovennatuurlijke wijze Amerika gaat sparen. Oeps, het virus werkte daaraan even niet mee. De eerste zieken en doden worden eind februari gemeld.

Dan maar plan B: het virus zal op raadselachtige wijze rond Pasen verdwijnen. Na het vertrek van het virus gaat Amerika weer zingend de kerk in, voorspelt Trump. Opnieuw niks minder dan een wonder dus. Oei, dat lukt ook niet. De pandemie grijpt juist verder om zich heen.

Plan C dus: gelukkig kan de president de Chinezen, WHO, de anti-Trumpmedia, virusdeskundigen en falende Democratische gouverneurs, Congresleden en burgemeesters de schuld geven. Maar het virus is onverstoorbaar en onstuitbaar. De opmars gaat door. Het aantal doden loopt in de tienduizenden intussen.

Plan D werkt evenmin: het heet hydroxychloroquine en krijgt het presidentiële zegel van goedkeuring. Trump suggereert zelfs het innemen van bleekwater. Daarvoor slaat het virus subiet op de vlucht. Allesweter Trump krijgt geen steun van de virologen voor dit wilde plan. Het plan verdwijnt geruisloos uit de presidentiële presentaties.

Niet getreurd want er is plan E: massaal testen en vliegensvlug (sneller dan alle virologen adviseerden) de economie opengooien. Vicepresident Mike Pence mengt zich in het debat. Hij klaagt over de media die Amerika angst aanpraten met al die berichten over een tweede golf. Pence weet zeker: 'Er komt geen tweede golf.' De meeste staten hebben steeds minder besmettingen, weet de vicepresident. De opgewektheid van Pence is niet feitelijk onderbouwd. Integendeel, al snel prijkt de VS aan het verkeerde eind van de internationale coronastatistieken. In steeds meer staten is een recordaantal zieken en doden.

Plan F duikt op! De vlucht vooruit: de president doet niks. Het land is in crisis maar hij laat het coronabeleid over aan de staten. Het aantal besmettingen schiet omhoog. De grafiek met het aantal doden wijst hemelwaarts. In veel staten liggen de ziekenhuizen en ic's overvol. Dus ook plan F is voorlopig geen succes. In de VS staat als je op school voor een vak totaal mislukt op je rapport de letter F, voor 'Fail'. Toevallig?

Of staat het voor 'flipflop', het alsmaar veranderen van standpunt?

De president krijgt vaak het verwijt star te zijn in zijn denken. Het tegendeel is het geval. Hij switcht zónder merkbare gêne en mét onnavolgbare zelfverzekerdheid van het ene naar het andere scenario. Hij heeft ook geen politieke achteruitkijkspiegel. Wie hem naar eerdere beweringen vraagt, wordt streng terechtgewezen. 'Fake! Nasty question.'

Een gewone politicus zou na zoveel politieke salto's beschaamd erkennen, dat hij het wel érg vaak fout had gezien. Zo niet Donald Trump. Hij draait het om, geeft iedereen buiten het Witte Huis de schuld en maakt van zijn mislukte strijdplan tegen het virus een glorieuze kruistocht waarin hij zegevierend vooropgaat. Trump de showman; dan is hij in zijn element.

Maar het blijft in mei, juni en juli misgaan. Het virus is een onverstoorbare dwarsligger. Het scheldt niet terug, maar is ook niet bang. De virale indringer negeert opiniepeilingen en is ongevoelig voor een trumpiaans bombardement aan dreigtweets en leugens. Trump denkt in zwart-wit; het virus past niet in dit schema.

Zó'n tegenstander heeft Donald Trump niet eerder gehad. De virale invasie stond niet als strijdoptie in het campagneplan van Trump. Hij staat erbij en kijkt ernaar. Redeloos en radeloos.

Corona is wel vergeleken met Pearl Harbor, de onverhoedse aanval van de Japanners in december 1941 waarbij 2400 Amerikaanse soldaten omkwamen. Pas toen die fatale zondagochtend de eerste bommen vielen, hadden de Amerikanen door wat er aan de hand was. Ze waren weerloos. Daarna duurde het bijna vier jaar (augustus 1945) voor Amerika de oorlog won. Moeten we bij het coronavirus ook zo lang wachten?

President Franklin Roosevelt was in 1941 eerlijk na de onverhoedse Japanse aanval. Amerika zou uiteindelijk overwinnen, maar de prijs daarvoor zou hoog zijn. Roosevelt: 'De aanval van Pearl Harbor kan zomaar herhaald worden in andere havens aan de kust van beide oceanen. De komende oorlog is niet alleen lang, maar ook heel moeilijk.'

Roosevelt maakte het niet mooier dan het was. Net als de Britse premier Winston Churchill die eerder al – op 13 mei 1940 – 'victory at all costs' in het vooruitzicht stelde, maar zijn bange landgenoten ook vele maanden van 'bloed, zweet en tranen' in het vooruitzicht stelde.

De premier kan nooit verweten worden de komende oorlog te rooskleurig te hebben voorgesteld. Zijn voorspellingen over 'struggle and suffering' waren niet mis te verstaan. Roosevelt en Churchill namen zélf de verantwoordelijkheid in plaats van te schelden en anderen de schuld te geven.

Dat is andere koek dan Donald Trump met zijn stortvloed aan verwijten en de talrijke voorspellingen over de heilzame werking van ongeteste medicijnen en de snelle, wonderbaarlijke verdwijning van het virus.

Echte leiders zijn eerlijk over lusten én lasten. Daarin selectief shoppen voor politiek gewin leidt vroeg of laat tot electorale misère en verlies van vertrouwen.

De president ('Ik neem geen enkele verantwoordelijkheid') zakt voor die karaktertest.

TRUMP EN DE ONDENKBARE EN DUS VERZWEGEN RAMPSCENARIO'S

Eind mei gaat Amerika door de verdrietige grens van 100 000 doden. En het gaat maar door, richting 160 000 en nog veel verder: dat is al bijna driemaal het dodental van de Vietnamoorlog.

Net als Europa belandt Amerika door corona in een peilloos diepe economische afgrond. Er komen in een mum van tijd meer dan 30 miljoen werklozen bij. Geen economisch leerboek behandelt zo'n 'ondenkbaar scenario'. Er zijn meer werklozen dan in de diepe crisis in de jaren dertig van de vorige eeuw. Dat heette al The Great Depression. Hoe noemen we dit dan?

En dan zijn er vanaf begin juni in het hele land de massale demonstraties en hier en daar ook heftige rellen na de moord op de ongewapende zwarte man George Floyd in Minneapolis. Hij sterft door bruut en – volstrekt onnodig – politiegeweld. Opgekropte woede en frustratie bij zwarten én blanken exploderen. Genoeg!

Als de rookwolken van de rellen en uitgebrande auto's en winkels zijn opgetrokken, zien we het geblakerde geraamte van het Amerikaanse tekort. Economie, corona en Minneapolis zijn de grote ontmaskeraars. De structurele zwaktes van de VS worden zichtbaar. Trump kijkt toe.

John Schmitt van het Economic Policy Institute: 'De pandemie heeft alle tekortkomingen van het sociale stelsel blootgelegd. Een voorbeeld: in alle andere geavanceerde economieën hebben werknemers een minimumaantal betaalde ziektedagen. De VS heeft zo'n systeem niet op nationaal niveau. Ik kan me nauwelijks voorstellen dat er – wanneer het stof van de epidemie is neergedaald – niet voldoende steun is voor wetgeving die deze ongelofelijke tekortkoming repareert.'

Zo'n aanpak komt tegemoet aan het bekende advies van Winston Churchill om een crisis als corona voor een positief doel te gebruiken: 'Never take a good crisis to waste.' Is daar de politieke wil voor?

Tijdschrift *The Atlantic* vergelijkt Amerika met een kwetsbare coronapatiënt. De ziekte slaat harder toe vanwege onderliggende kwalen: 'Het zijn chronische aandoeningen die jarenlang onbehandeld zijn gebleven: een corrupte politieke klasse, een verkalkte bureaucratie, een harteloze economie, een verdeelde en afgeleide bevolking. Een pandemie als corona was nodig om de ernst van de kwalen aan het licht te brengen. De crisis vereiste een snel, rationeel en collectief antwoord. Helaas, Amerika reageerde zoals Pakistan of Wit-Rusland zouden reageren. Als een land met een verkruimelende infrastructuur, een niet-functionerende regering en leiders die te corrupt of te stom zijn om massale ellende van de bevolking af te wenden.'

Een hard oordeel dus: Amerika als 'failed state'. En het is allemaal niet nieuw. Nu komt het allemaal bij elkaar: de gevolgen van stuitende ongelijkheid en armoede, racisme, politiegeweld, een verroeste infrastructuur, slecht onderwijs en een voor tientallen miljoenen Amerikanen onbetaalbaar zorgstelsel. Dat is geen agenda voor de president/populist/miljardair die bij al dit kiezersleed geen enkel medegevoel lijkt te kunnen tonen. Zijn politieke voedingsbodem is doordrenkt van het principe van 'verdeel en heers'. Hij zoekt verdeeldheid en geen verzoening.

Na de demonstraties in tientallen Amerikaanse steden is zijn antwoord 'law and order' en de dreiging van 'loot and shoot' ('als zij plunderen, gaan wij schieten'). Hij scheldt de relschoppers uit zonder enig begrip voor de woede van de duizenden vreedzame demonstranten die verlangen naar een menswaardiger en zachtaardiger Amerika. Maar dat past niet in de presidentiële aanpak van escalatie en confrontatie.

Op Amerika's Nationale Feestdag (4 juli) overtreft Trump zichzelf met een frontale aanval op de demonstranten: 'Amerikaanse helden versloegen de nazi's, onttroonden de fascisten, wierpen de communisten omver, redden Amerikaanse waarden, hielden Amerikaanse principes hoog en joegen de terroristen naar de uiteinden van de aarde. We zijn nu bezig radicaal-links, de marxisten, de anarchisten, de agitators, de plunderaars en mensen te verslaan die in veel gevallen absoluut geen idee hebben wat ze doen.'

Van het verwijt dat hij groepen burgers tegen elkaar opzet, wil de president niks weten. Dat verwijt treft juist de deelnemers aan de protestbeweging: 'We zullen niet toestaan dat iemand onze burgers naar ras of achtergrond verdeelt. We zullen niet toestaan dat ze haat, onenigheid en wantrouwen aanwakkeren. We zullen nooit toestaan dat een boze menigte onze standbeelden neerhaalt, onze geschiedenis uitwist, onze kinderen indoctrineert of onze vrijheden vertrapt. We zullen onze waarden, tradities en overtuigingen beschermen.'

Het politieke gedrag van de president lijkt erg op de dagelijkse handelwijze van de Amerikaanse politie. Agenten gaan altijd uit van kwade bedoelingen van mogelijke verdachten: ze communiceren met handboeien, getrokken pistool en nekklem. Dan neemt de kans op een vreedzaam compromis en geweldloze afloop snel af. Trump heeft het empathisch vermogen van een blok gewapend beton.

De VS is onder Donald Trump een boos land geworden. Oud-topmedewerker John Kelly werkte onder Trump en vatte zijn ervaringen krachtig samen: 'We live in crazytown.' Dat is slecht nieuws. Maar dit boek heeft een tweede, meer opgewekte boodschap. Dat is het goede nieuws.

IS CORONA EEN POLITIEKE BUITENKANS VOOR PROGRESSIEVEN OF EEN KANS VOOR OPEN DOEL VOOR DONALD TRUMP?

Sorry voor het cliché maar het is waar: onder druk wordt alles vloeibaar. Het onzichtbare, nietige virus heeft een ongekende politieke kracht. Het vermorzelt bijvoorbeeld een paar politieke principes van de Republikeinen.

Even uitleggen: de Republikeinen roeptoeteren al sinds Ronald Reagan dat je de overheid klein moet houden. Het gevolg is structurele verwaarlozing van de zorgtaken van de overheid.

Er zijn tientallen miljoenen Amerikanen zonder zorgverzekering, de infrastructuur is belabberd en bijvoorbeeld betaald zwangerschapsverlof ontbreekt eenvoudig. Amerika heeft in een aantal opzichten een ronduit asociale overheid.

Toen het coronavirus ineens de politieke zebra overstak, kwam de Republikeinse machtsmachine met piepende remmen tot stilstand. Waar blijf je met je pleidooi voor een kleine, gekortwiekte overheid als tientallen miljoenen Amerikanen van de ene op de andere dag brodeloos zijn en van honderdduizenden ondernemers groot en klein de omzet door de economische dijkdoorbraak wegspoelt. De Trumpregering zou ooit het verkwistende Washingtonse moeras leegpompen ('drain the swamp') door alle geldverslindende linkse hobby's subiet de nek om te draaien. Corona stak daar een stokje voor.

Juist die zo vaak vervloekte overheid was nu de maatschappelijke EHBO die burgers van de ondergang moest redden. Er zijn ineens vele miljarden dollars beschikbaar voor de miljoenen armoedzaaiers die al zo lang vergeefs vragen om een bescheiden verhoging van het minimumloon. Dat kan, nee dat móét ineens. Of neem gezondheidszorg: we herinneren ons de fanate sabotage van de Republikeinen van het vermaledijde Obamacare. Nu is er ineens geld voor gratis testen en behandeling voor corona.

Of neem de overvolle gevangenissen die ineens tikkende tijdbommen worden vanwege besmettingsgevaar onder de veroordeelden. Democraten pleiten voor het deels leeghalen van de overvolle en dus dodelijke celblokken. Ook de Republikeinen, de partij van 'tough on crime' ('pak misdaad keihard aan'), zijn ineens voorstander van het massaal vervroegd vrijlaten.

Waarom kan ineens wat daarvóór nooit kon? Waarom zijn de Republikeinen van hun geloof gevallen als het gaat om de rol van de overheid, de gezondheidszorg en gevangenissen? Even cynisch: omdat de elite van Amerika ineens ook zélf bedreigd is. Natuurlijk, corona slaat het hardst toe onder lagerbetaalden, zwarte Amerikanen en ouderen met een slechte conditie.

Maar het virus is ook heel democratisch: het slaat toe bij rijk en arm, blank en zwart, burger en immigrant. Dan krijgt de heersende klasse het spontaan héél benauwd. Het maatschappelijk onrecht stopt niet langer bij de automatisch openzwaaiende hekken van de McMansions en wachthuisjes van 'gated community's'. Het virus is plots overal en bij iedereen. De angst ervoor ook.

AANGEVRETEN SAMENLEVING: INEENS KRIJGEN OOK DE RIJKEN HET HEEL BENAUWD

In onze ruim 20 jaar in Washington was het een vertrouwde verschijning in het straatbeeld. De auto's van de bedrijven die ongedierte verdelgen: Terminix, Bug Boys Pest Control en Biotech Pest Management. Maar eh... ongedierte in zo'n bedaagde, welvarende Washingtonse buitenwijk?

Yep! Wij hadden een abonnement voor maandelijkse bestrijding van termieten. Geen wonder, 90 procent van de Amerikaanse huizen is van hout: een paradijs voor vreetgrage termieten. Wij spreken uit ervaring!

Deze kleine knagers vreten je kozijnen en balken van binnenuit leeg. Als je het laat gaan, prik je er na verloop van tijd met je vinger zo een gat in. Onder de verflaag zit soms amper meer hout. Die wriemelende rotzakken weten hoe ze onopgemerkt moeten blijven.

Als je maandelijks de jongens van de Pest Control betaalt, kun je deze rottigheid voorkomen. Je kunt ook ijzerenheinig besluiten dat níét te doen. Dat gaat lang goed, maar er komt een moment dat je wordt afgerekend voor je nalatigheid.

De Amerikaanse samenleving lijkt op een door geniepige termieten aangevreten huis. De coronacrisis maakt dit pijnlijk duidelijk. De rot van binnenuit is al ver gevorderd. Het vermaledijde virus vreet steeds grotere gaten in de sociale structuur van de samenleving.

Het falende zorgstelsel is een beschamend mankement in de Amerikaanse samenleving: 30 miljoen Amerikanen (het cijfer is van vóór de coronacrisis) hebben geen zorgverzekering. Dan tel je nog niet de talloze mensen mee die zwaar onderverzekerd zijn en voor medische behandelingen dik moeten bijbetalen. Dan bedenkt een patiënt zich wel drie keer voor hij hulp van een arts inroept.

DE RIJKEN ZITTEN IN DE PIEPZAK VOOR HET GENIEPIGE, ONZICHTBARE, VERNIETIGENDE VIRUS

Welvarende Amerikanen sluiten liefst hun ogen voor al dit onrecht. Je kunt doen alsof het er niet is, zoals een huiseigenaar de opmars van termieten negeert. Het leven van de elite is comfortabel door de hulp van veel laagbetaalde hulpjes. Denk je ooit na over hun pover bestaan? Wat kan het je schelen als kamermeisjes, kelners, je caddie, loodgieter, parkeerwachter, schoonmaakster, tuinman of vuilnisophaler geen zorgverzekering of betaalde ziektedagen heeft. Dat is hún probleem. En lekker onzichtbaar. Je hebt er geen last van.

Totdat het coronavirus zijn opwachting maakte: achterbaks, onzichtbaar, vernietigend. Daar kon zelfs Amerika's welgestelde, comfortabel levende elite niet omheen. De onverschilligheid maakt plaats voor paniek. Want die *onverzekerde* arme sloebers zijn ineens een levensbedreiging voor *verzekerde* rijkaards. Met een beetje pech heeft de besmette au pair, *cleaning-lady*, huisschilder of klusjesman jouw doodvonnis op zak. Dát was niet de bedoeling.

Daarom maakte de president, die graag zijn afkeer preekt van de overheid, nu ineens een paar duizend miljard (!) dollar vrij om het onheil te keren. Geld speelde even geen rol. Daarom verdampte het Republikeinse evangelie van de kleine overheid spontaan, nu de opmars van het slimme virus geen halt houdt bij de deur van de luxe monsterhomes van de rijken en welgestelde ondernemers.

Demografie duwt Amerika op den duur sowieso in progressieve

richting. Met of zonder corona. Deze langzame politieke omwenteling is een knagend onheil voor Donald Trump en zijn Republikeinen. En er staat geen politieke Pest Control paraat om die onheilspellende neergang te keren.

EEN TWEEDE TERMIJN VOOR DONALD TRUMP? PROGRESSIEVEN BIJTEN IN HUN LINKSE KUSSEN

En dan komen er verkiezingen aan. Een tweede termijn voor Trump is natuurlijk het ultieme rampscenario voor de Democraten. Nog een keer verliezen van een man als Trump is de politieke knock-out voor de bejaarde Democratische partijelite. Acht jaar lang 'The Donald' betekent waarschijnlijk ook een grotere rechtse meerderheid (van vijf-vier naar zes-drie) in het Hooggerechtshof (van kolossaal belang voor abortus, wapenwetten, homorechten, kieswetten en immigratiewetgeving) en nog meer conservatieve federale rechters.

De overgrote meerderheid van de nieuwe federale rechters bestaat nu al uit blanke mannen. De justitiële nalatenschap van Trump zal dus doorklinken tot tientallen jaren ná zijn presidentschap. Dwars tegen de demografische ontwikkelingen in verlengt het de heerschappij van de oude, blanke elite.

In juni 2020 passeerde de president de grens van 200 voor het leven benoemde en gewillig door de Republikeinse Senaat bevestigde federale rechters. Dat zijn heel veel nieuwe rechters in amper drieënhalf jaar. Ter vergelijking: Barack Obama benoemde in acht jaar 334 rechters, George W. Bush 340 en Bill Clinton 387. Als Trump in dit tempo zou doorgaan in een tweede termijn komt hij rekenkundig uit op 470 nieuwe rechters. Een record.

De Republikeinse Partij wordt geleid door bejaarden. Maar bij deze benoemingen hebben jonge rechters de voorkeur. Die kunnen, anders dan de geriatrische politieke top, immers nog tientallen jaren zonder enige politieke controle de erfenis van Donald Trump oppoetsen. De politieke echo van trumpisme zal dan tot zeker 2040 doorklinken.

Dit alles leidt tot het terugdraaien van de milieumaatregelen van Barack Obama, het uitkleden of zelfs afschaffen van Obamacare en meer belastingverlagingen voor rijken.

De gevolgen van één presidentiële termijn van vier jaar zijn dus al ernstig voor de Democraten. Vier jaar Circus Trump heeft al zijn tol geëist. Maar nóg eens vier jaar? Dan is de schade (vanuit Democratisch perspectief) vrijwel onherstelbaar.

Genoeg politieke misère: er is dus een ánder, progressiever perspectief.

HET ANGSTBEELD VOOR DE REPUBLIKEINEN: STEEDS MEER BEDRIJVEN KIEZEN VOOR EEN PROGRESSIEF BELEID

Hopelijk kijken progressieve kiezers in 2020 iets verder dan het stemlokaal om de hoek.

Neem opnieuw het klimaat. Trump stapte inderdaad uit het Klimaatakkoord van Parijs. Maar Amerika bleef er voor een groot deel in: vierentwintig staten blijven trouw aan het Klimaatakkoord. De veelal Democratischgezinde staten ondertekenden een verklaring van de Climate Alliance: 'In iets meer dan twee jaar is de Alliantie gegroeid van drie naar vijfentwintig. Dat zendt een belangrijk signaal naar het hele land dat de politieke leiders in de staten de uitdaging van klimaatverandering oppakken en werken aan breed gedragen oplossingen.'

We zien hier glashelder de kloof tussen regionale politici en de Trumpregering. Zelfs grote bedrijven – traditioneel bondgenoten van de Republikeinen – trekken bezorgd aan de bel. De CEO's willen – anders dan Trump – juist wel klimaatbeleid; consumenten eisen het immers. Het is een onstuitbare ontwikkeling.

Bedrijven als drijvende kracht achter strenger klimaatbeleid? Ja, dat is de realiteit nu. Een voorbeeld: op de Harvard Business School bestaat al jaren het studieonderdeel Re-imagining Capitalism (het nieuwe beeld van kapitalisme). Jaren geleden kwamen daar amper dertig studenten op af, nu driehonderd.

Het bedrijfsleven moet slagen waar de politiek faalt, zeggen studenten en docenten. Econoom Rebecca Henderson geeft de cursus. In *The Washington Post* zegt ze: 'De onderzoeken bevestigen wat ik zelf ook zie: studenten zijn bezorgd over de richting die de VS en de wereld inslaan.'

Op de webpagina van Harvard gaat het over verschillen tussen rijk en arm, de klimaatcrisis en wat het bedrijfsleven eraan moet doen. Het gaat er niet langer over óf bedrijven een verplichting tot handelen hebben. De vraag is hóé grote ondernemingen die plicht invullen. De studenten die hier afstuderen, zijn de directeuren en CEO's van morgen.

Geen wonder dat bedrijven nu al vaak aan de kant van de progressieven staan. Hun bedrijven vergroenen snel. Ze willen ook geen zaken meer doen met landen en staten met antihomo- of antiabortuswetten. De publieke opinie dwingt hen partij te kiezen.

Steeds meer bedrijven krijgen interne en externe kritiek. Werknemers van een beddenfabrikant komen erachter dat de fabriek levert aan opvangcentra voor vluchtelingen en protesteren daartegen. American Airlines onderzoekt of er onder de passagiers kinderen zijn die door de Trumpregering van hun ouders gescheiden waren.

Een treffend voorbeeld is de Bank of America, die de banden verbreekt met bedrijven die de kampen exploiteren waarin de Trumpregering immigranten opsluit. Die worden concentratiekampen genoemd. Daar wil zo'n bank niks mee te maken hebben, uit angst voor boze klanten en protesterende medewerkers.

De president toont zich ongevoelig voor alle kritiek, ook al komt die vaak van doorgaans politiek bevriende burgers zoals CEO's.

Trump is Trump. Hij is onverstoorbaar en houdt voet bij stuk.

HET NETWERK VAN RECHTS LIJKT OP EEN GRONINGSE BOERDERIJ: MET SCHEUREN, UIT HET LOOD EN NIET MEER TE REPAREREN

Nog een voorbeeld van een groot bedrijf dat zich – vergeleken met vroeger – anders gedraagt: Shell koppelt de betaling van de CEO mede aan de mate waarin het lukt de eigen CO_2-uitstoot terug te dringen. Ook Chevron heeft zo'n regeling.

Vier grote autofabrikanten in Amerika (BMW, Ford, Honda, Volkswagen) maken een lange neus naar president Trump door demonstratief een afspraak te maken met de staat Californië over minder vervuilende auto's.

De president wil die regels drastisch versoepelen. Californië loopt voorop in anti-Trumpinitiatieven; intussen doen nog eens 23 staten mee in een rechtszaak om Trump te dwingen af te zien van de soepeler uitlaatregels. De politici in al deze staten willen die Washingtonse bemoeizucht niet. De mega-autofabrieken sluiten zich hierbij aan. Dat is een tegenvaller voor een Republikeinse president.

CEO Joe Kaeser van Siemens (vijftigduizend werknemers in de VS) is ongekend fel over Trump: 'Het baart me zorgen dat de belangrijkste politieke post in de wereld nu het toonbeeld is van racisme en intolerantie. Ik heb vele jaren in de Verenigde Staten gewoond en heb nergens meer vrijheid, tolerantie en openheid ervaren.' Die tijd is nu voorbij, zegt Kaeser, door de verwerpelijke retoriek van de president.

Grote bedrijven als de verzekeraar MetLife, de winkelketen Walmart (geen of minder verkoop van de zwaarste halfautomatische geweren, hogere minimumleeftijd voor wapenkopers), de autoverhuurbedrijven Avis en Hertz, de vliegmaatschappijen Delta en United (geen reiskorting voor de wapenlobbyisten van de National Rifle Association). Deze bedrijven doen wat langs de gewone wetgevende weg onbespreekbaar en onhaalbaar is.

Er is ook druk op de banken om de banden te verbreken met commercieel gerunde gevangenissen. Die hebben een erg slechte reputatie. Ook hier blijft de bank liever verre van.

De ommezwaai van bedrijven is te meer opvallend omdat het bedrijfsleven qua politieke sympathie doorgaans solide aan de rechterkant zit. Steeds vaker speelt voor bedrijven de macht van de consument een rol. Een kleine groep boze consumenten kan voor grote publicitaire schade zorgen. Voor je het weet is er een oproep voor een boycot. Daar zijn CEO's supergevoelig voor.

Een actueel voorbeeld: Facebook komt in 2020 onder grote druk te staan. Bedrijven als Adidas, Coca-Cola, Microsoft en Verizon dreigen hun advertenties terug te trekken omdat Facebookoprichter Mark Zuckerberg weigert om – in navolging van concurrent Twitter – leugenachtige of haatdragende posts van Donald Trump van een waarschuwing te voorzien. Met de krantenkop 'Wordt Facebook het nieuwe Fox-News?' is Zuckerberg vast niet blij.

Consumenten zijn boos en medewerkers van Facebook protesteren tegen het bedrijfsbeleid. Antiracismeorganisaties starten een actie 'Stop Hate for Profit'. Eerder hadden bedrijven als Ben & Jerry's, Ford, Honda, Levi's, NorthFace, Pepsico, Patagonia, Pfizer, Starbucks en Unilever al advertenties teruggetrokken. Uiteindelijk halen honderden bedrijven in elk geval tijdelijk hun advertenties bij Facebook weg.

Zuckerberg gaat binnen een paar dagen door de pomp. Er komen waarschuwingen bij jokberichten of posts die oproepen tot geweld. Met de aanpassing van eind juni verstomt de kritiek niet. Integendeel.

Geen wonder: achter de bedrijven gaat een snel verschuivende politieke opinie schuil. De dynamiek van het protest is onvoorspelbaar en dus zeer bedreigend voor de grote techbedrijven. Ze willen geen klantenboycot.

De beweging is breder. Steeds vaker kiezen grote ondernemingen partij voor een politieke zaak. En – opvallend – bijna altijd gaat het om een progressieve keus. Er is nog geen CEO geweest die openlijk de kant kiest van een rechtse zaak (wapenbezit, pro abortus, lager minimumloon, geen klimaatbeleid). Het Amerikaanse bedrijfsleven stond altijd aan de rechtse kant van het politieke spectrum. Dat verschuift nu. Een ontwikkeling waarvan de betekenis zich niet makkelijk laat onderschatten. Ik schrijf het op meer plaatsen in dit boek: 'We the People' zijn aan de winnende hand. Een stille revolutie.

Consumenten weten dat ze macht hebben. Ze screenen bedrijven op steeds meer onderwerpen: zijn ze wel homo- en klimaatvriendelijk, is hun genderbeleid op orde, overtreden de mannelijke managers #MeToo-gedragsregels, zitten er genoeg vrouwen in de top, verdient de CEO niet te veel, betalen ze netjes belasting, zijn ze niet te monopolistisch, zijn er stiekem banden met de wapenindustrie, respecteert het bedrijf in het buitenland wel de mensenrechten?

Let wel: het gaat hierbij dus steeds om progressieve initiatieven. Er zijn amper actiegroepen van consumenten die openlijk een bedrijf bekritiseren omdat het te véél aandacht besteedt aan klimaat, mensenrechten, kinderarbeid of homobeleid. Durven conservatieve consumenten niet voor hun overtuiging op te komen? Ontbreekt het hun aan actie-ervaring?

Rechts zit in het defensief. Het old boys network waaraan de Republikeinen en CEO's conservatieve politieke zekerheden ontleenden, is als een boerderij in Oost-Groningen: met scheuren, uit het lood en niet meer te repareren.

WIE HAD DAT GEDACHT? VEEL JONGEREN WILLEN SOCIALISME

De grootste onstuitbare bron van modernisering van de Amerikaanse samenleving blijft de demografie: de oudere, veelal conservatieve generaties maken plaats voor progressievere millennials (1981-1996) en Generation Z (geboren na 1996). De jongeren zoeken en vinden hun eigen weg in het leven. Ze zijn ambitieus, veelkleurig, geëmancipeerd, hoogopgeleid en veelal niet-kerkelijk. Deze aanstormende generatie wordt nauwelijks gehinderd door God, gebod of een knellende ideologie.

Het is de jonge generatie die geen genoegen neemt met de ouderwetse Amerikaanse droom, die hun probeert wijs te maken dat je vanzelf rijk en succesvol wordt als je maar hard genoeg je best doet. Voor veel Amerikanen is dat allang niet meer waar. De droom werd een nachtmerrie.

Dit zijn de kids van ouders die de massale afbraak van industriele banen hebben meegemaakt. Deze jongeren zijn opgegroeid in een tijd dat het gemiddelde loon van werknemers (hun ouders dus) amper steeg, terwijl de rijken wel steeds meer verdienden. Intussen werden de vakbonden weggepest. In 1950 was nog dertig procent van de werknemers vakbondslid; nu nog slechts tien procent. In het bedrijfsleven amper zes procent. Vakbonden zijn veelal een krachteloos wapen geworden. Vanwege hun slinkende aanhang hebben ze minder macht om van werkgevers een beter loon te eisen. Veel boze ex-vakbondsleden stemden op Trump.

Miljoenen jongeren hebben hun vaders en moeders zien worstelen met de onzekerheid van twee, soms drie banen tegelijk. Ze herkennen de discussies over zorgverzekering: 'Kopen we die alleen voor de kinderen of kunnen we die ook voor de ouders betalen? Of zijn we allemaal onverzekerd?'

Talloze afgestudeerde studenten kijken ook nog eens aan tegen een schuld van vele tienduizenden dollars. Deze jonge Amerikanen zeggen: genoeg! Door de crisis van 2020 (corona en de instortende economie) wordt het perspectief voor deze generatie een stuk somberder. Wat brengt de toekomst voor hen? Krijgen ze een baan? En als ze dat lukt, verdienen ze dan genoeg om hun kolossale studieschuld af te betalen? Zonder de coronacrisis was dat al een enorm probleem voor veel jonge werknemers. Dat wordt alleen maar erger.

Republikeinen moeten zich afvragen wat hun politieke toekomst is wanneer ze deze groeiende groep kiezers blijvend negeren. De urgentie is groter dan ooit. De eigenheimerige ontkenning van de Republikeinen kan hen fataal worden.

De Democraten ontkomen evenmin aan zelfonderzoek. Dit zou de onderzoeksopdracht kunnen zijn: 'Waarom lukte het Democraten niet om al die gedupeerde medeburgers te steunen in hun strijd tegen het cowboykapitalisme van de laatste vijfentwintig jaar? Geen wonder dat wanhopige kiezers naar Donald Trump vluchten. Wanneer worden ze weer een partij die écht voor de zwakkeren opkomt?'

Donald Trump wekte in 2016 de verwachting deze rol op zich te nemen. Hij deed het tegendeel: de president sluit zich op in het politieke keurslijf op de uiterste rechterflank van de Republikeinse Partij. Dan ontstaat ruimte in het progressieve midden. Dáár ligt de kans voor de Democraten.

Daarmee is er ook meteen het gevaar dat de Democraten – op zoek naar nieuwe aanhang – te ver naar links doorschieten. Voor veel jongeren was socialist Bernie Sanders een held. Voor deze jonge generatie is het bekende Republikeinse antioverheidsverhaal onbegrijpelijk. Voor studie, baan en zorgverzekering kunnen ze immers niet zonder een zorgzame overheid. Die overheid is hun hoop in bange dagen. Ze laten zich niet afschepen met vage oplossingen van politieke haalbaarheid. Dat vinden ze saai. Dit is iets van de vorige generatie. Ze willen dus meer, véél meer. Dit is ook de eerste jongere generatie die kapitalisme subiet afwijst; 51 procent denkt positief over socialisme. Het kapitalisme zit in de beklaagdenbank. In Amerika!

Het neoliberalisme (kleine overheid, sterk marktdenken, beperkte verzorgingsstaat) was jarenlang het politieke en economische plechtanker van de Republikeinen. Voor jonge kiezers is die politieke filosofie failliet. Er kleven te veel nadelen aan.

Is dit het einde van kapitalisme? Niet echt. Dat is spandoektaal. Maar de druk om een einde te maken aan 'capitalism as we know it' neemt wel gestaag toe. Robert Putnam is de schrijver van het beroemde boek *Bowling Alone* en ziet met verbijstering hoe Donald Trump regeert: 'De ongelijkheid, de sociale fragmentatie, de politieke polarisatie, het narcisme: Trump is het uitroepteken achter al deze trends. Eigenlijk waren we er nooit zo slecht aan toe als nu.'

Toch is Putnam hoopvol, vooral vanwege de creativiteit en energie van de jonge generatie. In een interview met het AD zegt hij: 'Trump heeft alle trends verergerd, en daarop is een sterke tegenreactie gekomen. Er is sprake van ongeëvenaarde mobilisatie.'

Darren Walker, schrijver van het boek *From Generosity to Justice*, pleit voor een nieuwe duurzame benadering. Hij zegt: 'Niet vervuilen is goedkoper dan het opruimen van de vervuiling. Geen verslavende opiaten verkopen is goedkoper dan de geestelijke en fysieke zorg voor de verslaafden. Als je de belangen van iedereen in acht neemt kunnen we voorkomen dat we allemaal lijden. Kapitalisme werkt alleen als het voor iedereen voordelen biedt. Dat legt ons de plicht op om beter te presteren en een nieuwe economie te bouwen die de samenleving beter maakt.'

EEN GOEDE OVERHEID IS EEN KLEINE OVERHEID: DIE ERFENIS VAN RONALD REAGAN HEEFT AFGEDAAN

Vijftig jaar geleden waren er geen directeuren van grote bedrijven die het maatschappelijk verzet actief ondersteunden. Nu wel. 'CEO's zijn de nieuwe politici,' wordt wel gezegd. Honderden CEO's pleiten voor meer duurzaamheid en een eerlijker verdeling van hulpbronnen, macht en geld. 'We willen een economie voor alle Amerikanen,' zeggen ze. Er gaapt nog een kloof tussen woord en daad. Maar het begin is er. Dit was tien jaar geleden ondenkbaar.

Die CEO's ('doing well by doing good') dragen hun steentje bij aan de mobilisatie waar Putnam over spreekt. Da's mooi. Maar de échte kracht moet komen van de jonge generatie: de bazen, leiders en vernieuwers van morgen. De inventieve, creatieve en inclusieve denkers van een nieuwe wereld. Zo'n verandering komt nooit van boven, altijd van onder.

Een voorbeeld is de volksbeweging na de moord op George Floyd in Minneapolis. De oude elite probeert vanuit twintigste-eeuws denken vergeefs de controle terug te krijgen. De nieuwe, jonge leiders spreken een andere taal en koesteren nieuwe idealen. Onrecht en ongelijkheid, uitbuiting en uitsluiting zijn voor hen niet meer acceptabel. Ze knokken terug.

Daarom staan veel jongeren minder negatief tegenover de overheid dan ouderen. Fiona Hill, historicus en oud-medewerker van de National Security Council van president Trump, schrijft: 'In de afgelopen 30 jaar werd het individu steeds belangrijker ten koste van het collectief. Nu komen we terug in de sfeer waarin onze ouders en grootouders leefden, waarbij saamhorigheid belangrijk was. Onder jonge mensen is er de behoefte aan een actievere overheid. Het tij keert.'

De coronacrisis kan deze trend versterken als meer mensen hulp zoeken bij de overheid voor werk, opleiding en zorg. De verwaarlozing van de collectieve sector in de afgelopen tientallen jaren komt nu al in een schril daglicht te staan. De erfenis van Ronald Reagan ('een goede overheid is een kleine overheid') heeft voor de jonge generatie afgedaan.

Dit beeld dringt zich nu op: de talrijke jonge vernieuwers rammelen ongeduldig aan de roestige poort van het vermolmde, conservatieve bastion. Binnen zit een zichtbaar geïrriteerde Donald Trump naar Fox te kijken en nijdige tweets te versturen. Zijn bewakers stuurt hij naar de ophaalbrug: 'Houd ze buiten de deur! If they loot just shoot!'

De opgewekte jonge leiders hebben geen zin meer om de geërgerde, presidentiële tweets te lezen, laat staan zich eraan te ergeren. Hun geduld is op. Ze hebben het even te druk met de uitdagende toekomst van hun wereld. Welkom in de eenentwintigste eeuw.

I

Amerika na Donald Trump

1

Amerika 2.0: is Trumpgedrag besmettelijk?

'Beste Republikeinen, willen jullie ophouden de naam van mijn vader Ronald Reagan te misbruiken? De Republikeinse Partij kijkt zwijgend toe hoe het land in stukken wordt gescheurd en de democratie op de vuilnishoop van de geschiedenis wordt gesmeten. Ga je schamen.'
Patty Reagan, dochter van president Ronald Reagan (1980-1988)

'Laat het duidelijk zijn: ik ben de enige die ertoe doet. Als het erop aankomt bepaal ik welke politieke besluiten worden genomen. Ik ben de enige die problemen kan oplossen. Ik ben de sterkste en niemand heeft meer verstand van politiek dan ik.'
Donald Trump in diverse speeches

TRUMP VERLIEST DOOR 'MANAGEMENT BY NOT GIVIN' A FUCK'

Donald Trump begon eind 2019 – niemand had op dat moment nog van het coronavirus gehoord – zelfverzekerd de campagne voor zijn herverkiezing. Zijn tweede presidentiële termijn zou nóg spectaculairder zijn dan de eerste, beloofde hij.

Ga maar na:

- er was orde in het land na de on-Amerikaansc linksigheid en niksigheid van de Obamajaren;
- de economie groeide en bloeide nog als nooit tevoren: de wereld was weer jaloers op Amerika;
- Amerikanen waren tippietoppie tevreden en keken opgewekt naar de toekomst;

- en God's Own Country wist zich verzekerd van de noodzakelijke hemelse genade.

Ook toen vroeg iedereen zich al af: kan Trump zijn politieke huzarenstukje van 2016 in 2020 herhalen?

Mijn voorspelling was op dat moment: Trump verliest.

Daarmee ging ik in tegen de publieke opinie van Nederland waar ik veelvuldig het omgekeerde hoorde. Ik verkeerde in dezelfde situatie als in 2016 toen ik niet geloofde in de overwinning van Hillary Clinton. Ik heb toen wel eens getwijfeld als Trump weer eens iets extreems had beweerd, maar concludeerde uiteindelijk: hij wint. De meeste Nederlanders die ik sprak schudden het hoofd: dat gaat niet gebeuren. Trump won.

In 2016 wist Nederland immers zeker: Trump *verliest*.

In de eerste zes maanden van 2020 is de overtuiging in brede kring dus: hij *wint*. Ik denk nog steeds dat hij op 4 november de verhuizers kan gaan bellen.

De vorige keer bleek mijn dwarse mening correct. Nu weer?

Corona verstevigt de basis van mijn voorspelling. In het voorjaar van 2020 leven we ineens in een andere wereld, die de race naar het Witte Huis volledig ondersteboven gooit.

We zien:

- twee *explosies*: de vernietigende coronacrisis en massale en woedende demonstraties tegen racisme en redeloos, vaak racistisch politiegeweld;
- twee *implosies*: de economie en de populariteit van de president.

De dynamiek is ongekend en schoffelt de agenda van de presidentskandidaten ondersteboven. Kan Trump de controle krijgen over deze maatschappelijke aardbevingen? Linkse kranten als *The Guardian* beginnen vanaf half juli te schrijven over de Trumpcampagne die het *point of no return* zou zijn gepasseerd: 'Trump is in trouble'.

Kan Trump nog terugvechten? Herhaalt hij het huzarenstukje uit 2016 (achter in de peilingen, toch winnen)? Of is het moment aangebroken dat Republikeinse senatoren (in Arizona, Colorado, Iowa, Kentucky, Maine, South Carolina) slapeloze nachten krijgen over hun bedreigde herverkiezing?

De vergelijking met de Titanic duikt weer eens op; het is een versleten cliché, maar ja, iedereen weet wél wat je bedoelt. *The Guardian* schrijft half juli dat Republikeinen zelf steeds met die metafoor komen. In die denktrant heeft de Trumpcampagne de ijsberg al geraakt, is Trump onherstelbaar beschadigd geraakt, maar nog niet gezonken.

The Guardian citeert analisten die zeggen dat alles erop wijst dat Trump afstevent op een electorale aframmeling ('Every shred of evidence points to a likely ass kicking in the fall'). De vraag is wat trouwe Republikeinen nu doen. De president tot het (bittere?) einde blijven steunen? Of zo snel mogelijk in een reddingboot springen en er maar het beste van hopen?

In het Amerikaans is er een mooie uitdrukking voor zo'n situatie: a shotgun marriage. Die term wordt gebruikt als een meisje onbedoeld zwanger raakt en de jongen door de vader van de jonge vrouw onder schot wordt gehouden tot hij belooft met haar te trouwen.

Republikeinen zitten nu in die onmogelijke situatie. Trump houdt ze politiek onder schot. Er is geen chique oplossing meer. Ze worden gegijzeld door hun jarenlange steun aan Trump. Nu vluchten is laf en kan hun veel stemmen kosten in november. Bij Trump blijven kan leiden tot een Titanicachtig debacle. De president is kwetsbaarder dan hij zelf ooit zal toegeven.

Vergeet niet: Trumps overwinning in 2016 was flinterdun. De coalitie die hem het Witte Huis bezorgde, was uiterst fragiel. Om opnieuw te winnen mag hij van die groepen kiezers niks verliezen. Maar hij schopt juist grote groepen kiezers van zich af: vrouwen, jongeren, minderheden, gematigde christenen, twijfelende *swingvoters*, hogeropgeleide Republikeinen.

In juni en juli verschijnen peilingen waaruit zelfs minder steun blijkt onder oudere kiezers (zijn ze boos over de miserabele corona-aanpak?), die hem in 2016 in ruime meerderheid steunden. Ook akelig voor Trump: in de *swingstates* waar hij Clinton in 2016 te slim af was (Michigan, Pennsylvania, Wisconsin), verliest hij nu ook aanhang. Het kan spannend worden in bijvoorbeeld Arizona, Florida, North Carolina en Ohio.

Ten slotte – en dat is pas écht een reden tot zorg voor de Trump-campagne – de steun van de blanke evangelicals slinkt. Trump doet alles om die groep te behouden. Hij verdedigt hun agenda (abortus staat bovenaan de lijst) en doet net alsof hij zelf heel gelovig is (meer dan 60 procent van de Amerikanen denkt niet dat hij gelovig is). In 2016 steunde 81 procent van deze groep christelijke stemmers hem.

Dat mag hij niet in gevaar brengen. Maar juist dat gebeurt nu. Veel protestanten, evangelicals en ook katholieken (Joe Biden is katholiek) keren zich van Trump af. De aanhang slinkt (peiling van eind juni) met gemiddeld zo'n 15 procent. Als dat de uitslag wordt in november is Trump verslagen.

David Brody van het Christian Broadcast Network: 'Hij moet echt die 81 procent weer halen om herkozen te worden. Als hij daar gaat glijden, krijgt hij geen tweede termijn en krijgt Joe Biden een kans.'

Website Politico schrijft: 'In de campagne van Trump luiden de alarmbellen. Er is een verbijsterende daling van het aantal blanke evangelicals en katholieken die een gunstig oordeel hebben over de president. De aanhangers van Trump zijn bezorgd dat Biden inderdaad een groter deel van deze kiezers kan binnenhalen. Dat gebeurt op een moment dat Trump het zich absoluut niet kan veroorloven een deel van deze aanhang te verliezen.'

De president moet juist béter scoren onder de evangelicals om het verlies te compenseren, dat voor hem dreigt bij vrouwen, jongeren en gematigde Republikeinen.

Het veel bekritiseerde optreden van Donald Trump bij de kerk tegenover het Witte Huis is hiermee wellicht verklaard. Demonstranten werden er met traangas weggejaagd om plaats de maken voor de president die zich met een bijbel in de hand liet fotograferen voor de trappen van St. John's Church.

Trump heeft gepleit voor snelle heropening van de kerken na de sluiting tijdens de coronacrisis. Is dit alles een teken van kracht en zelfvertrouwen? Of is het een wanhoopsgebaar van een president die vreest voor zijn herverkiezing?

De vraag der vragen: hoe zeker is het dat mijn voorspelling over een nederlaag van Trump uitkomt? Er zijn dus veel argumenten vóór. Maar er zijn een paar mogelijke ontwikkelingen die mijn voorspelling over winst voor Biden omver kunnen trekken. Stel dat de coronacrisis snel vermindert, er een vaccin komt én de economie flink aantrekt. Dan beklimt Trump fier het podium van de overwinning. En daar kan Biden dan weinig tegen doen.

Voorlopig is de politieke balans in het nadeel van de president. De opeenvolgende crises van 2020 hebben hem geen goed gedaan. Twee derde van de Amerikanen vindt dat het de verkeerde kant op gaat met het land. Veelzeggend is dat steeds minder Amerikanen trots zijn op Amerika. Dat zie je bij zowel Democraten als Republikeinen.

Dan moet je als president in de tegenaanval en hoop bieden in deze bange dagen. Trump hád zich de leider van álle Amerikanen kunnen tonen, maar deed het omgekeerde.

Een verbijsterend voorbeeld hiervan zien we bij de viering van Fourth of July als Trump het tegendeel doet van wat je van een president verwacht: geen oproep tot eenheid en respect, maar een snoeiharde aanval op de demonstranten van Black Lives Matter.

Ja, er zijn rellen en plunderingen geweest en standbeelden omvergetrokken, maar de honderdduizenden vreedzame demonstranten gingen de straat op uit protest tegen ongelijkheid, discriminatie en racisme. Trump noemde dat niet eens in zijn toespraken op 4 juli.

Dit zei hij wel: 'Er is een nieuw extreemlinks fascisme in ons land. Vergis je niet, deze linkse culturele revolutie is bedoeld om de Amerikaanse revolutie omver te werpen. Onze kinderen leren op sch om hun eigen land te haten; boze bendes proberen standbeelden van onze stichters neer te halen en ontketenen een golf van geweldsmisdrijven in onze steden.'

Dit is de kern: Trump maakt wél nieuwe vijanden, géén nieuwe vrienden. En – zoals dat gaat in de wereld volgens Trump – wie geen *trouwe vriend* is, wordt vanzelf een *gezworen vijand*. Amerika snakt naar respectvolle politiek. Trump biedt haatdragende polarisatie. Het lijkt hem niks te kunnen schelen. *Management by not givin' a fuck.*

TRUMP WON IN 2016 DANKZIJ HILLARYHAAT; VERLIEST HIJ IN 2020 DOOR TRUMPHAAT?

Terug naar de 2020-race. De risico's die Trump neemt zijn helder. Maar eh... die Joe Biden, hè? Daar win je de oorlog toch ook niet mee? Da's toch een matige tegenkandidaat?

Ja, dat is hij. *Senator, you are no Barack Obama!* Er zitten nogal wat politieke lijken in de kast (stemmingen in de Senaat van heel lang geleden waar hij nu érg spijt van heeft). Er zijn de talrijke 'gaffes', amusante versprekingen en stomme uitglijers, waarvan op YouTube geinige compilaties rondgaan.

Er is ook oud-Bidenmedewerker Tara Reade bij wie hij láng geleden het Trumpadvies 'grab her by the pussy' tegen haar zin in de praktijk zou hebben gebracht. Wordt dat alsnog een schandaal? Haar verhaal is weinig overtuigend, maar zal in de campagne vast en zeker terugkomen. Maar hoeveel recht van spreken heeft Donald Trump dan als hij Joe Biden op dit gevoelige onderwerp de maat neemt?

En deze bejaarde, zeer feilbare Joe Biden verslaat in november – ondanks de waslijst aan tekortkomingen – Donald Trump? Really?

Mijn argumenten: hij is oud en politiek kwetsbaar maar óók vriendelijk en ervaren. Zijn zwakte is tegelijk zijn kracht: het is de fameuze 'expectations game'. De verwachtingen zijn allesbehalve hooggespannen. Dan kan het alleen maar meevallen.

Zijn grootste kwaliteit: hij is heel erg niet-Trump: graag een allemansvriend, geen protserige politieke spreekstalmeester, een strateeg die zorgvuldig wikt en weegt.

Nog een sterke kant van Biden: hij is géén Hillary. Presidentskandidaat Donald Trump profiteerde in 2016 maximaal van de weerzin bij veel Amerikanen tegen 'The Bitch' Hillary. Grote groepen kiezers waren over geen van beide kandidaten enthousiast. *Vanity Fair* schrijft over 'twee van de minst aardig gevonden kandidaten uit de geschiedenis van presidentiële verkiezingen'. Waar kiezen die uiteindelijk voor? Aan wie hebben ze de grootste hekel?

Het zijn de 'double haters', de kiezers die cynisch zeggen: 'Ach, het maakt niet uit of je door de hond of door de kat wordt gebeten.' In die moppercategorie verloor Clinton in 2016 veel stemmen aan Trump. In 2020 trekt Joe Biden in dit cruciale midden waarschijnlijk meer stemmen dan de president.

De Trumpcampagne zal natuurlijk agressief proberen een herhaling van 2016 te orkestreren met een nietsontziende 'hate Biden'-campagne. De draaiboeken voor zo'n negatieve campagne hebben ze nog liggen van de 2016-campagne. Maar of dat opnieuw lukt?

'Uncle Joe' heeft – en dat is essentieel in deze race – een hogere gunfactor dan Hillary destijds. Republikeins senator Mitt Romney: 'Biden boezemt geen angst in. Veel mensen stemden op Trump omdat ze Hillary Clinton niet aardig vonden. Dat zie ik niet opnieuw gebeuren. Want hoe kun je Joe Biden níét aardig vinden?' In een nek-aannekrace kan dat het verschil betekenen tussen winnen of verliezen.

Is Biden daarmee een goede kandidaat en getalenteerde campaigner? Nee, allerminst. Maar de Democraten hebben gewoon niet beter. Hier moeten ze het mee doen.

In 2016 verloren ze door de wijdverbreide Hillaryhaat.

Winnen ze in 2020 door tomeloze Trumphaat?

't Zou zomaar kunnen.

EEN AMERIKADESKUNDIGE ZIT ER OOK WEL EENS NAAST

Ik ga al een flink aantal jaren door het leven als Amerikadeskundige. Als ik op tv verschijn en op uitnodigingen voor lezingen staat die functieomschrijving. Als VS-specialist heb je altijd gelijk en als het morgen toch anders uitpakt, doe je alsof er niks aan de hand is en vertel je op radio en tv gewoon een ander verhaal. De zelfverzekerdheid van een 'tv-deskundige' verbleekt nooit.

Kleine bekentenis... Ik heb er wél een paar keer fors naast gezeten. Misschien leer je van fouten maken ook meer dan van gelijk hebben. Hierbij daarom een kleine en hopelijk informatieve boetedoening.

Even een aanloopje: wat ik wél goed voorspelde was de opkomst van Donald Trump. Hij kondigde in juni 2015 in de hal van de Trump Tower in hartje New York met veel bravoure zijn kandidatuur aan en steeg daarna snel in de opiniepeilingen. Maar Donald Trump in het Witte Huis? Dat leek een wel érg wilde fantasie.

Toen ik die zomer – bijna anderhalf jaar voor de verkiezingen van november 2016 – besloot een boek over Donald Trump te schrijven, werd ik door iedereen voor gek verklaard. Deze clowneske, zelfingenomen New Yorkse projectontwikkelaar was immers kansloos. Zijn campagne was één grote grap.

De publicitaire eruptie van deze tomeloze aandachtjunkie zou snel uitdoven. Amerikaanse vrienden bewonderden mijn schrijflust, maar wisten zeker: 'Tegen de tijd dat je klaar bent, is het gedaan met hem: "By the time you are done, he is done."' Verspilde moeite dus, zo'n boek over Trump.

Ik was niet onder de indruk van die vroege Trump-*bashers*. Ik hoorde te vaak – vooral bij Democraten – de oppervlakkige 'Trump is gek'-benadering. Het is een vrijbrief om te stoppen met nadenken. En nog erger: het verstikt nieuwsgierigheid.

Zo'n houding getuigt ook van misplaatste arrogantie: 'Hij is gek; ik weet het beter.' En juist als je Trump gek of dom vindt, is er reden om intelligent na te denken over de vraag waarom hij toch zo populair is.

Ik hield dus vast aan mijn voorspelling. Trump had een succesvolle formule te pakken: slim gebruikmaken van het ontembare wantrouwen in de politiek onder grote groepen Amerikaanse kiezers. Dat was niet te missen. Veel kiezers waren gefrustreerd, voelden zich niet serieus genomen en reageerden dat af op de gevestigde politiek.

Daar lag de politieke ruimte die Donald Trump gretig vulde. Mijn verwachting was dat hij heel ver zou komen in de campagne. Vooral toen tijdens voorverkiezingen (begin 2016) Hillary Clinton zijn tegenstander werd. Mijn voorspelling werd steviger. De helft van het land haatte Clinton immers. Dan sta je meteen op achterstand.

Het lukte Trump op geniale wijze juist díé kiezers voor zich te winnen voor wie hij weinig zou doen. Een fascinerend concept: de miljardair als kampioen van de gewone man. Hij was als een slager die zich populair maakt onder vegetariërs. Trumpstemmers zijn immers veelal mensen met weinig opleiding, lage inkomens, geen zorgverzekering, geen baanzekerheid. En zonder enige affectie voor Hillary Clinton. De meedogenloze, rechtse anti-Clintonpropaganda heeft zijn uitwerking niet gemist.

Onder deze kiezers groeide een massale en fanatieke aanhang voor The Donald. En ze kwamen nog naar de stembus ook! Dat was gekmakend voor Hillary Clinton, die als Democraat waarschijnlijk meer voor deze *blue collar*-kiezers, de fabrieksarbeiders, zou doen (gezondheidszorg, minimumloon, onderwijs, banen) dan de miljardair Trump. Maar ja, Hillary hè... 1-0 voor Trump.

In de verkiezingscampagne had Trump nóg iets beloofd wat deze kiezers aanspreekt. Hij zou schoon schip maken in Washington. Weg met de oude politiek van verdeeldheid en machteloosheid. Ook hier stond Hillary als ultieme Washingtoninsider vanaf het begin op achterstand. Trump zou de ingedutte partijelites ruw wakker schudden met zijn rumoerige dadendrang. Al snel zou de publieke opinie blij verrast reageren. 'Hoera, hij doet wat hij zegt.' 2-0 voor Trump.

En die tientallen jaren ervaring van Hillary dan? Ze was first lady, minister, senator, internationale vrouwenactivist. Maar het werkte tégen haar. Had ze nu nog niet genoeg mooie baantjes gehad? Vanwaar die onstilbare machtshonger van 'La Hillary'? Al die negatieve elementen zag je terug in de opiniepeilingen. Misschien waren het seksistische vooroordelen, maar Clinton wist ze niet te neutraliseren. Tussenstand: 3-0.

En je kunt van Donald Trump zeggen wat je wilt, hij heeft een goed gevoel voor wat er onder gewone mensen leeft en hoe hij ze moet aanspreken. De sporthallen stroomden vol met tienduizenden enthousiaste Trumpaanhangers. Hillary lukte dat niet; ze trad doorgaans op in veel kleinere zalen. Dat is op tv minder indrukwekkend: 4-0.

Trump verkocht *angst* aan *boze* kiezers. Angst en boosheid vormen een politiek giftig, maar effectief mengsel. Clinton had geen antwoord: 5-0.

Maar had Hillary niet veel meer stemmen dan Trump? Ja! Drie miljoen stemmen meer (nooit eerder gebeurd), maar in de verkeerde staten: 6-0.

Is dat geflatteerd? Ja, maar het is als in een voetbalwedstrijd. Het verliezende team schiet een paar keer tegen de lat (onhandige uitlatingen van Hillary over Trumpstemmers), loopt tegen een onnodige rode kaart aan (stommiteiten van de campagnestaf) en krijgt in blessuretijd nog een doelpunt tegen (de late rel over het FBI-onderzoek naar de e-mails van Clinton). Het andere team heeft die pech niet. Een combinatie van slimheid en keepersgeluk.

Het bracht Trump naar het Witte Huis. Hij zal in 2020 dezelfde wapens in de strijd gooien. Weer met succes?

GRAANSILO'S VERVANGEN DOOR WINDMOLENS? THANK YOU, BUT NO THANK YOU

Mijn voorspelling over het succes van Trump was dus mede gebaseerd op de wijdverbreide Hillaryhaat. Het lijkt wel een ongeneeslijke volksziekte. Ze had vanaf het begin de status van kroonprinses, maar was ook de ultieme ijskoningin. Anders dan bijvoorbeeld Barack Obama of haar man Bill wordt Hillary niet als een warm persoon gezien.

Donald Trump enthousiasmeerde met zijn slogan 'America First!' miljoenen kiezers. Het is misschien wel het kortste politieke programma uit de Amerikaanse politieke geschiedenis. En je kunt er als opponent ook niets tegen inbrengen ('America Second'?).

Het sprak in elk geval de kiezers aan met lage inkomens, die niks moesten hebben van die kille, linkse Hillary. Dit is ook de groep boze kiezers bij wie homohuwelijk, klimaat en vrouwenrechten niet hoog op het politieke verlanglijstje staan. Ze hebben andere zorgen aan hun hoofd. En ze wisten zeker: 'Opnieuw een Clinton in het Witte Huis? Dat betekent immers dat de overheid je vuurwapens en benzineslurpende pick-uptruck afpakt, homo's gelijke rechten geeft en graansilo's vervangt door windmolens. Thank you, but no thank you.' Dat is niet het Amerika waar kiezers in The Heartland voor warmlopen.

Dat alles leidde tot mijn prognose: Trump gaat het ver schoppen. Ik ben erom uitgelachen. Maar ik concludeerde: 'Hij is gestoord, gevaarlijk en geniaal.' Bij lezingen in het land hoefde ik nooit uit te leggen waarom ik hem gestoord en gevaarlijk vond. Maar geniaal? Echt?

Ik hield voet bij stuk. Vriend en vijand moeten nu toegeven dat Donald Trump qua politieke marketing een genie was. Hij is er in 2016 in geslaagd met zeer omstreden ideeën over immigratie, klimaat en terrorisme zijn zeer ervaren tegenstander Hillary Clinton ('Crooked Hillary', geniepige Hillary) de politieke wind uit de zeilen te nemen.

President Trump exploiteert zijn marketingtalent heel handig. Elke tweet is onderwerp van verhitte debatten op CNN en Fox. Gratis publiciteit! En de presidentiële scheldmachine – met bijna altijd Democraten als slachtoffer – draait non-stop en op volle toeren.

Uit het Trumprepertoire:
Barack Obama: Cheatin' Obama;
Hillary Clinton: Crazy Hillary, Lyin' Hillary, Crooked Hillary;
Joe Biden: Sleepy Joe, Creepy Joe, Crazy Old Joe;
Elizabeth Warren: Pocahontas;
Sanders: Crazy Bernie, the Nutty Professor, Braindead Bernie;

Bill de Blasio, burgemeester van New York: The Worst Mayor in the US;
Jerry Nadler, Democratisch Congreslid: Fat Jerry;
Michael Bloomberg: Little Mike, Mini-Mike;
Pelosi: Crazy Nancy en High Tax, High Crime Pelosi;
Chuck Schumer, Democratisch senator: Cryin' Chuck, Head Clown Chuck.

Als je die bijnamen vaak genoeg herhaalt en tv-stations ze voortdurend in beeld laten zien, onthouden kiezers ze vanzelf.

TIEN SECONDEN BESTEDEN AAN EEN TWEET LEVERT VEEL GRATIS PUBLICITEIT OP

Hillary Clinton leefde tijdens de campagne van 2016 in een publicitaire zonsverduistering. Haar wensenlijstje (onderwijs, zorg, klimaat, vrouwenrechten) kwam amper aan de orde. Ze werd volledig weggespeeld.

Te vaak bestond publiciteit over Hillary Clinton uit berichten over Hillary die reageerde op de zoveelste uitbarsting van Donald Trump, die zich vervolgens weer vrolijk maakte over de reactie van Hillary. Het was deze publicitaire carrousel die de Democraten doldraaide. Met dank aan de *fake media*.

Met één tweet (tien seconden werk) omspeelde hij Hillary als een volleerde Messi of Ronaldo. Of is het spelbederf en dus een belediging voor de twee supersterren? In elk geval werkte het: voordat Clinton van de schrik over zo'n aanval was bekomen, waren er alweer nieuwe aanvallen uit 'Camp Trump'. Het gíng maar door.

Vergelijk het met de Nederlandse politiek: als de premier jokt, leidt dat onvermijdelijk tot politiek rumoer. De Tweede Kamer zou onmiddellijk de minister-president ter verantwoording roepen. In Amerika kan dat niet.

Donald Trump liegt tientallen, honderden, ja zelfs duizenden keren en komt er ongeschonden van af omdat zijn politieke achterban hem er niet op afrekent. De leugens volgen elkaar snel op. Een politieke reactie komt vaak te laat, want Trump heeft intussen alweer iets anders geks gedaan of gezegd. Hij kan ongestraft zijn gang gaan.

Progressieve media als CNN en *The Washington Post* blijven er wel aandacht aan besteden, maar ach, een jokkende Trump, dat weten we nu langzamerhand wel. Is er verder nog nieuws?

De trumpiaanse les? Als je in de politiek liegt, doe het dan veel en vaak. Dan valt het minder op. Schaamteloosheid als politieke troef: het werkt.

Wie zich verdiept in de strategie van Donald Trump, ziet dat hij dit al tientallen jaren zo doet. Hij zegt extreme dingen en onttrekt zich daarmee handig aan de wetten van de politieke zwaartekracht. In 2016 heeft hij naar schatting meer dan vijf miljard dollar aan *free publicity* gekregen. Zijn campagnestaf was veel kleiner dan die van Clinton en hij gaf aan advertenties minder uit dan zijn tegenstander. Maar hij kreeg meer publiciteit. Waarom publiciteit kopen, als je haar ook gratis kunt krijgen? Als dat niet geniaal is?

Het is een politiek kunstje dat in Nederland iemand als Geert Wilders goed beheerst: zeg iets extreems (kopvoddentaks, meldpunt voor Polen, 'Minder, minder') en je bent verzekerd van bakken gratis publiciteit. Ook Thierry Baudet gebruikt het graag. Extreme voorstellen zijn – ook al zijn ze totaal onrealistisch – onweerstaanbaar voor de media. Bingo en kassa! De media zijn gewillige medeplichtigen in deze populistische guerrilla.

Voor Trump telt maar één ding: altijd het middelpunt zijn van de eeuwigdurende nieuwstombola. Het grootste voordeel daarvan: je overschaduwt je tegenstander. En lezers en kijkers denken dat de hele campagne alleen om jou draait. Donald Trump heeft die kunst vervolmaakt.

Tot zover klopte de voorspelling van deze Amerikakenner dus.

WAAROM IS PRESIDENT TRUMP NIET MET ZIJN TEGENSTANDERS GAAN SAMENWERKEN?

Maar – even eerlijk – ik heb er met mijn voorspellingen over Donald Trump dus ook fiks naast gezeten. Mijn grootste vergissing? Toen Trump in januari 2017 als president aantrad, heb ik voorspeld dat hij een gedeeltelijke metamorfose zou ondergaan: van populist naar president, van Bokito naar bestuurder.

We hebben Donald Trump in de jaren daarvoor (zie ook mijn boek *Donald Trump. 'Iedereen houdt van mij'*) leren kennen als keiharde zakenman, voor wie alleen resultaat telt. In zijn jaren in New York werkte hij nauw samen met ambtenaren en Democratische bestuurders van de stad. Allemaal ten behoeve van zijn zakelijk succes.

In 1977 kocht de toen eenendertigjarige Trump het verloederde Commodore Hotel (tweeduizend kamers) op 42nd Street, pal naast Grand Central Station. Nadat hij het had gekocht bleek er in de catacomben van het gebouw een hele kolonie daklozen te wonen. Er werd wel eens gegrapt dat in het gebouw meer ratten dan mensen verbleven. Katten moesten het ongedierte verjagen, maar legden het vaak af tegen de reusachtige ratten. Trump maakte van dit rattenhol het glanzende, luxe Grand Hyatt Hotel (vijftienhonderd kamers).

De onderhandelingen met de gemeente waren lang en moeizaam, maar uiteindelijk lukte het. Trump sleepte bij de gemeente voor veertig jaar belastingvoordeel binnen. Waarom veertig jaar, wilde een verslaggever later weten. 'Omdat ik niet om vijftig jaar had gevraagd,' zegt Trump gevat.

Iedereen blij: Trump is tevreden, het stadsbestuur ook. Manhattan is in die jaren een *dump*. Het initiatief van de jonge, zelfverzekerde projectontwikkelaar is zeer welkom.

Kort daarna zette hij de Trump Tower neer op 5th Avenue. Multimiljonairs kopen zijn luxeappartementen. Als een film- of tv-ster toehapt en zo'n optrekje wil kopen, stelt Trump hun geduld graag op de proef: 'Ik zet je op de wachtlijst.' Als de concurrerende Museum

Tower appartementen aanbiedt tegen een lagere prijs, is Trump niet onder de indruk. Integendeel. Hij verhoogt de prijzen in de Trump Tower. Schaarste brengt geld op in deze markt.

Niet lang daarna sluit hij een deal met Ed Koch, de Democratische burgemeester van New York, voor het opknappen van de beroemde Wollman Rink, de pittoreske, filmgenieke ijsbaan midden in Central Park. De gemeente kreeg het door mismanagement en bureaucratie niet voor elkaar; Trump wel. Hij voltooide het project in een paar maanden.

Dat hij succesvol zakendeed met Ed Koch mag opmerkelijk heten. Koch was links, luidruchtig, en deed qua ego niet voor Trump onder. Over Koch gaat het verhaal dat hij bij een begroeting niet zei 'How are *you* doing?', maar 'How am I doing?'. Dat had Trump willen bedenken. Het gemeenschappelijk belang van deze twee superego's prevaleerde.

Begin 2017 – bij zijn aantreden als president – was mijn calculatie dat Trump zoiets ook als president in Washington zou doen. Hij had immers beloofd als frisse buitenstaander te zullen regeren. Het stinkende politieke moeras in Washington ging hij subiet leegpompen (*drain the swamp*). Zijn analyse van het verlamde Washington klopte ook. Hij had als kersverse president het verschil kunnen maken. Amerika koos niet voor niks deze politieke wildebras tot zijn president. Dat creëert politieke ruimte.

Trump had de Democraten en de Republikeinen in opperste verwarring kunnen brengen door ze de dag na zijn inauguratie in januari 2017 in de Oval Office uit te nodigen met het voorstel voor een New Deal. Ja, die term is gepikt van de Democraat Franklin Roosevelt, maar dat had de verbazing alleen maar groter gemaakt, en Trump is zelf van 2009 tot 2011 Democraat geweest. Bovendien had hij zijn eigen campagneslogan ('Make America Great Again') ook al gepikt. In dit geval van Ronald Reagan. Beter goed gejat dan slecht bedacht.

Wat die trumpiaanse New Deal had moeten bevatten? Een paar onderwerpen waarover de Democraten en de Republikeinen met enige inschikkelijkheid overeenstemming hadden kunnen bereiken:

verbetering van de verkruimelende infrastructuur, uitbreiding van de bestaande programma's van Medicare en Medicaid (zonder het Obamacare te noemen!), een actieve industriepolitiek voor meer banen (zonder kortzichtig protectionisme), een betere maar ook strenge regeling voor immigratie en grensbewaking, een stevige aanpak van vuurwapengeweld (veertigduizend doden per jaar) vooral door bestaande wetten strenger te controleren, het bestrijden van de armoede en ten slotte de verslaving aan *opioids* (zware pijnstillers die dokters voorschrijven, zeventigduizend doden per jaar) en hervorming van het gevangenissysteem. Je hoeft geen politieke helderziende te zijn om bij al deze urgente onderwerpen politieke overeenkomsten te zien.

Dat hele lijstje is op de korte termijn natuurlijk onhaalbaar. Maar begin eens met twee of drie onderwerpen. Donald Trump deed het niet. Maar wat als Joe Biden president wordt? Adviseurs hebben hem er wel over horen praten: 'Sleepy Joe is awake,' zeggen medewerkers. De tekorten van de Amerikaanse samenleving zijn er schrijnend genoeg voor. Politiek gemillimeter biedt dan geen soelaas. Tijd voor een groot gebaar?

De maatschappelijke scheefgroei heeft inderdaad bizarre proporties aangenomen. In de Onafhankelijkheidsverklaring (1776) staat het zo plechtig en ruimhartig als belofte verwoord: alle mensen zijn als gelijken geboren ('All men are created equal'). Jammer: elke economische statistiek laat het nu pijnlijk zien: de kansen zijn níét eerlijk verdeeld. Integendeel.

Nog een belofte: leven, vrijheid en de kans om geluk na te streven ('Life, liberty and the pursuit of happiness'). Daar schort ook het nodige aan. De nog zo jonge natie was toen zijn tijd ver vooruit met het recht om geluk na te streven. Geluk is zelfs nu in de eenentwintigste eeuw nog geen politiek doel voor koningen, presidenten of premiers.

De oprichters van de VS schreven het niettemin al op. Oké, daarbij moesten we soms even de andere kant opkijken (slavernij, racisme, ongelijkheid), maar het streven was er. Jammer dat die ongelijkheid nu zo onbeheersbaar is gegroeid.

Het brengt de vrijheid van mensen in gevaar. Hoe vrij ben je immers als je voor een schamel loon twee banen hebt en dan nog je gezin niet kunt onderhouden? Hoe vrij ben je als je op grond van je afkomst of huidskleur zoveel minder kansen hebt? Hoe vrij is een land als het meer dan twee miljoen van zijn burgers langdurig opsluit, vaak voor geweldloze vergrijpen. Geen ontwikkeld land heeft zó veel gevangenen.

Meer dan 150 jaar nadat de vrijheidsstrijders van de achttiende eeuw de Amerikaanse onafhankelijkheid van de gehate Engelse koning bezegelden, was het president Franklin D. Roosevelt die in tijden van crisis en gebrek (1941) de Four Freedoms toevoegde aan het lijstje van beloftes: vrijheid van meningsuiting en godsdienst; en bescherming tegen angst en gebrek.

FDR geloofde in de heilzame werking van overheidsprojecten. In het paradijs van het individualisme moest een sterke collectieve sector de scherpste kantjes van kapitalisme gladschuren. Dat is nu – na tientallen jaren van Republikeinse antioverheidspropaganda – niet meer in de mode. Maar de behoefte eraan is nu niet minder groot. Wie durft?

Republikeinse en Democratische presidenten herhaalden – in eigen bewoordingen – ook steeds deze verheven beloftes aan hun burgers:
Ronald Reagan: *It's morning again in America.*
George H.W. Bush: *A kinder, gentler nation.*
Bill Clinton: *Putting people first.*
George W. Bush: *Compassionate conservatism.*
Barack Obama: *Yes, we can.*
Donald Trump: *I will make America great again.*

Komt er in 2020 een president die erin slaagt om een begin te maken met het omzetten van woorden in daden?

Wat heeft Joe Biden in gedachten? Dacht hij aan FDR toen hij zei: 'Juist nu, in deze crisis, hebben we de kans om onze economie niet alleen opnieuw op te bouwen maar echt te hervormen. Onze economie moet opgewassen zijn tegen alle uitdagingen; wat er ook op ons afkomt.' Begin 2020 was dit nog ondenkbaar. Maar de crisis heeft het concept van 'thinking big' dichterbij gebracht. De crisis als kans; de FDR-aanpak dus?

Biden zei bij het aannemen van Obamacare ooit: 'This is a *Big Fucking Deal*.'

Zou hij het straks durven: een *New Big Fucking Deal*? In juli presenteerde Biden een plan dat een beetje in die richting gaat. Een pakket van 700 miljard dollar om de economie te stimuleren onder het motto 'Made in America'. Het is duidelijk een reactie op de 'America First'-campagne van Donald Trump.

DE ERFENIS VAN TRUMP VOOR EEN DEMOCRATISCHE OPVOLGER: EEN KOLOSSAAL FINANCIEEL TEKORT EN EEN DIEP VERDEELD LAND

Terug naar mijn politieke droom dat Donald Trump al bij zijn aantreden een FDR-achtig plan had kunnen oppakken. Wie Trump nu in het Witte Huis als een bronstige stier tekeer ziet gaan, kan met verbazing vragen: 'Hoe kwam je op het idee dat hij met de Democraten wilde samenwerken?' Maar begin 2017 had Trump ermee kunnen scoren. De Democraten hadden hun Trumphaat moeten omzetten in een Washingtonse variant van het poldermodel (ook handig bij het leegpompen van het Washingtonse moeras...). En Trump presenteerde zich – na de boosaardige campagne tegen Hillary – als een compromismatige leider. Hij wilde de president zijn van álle Amerikanen.

Van die presidentiële dadendrang zouden de Democratische leiders geweldig in de war zijn geraakt. Ze zouden Trump immers amper herkennen: was dit de eigenwijze lawaaipapegaai die ze de maanden daarvoor zo hartstochtelijk hadden bestreden? En die wil nu samenwerken?

Deze New Deal zou zeker verzet hebben opgeroepen in beide partijen, maar de publieke opinie ('Die Trump doet het toch maar!') had de doorslag kunnen geven. Vergeet niet dat de Washingtonse politiek onder Amerikanen een heel slecht imago heeft vanwege het voortdurende geruzie en het onvermogen grote problemen aan te pakken.

Trump was in Washington *the new kid on the block*, de nieuweling die de boel flink had kunnen opschudden. Dat mandaat hadden de kiezers hem gegeven. Hij had er zijn voordeel mee kunnen doen.

Zou het makkelijk gegaan zijn? Nee, natuurlijk niet. Zowel bij de Democraten als de Republikeinen zouden trouwe partijgangers over zo'n tweepartijenaanpak boos zijn geworden. Maar die boosheid zou vast snel overstemd zijn door de instemmende geluiden van veel Amerikanen die – opgelucht en verrast over zoveel politieke daadkracht in het verlamde Washington – het initiatief van de president en de Congresleden zouden toejuichen.

Ik citeer graag John Kennedy die bij de aankondiging van het Apollomaanproject in september 1962 de beroemde zin uitsprak: 'We doen het niet omdat het gemakkelijk is, we doen het omdat het moeilijk is.' Dan kun je wonderen verrichten. De eerste maanlanding was minder dan zeven jaar later.

Trump ging als nieuwgekozen president vanaf de eerste dag radicaal de andere kant op. Niks geen Amerikaans gepolder. Integendeel. Hij heeft de politieke loopgraven alleen maar verder uitgediept. Mijn voorspelling over een meer inschikkelijke Donald Trump verdampte snel. Hij versmalde zijn coalitie juist en joeg daarmee de Democraten in de gordijnen. Hij heeft zijn politieke schuttersputje niet meer verlaten.

Trump heeft het presidentschap wel een ander aanzien gegeven. Presidenten zijn vooral in tijden van oorlog en tegenspoed verzoener en trooster. Trump heeft dat niet eens geprobeerd. Vanaf dag één heeft hij zich onverzoenlijk gedragen en alleen maar geprobeerd zijn smalle, rechtse achterban te plezieren.

Wat gebeurt er als in januari 2021 Joe Biden in het Witte Huis komt? Is het Trumpgedrag besmettelijk en gaat de nieuwe president er – ook als een soort wraakoefening – in een harde confrontatie met de Republikeinen stevig tegenaan? Of bouwt de nieuwe president alsnog aan een nieuwe consensus om gemeenschappelijke problemen (infrastructuur, klimaat, ongelijkheid, zorg) aan te pakken?

Mijn voorspelling: een nieuwe Democratische president heeft na 2020 zijn of haar handen vol aan het wegpoetsen van de pijnlijkste gevolgen van de vier Trumpjaren. Amerika is dan bij lange niet hersteld van de dreun die het coronavirus de economie toediende. Het overheidstekort is nog nooit zo groot geweest. De werkloosheid is verlammend hoog. Het land is verdeelder dan ooit en de sfeer in de Washingtonse politiek is totaal vergiftigd. Dat is geen fijne start met teleurstellend weinig ruimte voor leuke dingen voor linkse mensen.

In dit scenario verdwijnt Donald Trump dus. Hij laat de rokende puinhopen van de Republikeinse partij achter. Wat dan?

The New York Times schetst twee scenario's. De partij doet alsof Trump nooit heeft bestaan; de "*what were we thinking?*"-variant. Een behoedzame zwenking naar links, dus met in 2024 een gematigde presidentskandidaat.

Of de harde lijn wint; de "*Trump didn't go far enough*"-variant. Dan verandert er niks en blijft de partij hard rechts beleid verdedigen. De NYT zegt dat de partij dan op zoek moet naar een "*Trump plus a brain*".

2

2020: wanneer arriveren de Republikeinen eindelijk in de eenentwintigste eeuw?

'De Republikeinen kampen met een kolossale generatiekloof. Jongeren willen een progressieve kandidaat die voor verandering kan zorgen. Om het even bot te zeggen: jongvolwassenen haten de Republikeinen.'
David Brooks, columnist van *The New York Times*

'We zijn nu twintig jaar onderweg in de nieuwe eeuw. Maar in de Republikeinse Partij lijkt het wel alsof ze in de jaren vijftig van de vorige eeuw zijn blijven steken. De politieke leiders sukkelen achter de werkelijkheid aan. Misschien denken ze dat ze door ontkenning alle veranderingen kunnen tegenhouden.'
John Kasich, Republikein, oud-Congreslid, oud-presidentskandidaat (2016)

DE DOEMSCENARIO'S VAN DEMOCRATEN EN REPUBLIKEINEN

Eerst de conclusie dan maar? De kans is groot dat na de verkiezingen van 3 november een van de twee politieke partijen van de VS aan stukken ligt.

Ik laat mijn politieke fantasie even de vrije loop.

De beide doemscenario's:

1 *De Democraten verliezen*. Dan ligt de Democratische Partij aan gruzelementen. Eén keer verliezen van Trump was een verschrikking voor de partij. Maar twéé keer! De jonge generatie – de belofte van progressief Amerika – legt het af tegen de conserva-

tieve, bejaarde kongsi van de twintigste-eeuwse Republikeinse Partij.

Het jeugdig enthousiasme van grote, nieuwe groepen kiezers is gebroken. Die jongeren blijven een volgende keer vast thuis. Verdeeldheid laat de bejaarde partij leiderloos en stuurloos achter. Uithuilen en opnieuw beginnen dus. Waarom lieten de Democraten weer een gouden kans lopen?

2 *De Republikeinen verliezen.* De kritiekloze steun van de trouwe partijleden voor Donald Trump blijkt een fatale fout. De talrijke aanhangers van de 'Never Trump'-beweging binnen de Republikeinse Partij hebben vier jaar hun politieke adem ingehouden en zich volledig aan Trump overgeleverd. Nu zeggen ze 'genoeg' en verlaten Trump. Er zijn christelijke Trumpkiezers die hem uit culturele wanhoop wel trouw bleven, maar nu in verstikkende morele ademnood verkeren. Daar betaalt de partij nu een heel hoge prijs voor!

2020 KAN HET EINDE EN HET BEGIN VAN EEN TIJDPERK BETEKENEN: JONGE GENERATIE MET VEEL TALENT EN WEINIG GEDULD

Ooit komt die omslag van oud naar nieuw: van conservatief naar progressief. Van de conservatieven uit de twintigste eeuw naar de progressieven van de eenentwintigste eeuw.

Een simpel bewijsstuk over dat verschil tussen oud en nieuw: twee foto's met daarop de portretten van de in 2018 nieuwgekozen leden in het Huis van Afgevaardigden: eenendertig Republikeinen en veertig Democraten (die wonnen veel zetels). Even iets preciezer kijken: bij de Republikeinen: dertig mannen, één vrouw, alle eenendertig blank. Bij de Democraten: negentien mannen, eenentwintig vrouwen, elf niet-blanken (ook latino's en Aziaten). (Wie het zelf wil zien: zoek bij Google Afbeeldingen op: democrats republicans new house members 2018.)

Bij de Republikeinen zitten in de fractie van 199 leden slechts 13 vrouwen. Het laagste aantal sinds 1993. *The New York Times* schrijft: 'Bij de Republikeinen zijn vrouwen een bedreigde diersoort. Ze zijn bijna uitgestorven.' Bij de Democraten zijn van de 235 fractieleden 88 vrouw.

Bij de Democraten zien we ook Alexandria Ocasio-Cortez, het jongste vrouwelijke Congreslid ooit. Er zijn bij de nieuwe volksvertegenwoordigers ook vrouwen van moslim- en indiaanse afkomst. Er is een recordaantal leden uit de lhbt-groep.

Welke groep nieuwgekozen volksvertegenwoordigers is een betere afspiegeling van het Amerika van de eenentwintigste eeuw? Hoelang blijven ze bij de Republikeinen zo eenzijdig uit de blanke groep rekruteren? Bijna 40 procent van Amerika is nu al niet-blank. Over ruim vijfentwintig jaar is dat 50 procent.

Onder jongeren tot achttien jaar is die omslag van 'gekleurd' in veel staten al bijna bereikt. Dat zijn de kiezers van morgen. Voelen die zich nog thuis in een partij die – los van de nogal gedateerde politieke denkbeelden – qua demografische opbouw zo eenzijdig is? Binnen de Republikeinse Partij is er geen aandrang dit te veranderen. Hoe hoog is de prijs die ze daar straks voor betalen?

Terug naar de meer eigentijdse samenstelling van de Democratische fractie in het Huis van Afgevaardigden: voor het eerst is ten minste één fractie in het Huis van Afgevaardigden een redelijke afspiegeling van het huidige Amerika.

Bij de Democraten wil het in de presidentiële race nog níét erg vlotten met de verjonging. Joe Biden zou bij zijn verkiezing in november 77 jaar oud zijn; flink ouder dan in 1980 Ronald Reagan (69), die tot dan toe de oudste president ooit was. Als contrast: de jongste kandidaat van de race van 2020 was Pete Buttigieg (1982). Toen hij werd geboren was Joe Biden al negen jaar senator! *The Economist* merkt met een knipoog op: Biden werd senator toen Elvis Presley nog optrad en Leonid Brezjnev de baas was in de Sovjet-Unie.

Als de geschiedenis ons één les leert, dan is het dat de Democraten voor een jongere kandidaat moeten gaan. Kijk maar naar het lijstje van recente Democratische presidenten. Barack Obama was zevenenveertig jaar toen hij aantrad. Bill Clinton was zesenveertig. Ietsje verder terug was Jimmy Carter (1976-1980) iets ouder, namelijk tweeënvijftig. Daarvoor weer John Kennedy (1960-1963). Hij was drieënveertig. En veel verder terug Franklin Roosevelt (1932-1944) die eenenvijftig jaar was. Nóóit zeventigers!

Is het dan louter bejaarde kommer en kwel daar bij de Democraten? Aan de Congreskant is de nieuwe tijd dus al aangebroken, ondanks de bejaarde leiding (Dick Schumer, 1950, en Nancy Pelosi, 1940). Die zullen nu snel verdwijnen. Er staat een jonge generatie Congresleden klaar met veel talent en weinig geduld.

JE BENT PAS ECHT BEROEMD ALS JE MET 'AOC' IN DE KRANT STAAT

Een treffend symbool van de nieuwe tijd? Alexandria Ocasio-Cortez (1989) is het nieuwe Congreslid met de meeste bekendheid, de meeste haatmail en de meeste afkeurende vermeldingen op Fox. Een paar jaar geleden bracht ze nog drankjes rond in een restaurant in New York. Nu staat ze op de cover van *Time* ('een fenomeen'), is ze onderwerp van scherpe kritiek in Trumptweets en werd ze snel een nationale bekendheid.

Er zijn speciale opiniepeilingen over haar. De uitslag is voorspelbaar: links vindt haar fantastisch ('hoop op een *eerlijke* toekomst'), rechts vindt haar niks ('vrees voor een *socialistische* toekomst').

Je bent écht beroemd als je naam als afkorting in de krant staat. Dan ben je in het gezelschap van FDR (Roosevelt), JFK (Kennedy), LBJ (Johnson), HRC (Clinton), en OJ (Simpson). En nu dus AOC. Er zijn al voorspellingen dat ze ooit president zal zijn. Dan moet ze eerst wel vijfendertig jaar zijn. Dat is de minimumleeftijd voor een president (er is dus geen maximum...). AOC wordt een paar weken voor de verkiezingen van 2024 vijfendertig. Dat kan dus net.

Allemaal indrukwekkend en ook erg voorbarig. Níét voorbarig is de constatering dat zij het symbool is van de moderne Democratische Partij en de nieuwe, progressieve wind die in Washington waait. De Democratische zege bij de tussentijdse verkiezingen in november 2018 zouden we over een aantal jaren kunnen aanduiden als een keerpunt.

Het gescheld op haar vanuit de rechtse hoek is veelzeggend. Op grote bijeenkomsten waar president Trump verschijnt scandeert het publiek enthousiast: 'AOC *sucks*.' Zijn de Republikeinen bang voor de energieke en progressieve stroming die AOC vertegenwoordigt? Kijk maar naar het aantal volgers op Twitter.

De oude leiders Chuck Schumer (2,3 miljoen volgers) en Nancy Pelosi (4,7 miljoen) leggen het ruimschoots af tegen AOC (7,1 miljoen). Kan zij het symbool worden van de beweging onder kiezers die de Republikeinen blijvend ondermijnt? Of schuift de Democratische Partij dan juist te ver naar links?

De campagne van Donald Trump zal zeker fulmineren tegen de radicalisering van de Democratische Partij. Dat wapen werkte in 2016; nu vast weer. De campagne van Donald Trump richt zijn verbale vuurpijlen op de vier linkse Democratische Congresleden (alle vier van etnische komaf) die de linkervleugel van de partij flink opschudden.

Het zijn Alexandria Ocasio-Cortez (New York), Ilhan Omar (Minnesota), Ayanna Pressley (Massachusetts) en Rashida Tlaib (Michigan). Deze Bende van Vier (ze noemen zichzelf The Squad, Het Team) is tegelijk een godsgeschenk voor Donald Trump; die kan dan fijn tweeten dat deze gekleurde vrouwen Amerika haten. Herhaal het vaak genoeg en sommige kiezers geloven je.

DE FEMINISERING VAN DE POLITIEK IN DE STATEN: VAN MANNENBOLWERK NAAR 'OESTROGEENFRACTIE'

Om de snelle machtsverschuivingen in de politiek goed te duiden moeten we ook naar de staten kijken. Sinds 1970 is het aantal vrouwen in staatsparlementen (*state legislatures*) vervijfvoudigd. De meeste vrouwen (tussen de 40 en 52 procent) zien we in overwegend Democratische staten als Nevada, Colorado, Oregon en Vermont. Het slechtst (tussen de 13 en 15 procent) scoren Republikeinse staten als Mississippi, West Virginia, Tennessee en Wyoming.

In 2018 slaagden de Democraten er in zes staten in de meerderheid van de Republikeinen af te pakken. De Democraten wonnen honderden zetels. De meeste staten zijn nog conservatief, maar de balans is minder scheef geworden. In 2020 kan deze trend sterker worden. Een les voor de Democraten is wel dat ze in de staten fors macht verloren tijdens de Obamajaren. Dat maken ze nu onder Trump gedeeltelijk weer goed.

Op staatsniveau zie je treffende voorbeelden van de veranderende politieke agenda en de bijbehorende ruzies. Neem de staat Oregon aan de westkust en op 4300 kilometer afstand van Washington D.C. Democraten hebben er de meerderheid en wilden stevige klimaatwetgeving invoeren. De wet moest de uitstoot van CO_2 aanzienlijk verminderen.

De Republikeinen waren tegen en blokkeerden een stemming. Hoe ze dat deden? Door eenvoudig de staat te verlaten en onder te duiken. Ze riskeerden een boete van vijfhonderd dollar per dag en lieten zich beschermen door leden van rechtse milities. Door hun afwezigheid waren er niet genoeg senatoren om een stemming mogelijk te maken. Hoezo democratie?

Kate Brown, de Democratische gouverneur (Oregon heeft een recordaantal vrouwen in leidende politieke functies), moest met politieoptreden dreigen om de muitende senatoren terug te krijgen. Republikeinen probeerden in juni 2020 de Democratische gouverneur afgezet te krijgen vanwege machtsmisbruik. Een eerdere poging in 2019 was vergeefs. De rechtse actievoerders kregen niet genoeg handtekeningen bij elkaar.

Oregon is een politiek interessante staat. Ooit was het een conservatief bolwerk, maar dat veranderde al in de vorige eeuw. De Republikeinen, die veel geld krijgen van de industrie in Oregon, verloren de macht en zijn nu boos over de CO_2-wetgeving. Die zou te veel beperkingen opleggen aan het bedrijfsleven, de houtindustrie en de boeren.

Democraten zeggen dat de nieuwe regels hard nodig zijn omdat in Oregon de klimaatopwarming al goed merkbaar is (droogte, veel algen voor de kust). Boeren ondervinden er de gevolgen van en de schelpenvisserij voor de kust van Oregon (en andere staten aan de westkust zoals Californië en Washington) dreigt door het warmere water kapot te gaan. Oregon loopt met deze wetgeving voorop.

Het is een klassiek rechts-linksconflict dat tien jaar geleden in deze vorm nog ondenkbaar was. Het denken over klimaat is immers omgeslagen van prille bezorgdheid naar regelrechte angst over wat een staat als Oregon te wachten staat. De invloed van vrouwelijke politici is er goed merkbaar. Bij de Democraten spreken ze al grappend over de 'oestrogeenfractie'.

In steeds meer staten zal – net als in Oregon – het klimaat in 2020 een groot en omstreden onderwerp zijn. Politici moeten oplossingen vinden, niet weglopen.

Het machteloze vluchtgedrag van de Republikeinen in Oregon was wel heel symbolisch.

EEN NIEUWE GENERATIE, NIEUWE VOORKEUREN: HET AMERIKA VAN DONALD TRUMP KOMT NOOIT MEER TERUG

Vanaf 2045 is Amerika voor meer dan de helft niet-blank. Die ontwikkeling moet ouderwetse denkers en aanhangers van 'Let's Make America Great Again' zorgen baren. Trump en de zijnen doen net alsof je het oude, overwegend blanke Amerika terug kunt halen. Veel rechtse kiezers dromen daar ook van. Maar – geheimpje, Mr. President! – dat Amerika komt niet terug. De pluriforme, veelkleurige jonge kiezers zijn het levende bewijs van de onstuitbare vernieuwing.

The Guardian schrijft over deze aardverschuiving in het politieke landschap: 'Het betekent niet dat blanke Amerikanen worden buitengesloten, maar ze zullen niet langer de enigen zijn met politieke macht. Mensen van kleur kunnen verandering bewerkstelligen. Republikeinen weten dat de cijfers niet in hun voordeel zijn; niet nu en niet in de nabije toekomst. Ze proberen wanhopig de meerderheid van de witte status quo te behouden die voor hun ogen uiteenvalt.'

Er is meer dan die veelkleurige aanblik. Dit is een jonge generatie die is opgegroeid met internet en sociale media. De meeste jongeren kennen in hun eigen omgeving wel iemand die twijfelt over zijn of haar gender. Jongeren kunnen zich de tijd zonder homohuwelijk en gelegaliseerde marihuana amper herinneren. Ook in de politiek gaat het nu snel: Het aantal lhbt-ers in gekozen publieke functies is de afgelopen vier jaar verdubbeld. Het is nog wel erg ongelijk verdeeld: minder dan drie procent van deze lhbt-ers is Republikein.

En het blijft snel gaan. Terwijl menigeen net gewend is aan de lh (lesbisch, homo) van de lhbt is er nu al deze opsomming: LGBTQIA. En in Nederland is er lhbtiqapc: lesbisch, homo, biseksueel, transgender, interseksuele conditie (beetje man, beetje vrouw), queer (die willen niet in een hokje), aseksueel (die willen niks), panseksueel (die willen alles), cisgender (dan ben je gewoon blij met wat je bent).

Het zijn barre tijden voor de wanhopige fatsoensrakkers ter rechterzijde die dit niet bij kunnen houden. Vroeger konden ze lekker overzichtelijk tekeergaan tegen homo's. Waar moeten ze zich nu allemaal wel niet boos over maken? De snelheid waarmee bredere acceptatie van 'wees wie je bent' (in elk geval aan de oost- en westkust) in ruime kring normaliseert is ongekend.

De ouderwetse, christelijke antihomobeweging lijkt ineens zó lang geleden. Het moet frustrerend zijn om vanaf de zijlijn gelaten toe te zien hoe je medeburgers zonder een spoor van spijt of schaamte doen wat God (volgens hen) verboden heeft. Waar is hun onaantastbare waarheid gebleven?

Van seksuele naar politieke voorkeuren: jonge kiezers laten zich door niemand wat aanpraten en volgen zeker niet als vanzelf het voorbeeld van de oudere generaties. Waar staan Amerikaanse jongeren in het politieke spectrum? Links, gemiddeld stevig links zelfs. En zelfs de jongeren met een Republikeinse voorkeur wijken af van het politieke evangelie van de partij, die is blijven hangen in het gedachtegoed van president Ronald Reagan (1980-1988). Hij schold graag en vaak op de volgens hem verkwistende overheid. Veel Republikeinse jongeren van nu vinden juist dat je de overheid nodig hebt om de grote problemen van Amerika op te lossen.

De omslag is dus al gaande: als de uitslag van 2018 – de tussentijdse verkiezingen voor het Congres – de opmaat zijn naar 2020, dan kunnen we nog wilde dingen beleven. Cruciaal: in 2018 waren millennials en Generation Z voor het eerst de meerderheid van de kiezers. Het is als een trage lavastroom die oude zekerheden voor eens en altijd aan het oog onttrekt. *Shift happens*, veranderingen gebeuren.

RELIGIEUZE STOOTTROEPEN LEGGEN OOK NIET-GELOVIGEN HUN WIL OP

De kernboodschap van dit boek is: Amerika wordt snel een progressiever land. Ook Donald Trump kan dat niet verhinderen. De felle pleidooien tegen abortus, anticonceptie (ook de morning-afterpil), euthanasie, gokken, homohuwelijk en porno verbleken, omdat steeds minder Amerikanen zich er druk over maken. De relileiders fulmineerden ook vergeefs tegen het onderwijzen van de evolutie op scholen. Het woord Gods en het bijbehorende scheppingsverhaal waren hun waarheid. Dat is hun goed recht. Het is ook het recht van vele miljoenen ongelovigen om daar anders over te denken.

Opvallend is dat in *the land of the free* deze godsdienstige militanten zich steeds het recht toe-eigenden om ook niet-gelovigen voor te schrijven wat ze in hun privéleven wel of niet mogen doen en denken. Christelijke doemdenkers wilden anderen dus ook voorschrijven van wie ze wel of niet mogen houden en bij transgenders naar welke wc ze wel of niet mogen gaan. Dat tijdperk van zelfverzekerde religieuze arrogantie is ten einde.

Hoe is dat zo gekomen? De Republikeinse Partij sloot zo rond 1980 de religieuze extremisten in de armen. In ruil daarvoor accepteerden de christelijke leiders een rechts beleid dat mede leidde tot tientallen miljoenen burgers zonder zorgverzekering, veel grotere verschillen tussen arm en rijk, een explosie van het aantal gevangenen, grootschalig wapenbezit, discriminatie van homo's en het verwaarlozen van de infrastructuur. Dit conservatieve monsterverbond tussen godsdienst en politiek leek onverwoestbaar. Maar het bleek niet opgewassen tegen de moderniteit van de eenentwintigste eeuw. Het rechtse fundament zakt weg in de drassige ondergrond van een geïdealiseerd verleden.

De politieke agenda van een meerderheid van de Amerikanen werd steeds progressiever. En dat gaat soms sneller dan je denkt. Kijk alleen maar naar de verschuiving sinds 2016. Het is illustratief te zien welke onderwerpen die er in 2016 nog amper waren nu wel veel aandacht krijgen. De dreigende klimaatcrisis is er het duidelijkste voorbeeld van. In de verkiezingsdebatten van toen ging het er eenvoudigweg niet over. Dat is nu ondenkbaar.

In 2016 had nog niemand van #MeToo gehoord. Black Lives Matter en de scholierenbeweging tegen vuurwapens winnen na 2016 aan kracht. En steeds meer jongeren spreken hun voorkeur uit voor socialisme (en tegen het kapitalisme).

Sinds de verkiezing van 2016 is er veel meer aandacht gekomen voor pluriformiteit in de politiek. Het blanke mannenbolwerk is – in elk geval bij de Democraten – voor eens en voor altijd geslecht. Zo snel kan het gaan als de meerderheid in een samenleving rijp is voor verandering.

3

Een ander Amerika: stille, snelle revoluties: homohuwelijk, porno en marihuana

'We zijn tegen het zedeloze idee dat homo's en lesbiennes mogen trouwen. We zijn voor bidden op school en tegen abortus. En het stinkende afvalwater uit het riool van de pornografie mag onze cultuur niet vergiftigen.'
Pat Buchanan, Republikeins activist, in de beroemde toespraak over de Culture War (1994)

'Als conservatieve christenen moeten we radicaal anders kijken naar onze positie in de wereld. We verliezen onze positie in deze aardverschuiving. We moeten er genoegen mee nemen dat we met onze morele ideeën voortaan in de minderheid zijn.'
Albert Mohler, Southern Baptist Theological Seminary

REPUBLIKEINEN MET AFGESLAGEN MOTOR OP DE VLUCHTSTROOK VAN DE 21STE EEUW

Fascinerend: twee populaire, rechtse talkshowpresentatoren, Sean Hannity en Glenn Beck, filosoferen op Fox-televisie over de verkiezingen van 2020. Ze schelden graag op de Democraten en hun 'socialistische waanideeën'.

Dan is er de vraag van Hannity of de Republikeinen, na vier jaar Trump, de Democraten van een overwinning kunnen afhouden.

Hannity: 'Wat is het tegengif?'

Beck: 'Ik weet niet of er een tegengif is. Ik weet wél dat als de Republikeinen verliezen, we het einde meemaken van ons land zoals we dat nu kennen.'

Hannity: '...dus Trump moet herkozen worden...'
Beck: '...Trump móét herkozen worden.'

Dat zinnetje van Glenn Beck over het einde van de huidige Verenigde Staten is veelzeggend. Republikeinen praten er niet graag over, maar er is geen ontkomen aan: er is inderdaad een ander Amerika op komst. Maar het voldoet niet aan de duivelse beschrijving van het duo Hannity & Beck die voorspellen dat 'socialisme onze welvaart zal vernietigen'.

Het andere Amerika dat progressieven nastreven is een land met meer gelijkheid, betaalbare zorg, hopelijk minder geweld en een schoner klimaat. Ze willen heus geen socialistische heilstaat. Maar die nuance is niet besteed aan de tv-sterren van Fox News.

Luister goed naar Donald Trump en je hoort tussen de regels steeds dezelfde analyse. De president praat ook over het dreigend verlies van 'America as we know it'. Dat is veelzeggend. Ook hij heeft op zich gelijk. Alleen is zijn analyse onjuist. Hij maakt zijn aanhang bang met apocalyptisch doemdenken over links-radicalen, marxisten en zelfs fascisten die Amerikanen hun nationale tradities willen ontnemen.

Waar ziet hij die strijdbare colonne van extreemlinks dan? Hij heeft het over de actievoerders die bij demonstraties beelden omvertrokken. Da's niet handig of slim. Maar die relschoppers waren sterk in de minderheid bij die veelal vreedzame demonstraties.

DE VEROUDERDE REPUBLIKEINSE AGENDA VERDAMPT NU SNEL

Het dreigement van de president is inhoudelijk wel interessant omdat hij daarmee probeert rechtse kiezers bang te maken voor *binnenlandse*, linkse ondermijning. Dat is een politiek slimme aanvulling op zijn grimmige voorspelling dat er ook *buitenlands* gevaar dreigt. Waar dat gevaar vandaan komt? Inderdaad, van de immigranten: 'Ze brengen drugs en misdaad. Het zijn verkrachters.'

Dit is de kernachtige boodschap van Trump-2020: stem op mij anders worden wij trotse Amerikanen gepakt door linkse extremisten, illegalen, immigranten, terroristen, de Chinezen. Kortom, de vriendclub van 'Sleepy' Joe Biden...

Dit zijn dus twee radicaal verschillende analyses. De ene is gebaseerd op angst. De andere op hoop. Zijn links en rechts het dan nérgens over eens? Jawel. Ze zijn het erover eens dat in november veel, heel veel op het spel staat. Het woord is aan de kiezer.

Het is leerzaam te onderzoeken waar het angstdenken van Amerika's conservatieven vandaan komt. Een poging.

Om het oude Amerika van de vorige eeuw te behouden, moesten de Republikeinen dus terugvallen op waarden en normen uit die voorbije tijd. Het is misschien een beetje wijsheid achteraf, maar je kunt er niet omheen: de Republikeinen hebben een talent voor het kiezen van kansloze morele thema's.

Kansloos omdat het thema's zijn die snel uit de tijd zijn geraakt. Welke onderwerpen verdwenen bij gebrek aan succes stilzwijgend van de Republikeinse agenda? Ik koos er voor dit boek drie: het verzet tegen legalisering van marihuana, de strijd tegen het homohuwelijk en de eveneens krachteloze kruistocht tegen porno.

In aparte hoofdstukken behandel ik de progressieve omslag in het denken over gevangenisstraffen en de veel positievere houding – vooral bij jongeren – ten opzichte van de overheid. Er werken daar heus niet alleen domme bureaucraten.

Ja, dit zijn heel verschillende onderwerpen, maar ze hebben ook veel gemeenschappelijk. Het zijn de veldslagen in de door de Republikeinen verloren 'Culture War'. En die kun je weer niet begrijpen zonder kennis van de massale ontkerkelijking in de VS. Geen stille revolutie is zo bepalend voor de progressieve omslag in een ander Amerika.

'HOMOSEKSUELEN EN ABORTUSARTSEN ZIJN DE ECHTE DADERS VAN 9/11'

Vraag: 'Zeg, dat andere, meer progressieve Amerika van jou... Is dat nu wel zo? Ik hoor heel andere, rechtse geluiden uit de VS. Heb je een goed voorbeeld?'

Ik krijg deze vraag nogal eens bij lezingen. Het korte antwoord? Ja, er is een prachtig voorbeeld: de ongekend snelle acceptatie van het homohuwelijk.

Republikeinen en evangelicals, de aanhangers van de evangelische leer, zijn lang luidruchtig tegen het homohuwelijk tekeergegaan. Ze grepen bijvoorbeeld terug op het woord van God in Genesis en op het Bijbelse verhaal van de ark van Noach. In die ark gingen kort voor de zondvloed van elke diersoort één mannetje en één vrouwtje aan boord. Niet twee mannetjes of twee vrouwtjes. Toch? Nou dan!

Wat hebben die evangelische kruisridders de mening van hun mede-Amerikanen fout ingeschat! En ook de Democraten hebben geen schone handen. Ze waren meestal niet fanatiek tegen, maar hebben er wel erg lang over gedaan om erachter te komen dat je electoraal niet fataal wordt afgestraft als je voor *same sex marriage*, het homohuwelijk, bent.

De drang tot maatschappelijke verandering en vernieuwing kwam opnieuw niet uit Washington. Integendeel. Hij kwam van onderop. Een krachtige en slimme volksbeweging, die stap voor stap (met tal van referenda in afzonderlijke staten) opgewekt naar de eindzege marcheerde.

Het is, terugkijkend, ongelofelijk snel gegaan. Soms is de tijd gewoon rijp voor een revolutie die een paar jaar eerder nog ondenkbaar was.

Het linkse Massachusetts was in 2004 de eerste staat die het homohuwelijk erkende; de beslissende uitspraak van het Amerikaanse Hooggerechtshof was slechts elf jaar later in 2015. Kennelijk was Amerika er klaar voor. Dan kan het snel gaan, ondanks ferm protest van rechts.

De jaartallen laten zien hoe recent de omslag was: in 1996 tekende Democraat Bill Clinton nog de Defense of Marriage Act, met als uitgangspunt dat alleen een huwelijk tussen een man en een vrouw is toegestaan. Geen moderne fratsen dus, vond toen ook Bill Clinton.

Heftig waren de beschuldigingen van de tv-dominees Jerry Falwell en Pat Robertson na de terreuraanslagen van 11 september 2001. Niet de terroristen waren daarvoor verantwoordelijk, maar de abortusartsen en homoseksuelen die Amerika de morele afgrond in joegen. 'God geeft ons wat we verdienen.' En: 'De aborteurs moeten hiervoor verantwoordelijkheid nemen, want God laat niet met zich spotten. We maken God kwaad.'

De Republikein George Bush wilde in 2003 als president nog een grondwettelijk amendement om het homohuwelijk voor eens en voor altijd te blokkeren. Het Witte Huis betaalde columnisten om zich uit te spreken tegen het homohuwelijk. Bush betoogde dat de rechters in Massachusetts de wil van het volk negeerden, toen ze zich uitspraken voor het homohuwelijk. 'De rechters proberen hun wil aan het volk op te dringen,' zei Bush.

Hoezo dwang? Het ging er juist om dat iedereen de individuele vrijheid heeft zijn of haar partner te kiezen. Je dringt je wil pas op aan anderen als je homo's verbiedt te trouwen.

Terugkijkend moet de homobeweging Bush dankbaar zijn. Zijn acties tegen het homohuwelijk versterkten de volksbeweging voor het homohuwelijk. Was Bush verblind door de benarde partijideologie waarmee hij opgroeide? Hadden de Republikeinen de onderstroom van progressiviteit en tolerantie echt niet gezien?

De strijd was op dat moment nog niet gestreden. In 2008 durfde Barack Obama steun voor het homohuwelijk nog niet aan. Een *civil union*, een geregistreerd partnerschap, vond hij oké, maar bij dat slappe compromis moest het wel blijven. Obama vreesde gematigde, zwarte stemmen te verliezen. Hij zei: 'Ik ben van mening dat een huwelijk iets tussen een man en een vrouw is. Ik ben geen voorstander van het homohuwelijk.'

Obama trad daarmee dus in de voetsporen van die andere vereerde Democratische president, Bill Clinton, die in 1996 de Defense of Marriage Act (DOMA) tekende. Clinton stond daarmee solide aan de kant van de rechtse predikers. William Barr, toen afgevaardigde van de staat Georgia en nu minister van Justitie, schreef de wet. Hij ziet het als zijn taak om gesteund door goddelijke genade de VS te behoeden voor zedelijke ontaarding en moreel verval.

Clinton zat destijds politiek op schoot bij de Republikeinen: 'Ik ben tegen het homohuwelijk. Dat is al heel lang mijn mening en die mening ga ik ook niet veranderen.' Het is typerend voor de macht van de Republikeinen in die tijd. Zij bepaalden voor 100 procent de politieke agenda. De Democraten verdedigden zich niet eens, maar namen willoos en uit angst voor een electorale afstraffing de hobby's van de rechts-evangelische lobby over.

In 2012, bij zijn herverkiezing, kwam Obama politiek uit de kast. De electorale afstraffing bleef uit. Hij won de (her)verkiezing. In die tijd groeide onder Amerikanen voor het eerst een meerderheid voor het homohuwelijk.

Obama beschreef zijn worsteling: 'Ik heb een evolutie doorgemaakt over dit onderwerp. Ik ben al langer voor gelijke behandeling van homoseksuelen. Ik heb er veel met vrienden en familie over gesproken. Op zeker moment heb ik geconcludeerd dat we de volgende stap moeten zetten.'

Daarop volgde in 2015 de erkenning door het Hooggerechtshof. Een kolossale overwinning voor de homobeweging. Een doorbraak die twintig en zelfs tien jaar daarvoor nog ondenkbaar was.

Extreme antihomoactivisten als dominee Grayson Fritts accepteren hun verlies nog steeds niet. Hij wil op gezag van God bepalen van wie we wel en van wie we niet mogen houden. Homo's wil hij het liefst executeren. Fritts: 'De regering heeft een door God gegeven recht om de politie op die lhbt-gekken af te sturen en ze voor de rechter te slepen. Als ze berecht zijn en schuldig bevonden, verdienen ze de doodstraf. Het zijn vieze beesten.'

De Republikeinen schreven zelfs in 2016 in hun partijprogramma nog onverstoorbaar over het ongedaan maken van de erkenning van het homohuwelijk. 'Ieder kind verdient een getrouwde vader en moeder.'

De progressieve ontwikkeling naar meer acceptatie gaat intussen door: in 2019 is een ruime meerderheid van 67 procent – ook veel Republikeinen dus – voor het homohuwelijk! Dertig jaar daarvoor was eenzelfde percentage tegen! 'We the people' triomfeerden. We zien het steeds vaker.

De Moral Majority raakt zijn strijdpunten kwijt. En een meerderheid zijn ze ook allang niet meer. De triomferende homobeweging stelde er – met een knipoog – de *oral majority* tegenover.

MET ZES VROUWEN TROUWEN WAS PRIMA, MAAR TROUWEN MET ÉÉN MAN WAS ZONDIG

Nog even terug naar de jaren dat het niet zover was: in 1998 was er in de prairiestaat Wyoming de afschrikwekkende moord op de homoseksuele student Matthew Shepard (21). Het haatmisdrijf kreeg nationaal en internationaal veel aandacht. De twee daders, op dat moment eenentwintig en tweeëntwintig jaar oud, deden zich op de dag van de moord voor als homoseksuelen en lokten Shepard mee. Eenmaal buiten het dorp sloegen ze Shepard in elkaar, martelden hem en lieten hem halfdood achter. Hij had een breuk in zijn schedel, raakte in coma en was helemaal bedekt met bloed. Pas achttien uur later werd hij ontdekt door een passerende fietser. Die dacht aanvankelijk dat er een vogelverschrikker tegen het hek hing. Maar het was Matthew. Hij leefde nog, maar een paar dagen later overleed hij in het ziekenhuis, zonder dat hij bij bewustzijn was gekomen. De moord wekte wereldwijd afschuw.

De daders zitten een levenslange gevangenisstraf uit. Dat was in 1998, inmiddels zijn we twintig jaar verder. Zelfs het conservatieve Wyoming heeft nu officieel het homohuwelijk erkend. Het kan snel gaan.

Nog een voorbeeld: de kerk van de mormonen – met zijn hoofdkwartier in Salt Lake City, Utah – is een krachtige kerkgemeenschap. De mormonen hebben er vast op vertrouwd dat onder hun leden homoseksualiteit niet voorkwam of eenvoudig te genezen was. Dit was de kerk waar het vroeger heel gewoon en geaccepteerd was dat een man met vijf vrouwen trouwde. Maar een man met een man (of een vrouw met een vrouw), dát was zondig.

Opzienbarend was de toespraak in april 2019 van de student Matt Easton. Bij zijn afstuderen op de universiteit van de mormoonse kerk sprak hij zijn medestudenten toe en verklaarde plompverloren: 'In aanwezigheid van mijn familie, vrienden en klasgenoten verklaar ik trots een homofiele zoon van God te zijn.' Er volgde luid gejuich. Easton vervolgde: 'Nog geen vier jaar geleden was het ondenkbaar dat ik uit de kast zou komen ten overstaan van mijn gehele universiteit. Het is een fantastisch gevoel en een overwinning op mezelf.'

Maar daarmee is de strijd niet gestreden. Het vocabulaire van de antihomoactivisten is altijd interessant. Het gaat vaak over de 'homoseksuele levensstijl'. Je bént geen homo (God heeft immers geen homo's geschapen), maar hebt die levensstijl zelf gekozen. En daar kun je gewoon mee stoppen, zoals je stopt met roken, drinken of in God geloven.

In 2019 is er onder mormonen nog steeds een heftig politiek debat over de conversietherapie (het 'genezen' van homo's). Er is een heuse studiecommissie aan het werk die zich buigt over de vraag of die homogenezing echt werkt. Het tegendeel is al veel en vaak aangetoond, maar bij de mormonen kijken ze er nog eens diepgaand naar. Binnen deze kerk hebben ze het ook vaak over *same sex attraction*, je aangetrokken voelen tot dezelfde sekse. Ook dat is af te leren, als je maar je best doet.

In artikelen van mormonen kom je nu ook voorzichtig de erkenning tegen dat die *same sex attraction* wel eens onweerstaanbaar kan zijn. Met andere woorden: misschien is het niet aangeleerd, maar zíjn mensen gewoon zo. Revolutionair is ook dat homostellen binnen de kerk hun kinderen sinds 2019 mogen laten dopen. Het homo zijn van de ouders is geen reden meer om hen uit de kerk te zetten.

Daarmee is homoseksualiteit niet geaccepteerd; ze is nog steeds een zonde, maar niet langer een doodzonde. De kerkleiders zijn als ouders die ongehoorzame kinderen vertellen: 'Ik ben niet boos maar verdrietig.' De mormoonse kerkleiders zijn verdrietig.

Waarnemers vinden dit alles al een verbluffende ommekeer van de mormoonse kerk. Homo's waren immers altijd *apostates* (afvalligen). Maar de moderniteit gaat ook aan de mormonen niet voorbij: meer dan helft van de kerkleden ondersteunt nu het homohuwelijk. Je ziet de kerkleiders hijgend achter alle eenentwintigste-eeuwse ontwikkelingen aan rennen. Grote vraag: houden ze daarmee de gelovige gemeenschap bijeen? Niet echt.

De kerk van de mormonen heeft de neergang in het aantal leden, die je bij andere kerken ziet, lang tegen kunnen houden. Maar sinds een paar jaar lukt dat steeds minder. En de klap komt meteen hard aan. De helft van de mormoonse millennials verlaat de kerk. De volwassenen die blijven, krijgen steeds minder kinderen. Dat helpt op den duur ook niet.

Religion News schrijft: 'Het aantal afvalligen is ongekend. Dit hebben we nooit eerder zo gezien.' Over pakweg één of twee generaties kan dat het voortbestaan van de kerk in gevaar brengen. De kerk heet officieel Kerk van Jezus van de Heiligen der Laatste Dagen. Breken die 'Laatste Dagen' – met of zonder homoacceptatie – sneller aan dan de zelfverzekerde mormonen tot voor kort dachten?

NOG EEN DOORBRAAK: DE EERSTE HOMOSEKSUELE PRESIDENTSKANDIDAAT

En de volgende mijlpaal in homoacceptatie is er nu ook. Voor het eerst in de geschiedenis was er een openlijk homoseksuele presidentskandidaat: de Democraat Pete Buttigieg (1982). Hij is de heel jonge burgemeester (sinds 2012) van South Bend, Indiana. Hij was al burgemeester toen hij in 2015 uit de kast kwam. South Bend koos later dat jaar zijn homoseksuele burgemeester met ruime meerderheid voor een tweede termijn.

De levensloop van Buttigieg had die van een Republikein kunnen zijn. Hij groeide op in het zeer conservatieve Indiana (Trump won er in 2016 met 20 procent verschil overtuigend van Clinton), is streng-gelovig en diende vrijwillig als soldaat in Afghanistan. Het was een strijd voor hem om zich in deze conservatieve omgeving openlijk als homoseksueel te presenteren. 'Als er een pil was geweest om mij hetero te maken, had ik die genomen nog voordat je me een glas water had kunnen geven. Dat is een pijnlijke herinnering. Als je me toen had kunnen uitleggen wat mij homoseksueel maakte, had ik het er met een mes uitgesneden. Het is een godsgeschenk dat er geen pil was. En geen mes.'

Zijn homoseksualiteit riep hier en daar nog wel verzet op. De evangelist Franklin Graham vindt het maar niks. Hij twittert: 'Burgemeester Buttigieg zegt dat hij een homoseksuele christen is. Als gelovige verwijs ik naar de Bijbel die bepaalt dat homoseksualiteit zondig is. Iets om berouwvol over te zijn; niet iets om mee te koop te lopen, te prijzen of voor politiek voordeel te gebruiken.'

Buttigieg is niet onder de indruk van politieke fossielen als Graham. Daar kun je ook vicepresident Mike Pence toe rekenen. Die komt net als Buttigieg uit Indiana en is solide en onwrikbaar antihomo. Buttigieg is er nuchter over: 'Als u een probleem hebt met wie en wat ik ben, dan heeft u geen geschil met mij; u heeft dan een geschil met mijn Schepper.' In de voorverkiezingen van 2019 redde Buttigieg het niet. Gaat het met hem of een van zijn generatiegenoten een volgende keer beter. Die kans is groot.

En Donald Trump? Hij was ooit voorstander van abortus, maar switchte om electorale redenen van standpunt om zijn trouwste christelijke keizers ter wille te zijn. En het homohuwelijk? Heeft hij ook daar een politieke salto mortale gemaakt voor die blanke christelijk stem? In 2000 was hij voor het traditionele huwelijk tussen man en vrouw. In de campagne van 2016 zei hij dat hij als president rechters zou willen benoemen die de erkenning van het homohuwelijk door het Hooggerechtshof ongedaan zouden maken. En hij praatte steeds over bevoegdheden van staten om zelf te beslissen. Als president zei hij dat zijn persoonlijke mening 'niet relevant' was. Kortom: Trump slalomt om de politieke hete brij heen. We hebben de president over andere onderwerpen wel eens duidelijker zijn mening horen vertellen...

Maar het is zoals met zoveel onderwerpen: Amerika wordt progressiever en wacht daarvoor niet op andersdenkende of twijfelende politici. Zelfs niet op Donald Trump.

DE OORLOG TEGEN PORNO: DE KRUISTOCHT TEGEN 'VIES EN VOOS' MAAKT NIKS KLAAR

Terug naar de conservatieve Culture War. Neem nu porno. Een netelig onderwerp waarover rechtse politici zich tientallen jaren geweldig druk maakten. En – net als bij het homohuwelijk – was er weer die rechts-christelijke bemoeizucht: 'Ik bepaal wat een ander wel of niet mag bekijken.' En opnieuw zonder resultaat. Pornogebruik stijgt alleen maar. Verloren strijd dus.

Even een snippertje geschiedenis van porno in Amerika: Republikeinse politici strooien nogal makkelijk met het woord 'oorlog'. Zo hebben we de War on Crime gehad, de War on Drugs, de War on Terror en dus ook de War on Porn. Ook de overkoepelende Culture War kreeg deze lading mee.

Het was de strijd van de Republikeinen tegen alles wat vies en voos, links, Democratisch en goddeloos was. En hoe gaat dat met zo'n oorlog? De vijand boezemt burgers en kiezers natuurlijk angst in. En dat was precies de bedoeling. Angst is immers een onmisbaar wapen in het politieke arsenaal van conservatieven in de VS.

Republikeinse politici en strenge religieuze leiders verklaarden eind jaren zeventig porno zo'n beetje tot staatsvijand nummer één. Porno was het symbool van morele ondergang. Ze kozen een onwaarschijnlijk slachtoffer: president Jimmy Carter. Een diepgelovig en voor zover we weten uiterst oppassend mens. Wat was dan zijn zonde? Een interview in de *Playboy*. Daarin bekent Carter in gedachten wel eens gezondigd te hebben. Hij ervoer lustgevoelens bij het zien van knappe vrouwen. Carter: 'In gedachten heb ik vaak overspel gepleegd.' Dat klinkt nogal braaf, maar voor relileider Jerry Falwell – de oprichter van de organisatie Moral Majority – was Carter al ver over de schreef gegaan. Blootblad *Playboy* was zondig. Vanwege het publiceren van weinig verhullende foto's van Gods schepping werd het blad het symbool van onstuitbare zedelijke decadentie.

Republikeinen gebruikten het als middel om de Democraten af te schilderen als verdorven en goddeloze links-radicalen. President Ronald Reagan bedacht een heuse commissie die met voorstellen moest komen. Reagan, bij andere onderwerpen altijd voorstander van individuele vrijheid, was streng tegen de porno-industrie: 'De dagen van jullie industrie zijn geteld.' Dat is de politieke nazaten van Ronald Reagan niet gelukt. Integendeel.

Volgens sommige berekeningen is de porno-industrie de snelstgroeiende bedrijfstak ter wereld (de andere kandidaat voor dat predicaat is de eveneens heel zondige marihuanabranche). De porno-industrie heeft altijd snel gebruikgemaakt van nieuwe technologie: ooit de videoband, later video on demand, broadband en nu virtual reality. Volgens sommige deskundigen zal virtual reality opnieuw zorgen voor een stormachtige groei van aanbod en omzet. De pornobestrijders staan machteloos.

Het was trouwens een strijd met onwaarschijnlijke bondgenoten: conservatieve christenen (tegen morele aftakeling) en linkse feministen (tegen uitbuiting van vrouwen) die hier als *strange bedfellows*, als ongebruikelijke kameraden, hetzelfde doel hadden.

Deze curieuze coalitie heeft het dus niet gered. Nu kunnen we de balans opmaken. De porno-industrie groeit; het aantal pornotegenstanders in de VS daalt.

Is het dus een beetje gelukt met die antipornokruistocht? Niet echt.

GEBRUIKERS VAN PORNO: MEER REPUBLIKEINEN DAN DEMOCRATEN

Onderzoek van Googledata laat zien dat religieuze en conservatieve mensen vaker zoeken naar seks, homoseks, homoporno en seksplaatjes. In een ander onderzoek werden mensen onderzocht die het eens waren met de stelling: 'Ik heb ouderwetse ideeën over gezin en godsdienst.' Of ze waren het eens met de stelling: 'Aids kan de straf van God zijn voor immoreel seksueel gedrag.' Onder die groepen werd een recordaantal abonnementen afgesloten op pornosites.

Wie kijken meer porno: Republikeinen of Democraten? In conservatieve, religieuze staten wordt meer porno gekeken ('The red states are the red light states'). Onderzoeker Benjamin Edelman van Harvard University schrijft over porno in de Bible Belt: 'Sommige mensen die het hardst tekeergingen tegen porno waren tegelijk de grootste consumenten van de producten waar ze zo boos over waren.'

Edelman keek naar gegevens van creditcards en uitslagen van verkiezingen. Kerkgangers lieten op zondag verminderd pornogebruik zien, maar dat werd in de rest van de week goedgemaakt. Pikant is het voorbeeld van een Republikeinse partijconventie, die tot piekdrukte leidde bij de plaatselijke stripclubs. De dames draaiden dubbele diensten. Op zo'n conventie wordt – met de Bijbel in de hand – altijd fel geageerd tegen vernietigend zedelijke inzinking en huwelijkse ontrouw.

In staten die zich fel verzetten tegen het homohuwelijk woont een recordaantal pornogebruikers. Het op het oog conservatieve en zeer gelovige Utah staat boven aan die lijst. In Utah zijn nog meer pornogebruikers dan in Nevada met Las Vegas ('Sin City') als centrum van moderne zondigheid. Een verklaring voor deze conservatieve voorkeur voor seks en porno: hoe harder je iets verbiedt, hoe meer mensen het juist willen hebben.

Porno blijft een gewild doelwit van de moraalridders. Veelzeggend is dat in het Republikeinse partijprogramma niks staat over beperking van wapenbezit (veertigduizend doden per jaar), maar porno is verheven tot volksgezondheidscrisis. Alsof het 1995 is.

Nog in 2016 schreven de Republikeinen in hun partijprogramma: 'Pornografie, met haar schadelijke effecten, vooral voor kinderen, is een crisis in de volksgezondheid geworden die het leven van miljoenen vernietigt.' De Republikeinen vroegen het ministerie van Justitie voorrang te geven aan de bestrijding van porno. Een herleving van de War on Porn.

En – o ironie – op de partijconventie van 2016 werd Donald Trump als presidentskandidaat op het schild geheven: de man die zwijggeld heeft betaald aan pornoster Stormy Daniels en *Playboy*-model Karen McDougal om te voorkomen dat zijn seksuele verhouding met deze dames naar buiten zou komen.

Je zou denken: dit is de partij van de kleine overheid en individuele vrijheid. Niet dus. Met die principes en vrijheden moet je selectief omgaan. Republikeinse principes zijn van rubber.

DE LEGALISERING VAN MARIHUANA: AMERIKA HAALT NEDERLAND LINKS IN

Net als bij het homohuwelijk had ik tien, vijftien jaar geleden niet durven voorspellen dat de legalisering van marihuana zo snel zou gaan. Amerika heeft Nederland links ingehaald. Ons land was vele jaren het lichtend of afschrikwekkend voorbeeld voor Amerikanen. De ene groep veelal jonge toeristen gingen blowend helemaal los in Amsterdam. De andere groep keek meewarig naar deze wel heel Hollandse bandeloosheid.

Of je het nu fantastisch of vreselijk vindt, één ding leek lange tijd zeker: openlijke handel en gebruik van marihuana waren in de VS ondenkbaar. Amerikaanse gevangenissen zitten vol met 'misdadigers' die ooit met een paar gram cannabis werden betrapt en daarvoor de cel in moesten. Kleine handelaren kregen – mede door de spartaanse Crime Bill van president Clinton – al snel forse celstraffen.

En nu? De VS werden op slag een *pot paradise*, een cannabisparadijs met meer dan 250 000 banen. In Oregon hebben ze nu zoveel geproduceerd dat ze – zelfs als ze nu radicaal zouden stoppen met de productie – nog zes jaar vrolijk door kunnen blowen. De maffe Nederlandse combinatie van legaal (aan de voordeur) en illegaal (teelt) hebben de VS krachtdadig vermeden.

Curieus is het wel: legalisering van marihuana is lijnrecht in strijd met het Republikeinse denken, waarin *law and order* centraal staan. Wie iets doet wat bij wet verboden is, gaat de gevangenis in. Geen pardon. Republikeinen willen altijd een kleine overheid. Maar bij het bestrijden van softdrugs leverden de Republikeinen dit principe graag in. Er gingen jaarlijks miljarden dollars naar het opsporen, straffen en opsluiten van marihuanagebruikers. Geen politicus die iets anders durfde te propageren.

De basis voor de legalisering van marihuana – net als de erkenning van het homohuwelijk – is gelegd in de jaren van president George W. Bush. Het zoveelste bewijs dat maatschappelijke ontwikkelingen ongeacht de politieke kleur van de president en het Congres gewoon doorgaan. Het volk wil het en dan gebeurt het vroeg of laat ook. Een geestverruimende les.

DE WAARHEID OVER DE WAR ON DRUGS: GERICHT TEGEN LINKSE ACTIVISTEN EN ZWARTE BURGERS

Marihuana behoort tot de softdrugs. Hoe zit het dan met harddrugs?

Het begon allemaal weer als een heuse 'oorlog'. Opnieuw een strijdtoneel voor Republikeinse fatsoensrakkerij en een treffend voorbeeld van streng ideologisch denken over ongewenst gedrag. Jammer dat in zo'n zelfverklaarde oorlog een kritische en nuchtere afweging van feiten spontaan verdwijnt.

Het uitroepen van een 'oorlog' (de War on Drugs in dit geval) was een vrijbrief voor extreem overheidsoptreden. President Richard Nixon begon deze oorlog tegen drugs in 1971 mede op advies van zijn medewerker John Ehrlichman, die later voor misdrijven in het Watergateschandaal nog in de gevangenis terecht zou komen. Het maandblad *Harper's* ging jaren later op bezoek bij Ehrlichman om over het harde drugsbeleid te praten. Waar kwam dat vandaan?

Dit lange citaat uit *Harper's* is veelzeggend. Ehrlichman: 'De Nixon-campagne in 1968 en de Nixonregering hadden twee vijanden: de linkse antioorlogscoalitie en de zwarte bevolking. We konden verzet tegen de oorlog, of een donkere huidskleur, natuurlijk niet illegaal maken. Wat we wel konden doen was publiek de hippies met marihuana in verband brengen en de Afro-Amerikanen met heroïne. Zo criminaliseerden we beide groepen. We konden hun leiders arresteren, hun huizen binnenvallen, hun bijeenkomsten opbreken, en ze avond na avond zwartmaken op het tv-nieuws. Wisten we dat we logen over die drugs? Ja, natuurlijk wisten we dat!'

Is het toeval dat het aantal gevangenen in de VS rond die tijd als een dolle steeg; van een half miljoen naar meer dan twee miljoen? Een wel heel hoge prijs voor een mislukte War on Drugs.

Zo'n campagne tegen drugs is er weer een treffend voorbeeld van dat de Republikeinen met twee maten meten als het om de overheid gaat. Voor sociale uitgaven, onderwijs en hulp aan armen roepen ze graag hun antioverheidsevangelie te hulp. Maar noem iets een oorlog (tegen drugs, tegen de misdaad, tegen terreur, tegen porno) en geld speelt geen rol meer. 'We moeten deze oorlog winnen.'

Republikeinen wantrouwen doorgaans ambtenaren.

Tenzij ze een uniform dragen. Dan zijn het Amerikaanse helden.

4

De Democratische droom: een linkse dageraad na de inktzwarte Trumpnacht?

'De Democratische Partij wordt geïnfecteerd met een stekelig gebrek aan tolerantie. Als progressieven zijn we erg voor diversiteit. Met één uitzondering: ideologische diversiteit. We zijn dol op mensen die er anders uitzien, maar dan moeten ze wel dezelfde politieke denkbeelden hebben als wij.'
Nicholas Kristof, columnist van *The New York Times*

'Onze radicale Democratische tegenstanders worden gedreven door haat en woede. Ze willen ons land vernietigen. Ze beroven ons van onze grondwettelijke rechten en willen het land met immigranten overspoelen.'
Donald Trump

KOMT DIE DEMOCRATISCHE MEERDERHEID ER NU EINDELIJK?

Trouwe Democraten wisten het zeker: 'Dit kán niet kapot.' Er was nooit eerder een kandidaat met méér politieke ervaring dan Hillary Clinton. Dan hoef je zo'n zelfingenomen New Yorkse blaaskaak als Donald Trump zonder enige politieke ervaring toch niet serieus te nemen? De kiezers trappen daar niet in.

Toen kwamen op 8 november 2016 de verrassing, verbijstering en verlammende verslagenheid. Hoe had dit kunnen gebeuren? De presidentiële race verliezen van een kandidaat die tegenstanders dagelijks bespot, beledigt en bedriegt; de Democraten moesten achteraf schaamtevol toegeven dat op beslissende momenten de verkiezingscampagne van die lawaaipapegaai het toch net iets handiger had aangepakt.

En nu dus op naar 3 november 2020. Voorbij de helse hectiek van de eerste vier Trumpjaren. Met als grote doel voor de Democraten: geen herhaling van 2016. Ze moeten voorkomen dat ze de dag na de verkiezingen wakker worden, in de politieke spiegel kijken en – net als in 2016 – mistroostig constateren: 'Trump was ons wéér te slim af.'

Maar het omgekeerde kan ook gebeuren: een linkse dageraad na de inktzwarte Trumpnacht. Veel Democraten hopen er het beste van, maar vrezen het ergste.

DE DEMOCRATEN LIJDEN TE VAAK AAN GELIJKHEBBERIGE ARROGANTIE

In de lange campagne tegen Trump was er voor elke rechtgeaarde Democraat één onwrikbare waarheid: 'Hij heeft ongelijk, wij hebben gelijk.'

Dat leidde tot hooghartige en misplaatste zelfverzekerdheid. Met als onthullend dieptepunt Hillary Clinton die de Trumpaanhangers wegzette als *deplorables,* betreurenswaardige mislukkelingen. O ja? Zijn ál die boze Trumpaanhangers beklagenswaardige stakkers?

Had Clinton er – na zoveel jaren in de politiek – dan echt níks van begrepen? Dacht ze daarna nog kiezers van Trump af te kunnen snoepen? De deplorables keken wel link uit. Die bleven The Donald trouw. Misschien verdien je als kandidaat ook niet te winnen als je zo'n grote groep kiezers arrogant wegzet. Iemand van de politieke statuur van Hillary Clinton kan zich zo'n blunder niet veroorloven. Hoogmoed komt voor de val.

En dat brengt ons als vanzelf bij het misschien wel grootste gevaar voor de Democraten in 2020: opnieuw zelfingenomen arrogantie. Ze hebben immers een superieur standpunt over armoede, klimaat, infrastructuur, onderwijs en zorg, #MeToo en – niet te vergeten – abortus. Alles is beter dan Trump en zijn Republikeinse vazallen, zeggen ze.

Ook columnist van *The New York Times* Nicolas Kristof verwijt Democraten eenzijdigheid. Ze zijn erg voor pluriformiteit. Het maakt niet uit wat voor kleur je hebt en wat je seksuele voorkeur is. Maar hebben Democraten evenveel respect voor wie anders dénkt?

Kristof: 'Linkse mensen zijn te vaak dol op mensen die niet op ons lijken, maar alleen als ze ook hetzelfde denken. We zouden nieuwsgieriger moeten zijn, ook als ze het niet met ons eens zijn.'

Dit is een pittig verwijt van Kristof. Dat gebrek aan nieuwsgierigheid leidt ertoe dat Democraten zich amper verdiepen in het 'waarom' van Republikeinse denkbeelden. De columnist Dave Barry schreef het nog harder op. Progressieven maken een karikatuur van conservatieven. Dit is de hilarische (maar in een vertaling minder leuke) omschrijving hoe progressieven over conservatieven denken: 'Do we truly believe that all red-state residents are ignorant, racist, fascist, knuckle-dragging, Nascar-obsessed, cousin-marrying, roadkill-eating, tobacco-juice-dribbling, gun-fondling, religious fanatic rednecks?'

Het debat is intussen alweer een stap verder: sommige linkse Amerikanen zijn niet alleen ongenuanceerd en dus oppervlakkig in hun kritiek op rechts. Ze nemen ook andere linkse kiezers de maat. Natuurlijk moet er debat zijn over de strategie van Black Lives Matter en moet kritiek mogelijk zijn op de manier waarop bijvoorbeeld de politie nu wordt hervormd. Je kunt tegen racisme zijn en toch bezwaar hebben tegen de aanpak van sommige activisten. Maar dan word je al snel ingedeeld in het kamp van de grote rechtse vijand. Dat leidt tot verstikking van het debat. Zo kreeg schijfster J.K. Rowling scherpe kritiek omdat ze zich antitransgender zou hebben uitgelaten.

In juli 2020 wordt het een grote groep van 153 overwegend progressieven ('liberals') te gortig. Ze verzetten zich in een opvallende gezamenlijke verklaring tegen de volgens hen afgedwongen politieke correctheid van de nieuwe, linkse politieke smaakmakers. De verklaring lijkt wel een redactioneel commentaar van Fox-TV, maar het is dus een bijtende kritiek van links gericht aan links.

In de verklaring ('A letter on justice and debate') van de groep schrijvers, hoogleraren en activisten wordt fel geageerd tegen intolerantie van links. Tot de ondertekenaars behoren schrijvers J.K. Rowling (*Harry Potter*), Salman Rushdie (*Satanische Verzen*), historicus Francis Fukuyama, filosoof en historicus Noam Chomsky, journalisten Fareed Zakaria (CNN), David Brooks en Bari Weiss (NYT) en Gary Kasparov (oud-schaker).

De opstellers verzetten zich tegen wat 'cancel culture' wordt genoemd. Dat verwijst naar de onder demonstranten populaire praktijk om steun voor publieke figuren in te trekken nadat ze iets hebben gedaan of gezegd dat als aanstootgevend wordt beschouwd. Het vernielen en bekladden van standbeelden van als politiek incorrect beoordeelde historische figuren (slavernij, racisme, seksisme) is er een treffend voorbeeld van.

Een citaat uit de verklaring: 'De vrije uitwisseling van informatie en ideeën, het levensbloed van een liberale samenleving, wordt met de dag beperkter. Hoewel we dit van radicaal-rechts zijn gaan verwachten, verspreidt de sfeer van censuur zich breder in onze cultuur: een intolerantie voor tegengestelde opvattingen, een mode voor publieke schaamte en uitsluiting, en de neiging om complexe beleidskwesties op te lossen in een verblindende morele zekerheid. We betalen de prijs al. Schrijvers, kunstenaars en journalisten vermijden elk risico. Ze vrezen voor hun levensonderhoud als ze afwijken van de consensus, of niet genoeg hun best doen om het met anderen eens te worden.'

De opstellers van de verklaring hebben een punt. In alle opiniepeilingen doen Democraten het beter dan Republikeinen. Maar de strijd is nog lang niet gestreden. En door arrogant steeds het eigen gelijk uit te venten – zonder ruimte voor nuance of debat – maak je jezelf erg kwetsbaar.

The Economist wijst op nog een gevaar voor links. Onder grote groepen professoren en studenten is politieke correctheid wel erg ver doorgeschoten. Alles wordt vertaald naar de grote tegenstelling tussen blank en zwart. Nuance ontbreekt veelal. Het doet qua analyse een beetje denken aan de stelregel van George W. Bush: 'Als je niet voor ons bent, ben je tegen ons.'

Dat verstikt nieuwsgierigheid en verstart het debat. *The Economist* over deze manier van denken: 'Het verwerpt het liberale idee van vooruitgang. Het definieert iedereen door zijn ras en elke actie als racistisch of antiracistisch. Het is nog niet dominant, maar het is dynamisch en het verspreidt zich vanuit de universiteiten naar het dagelijks leven. Als het liberale waarden verdringt, verkilt dat het debat. Dan ontstaat verdeeldheid. Dat is in het nadeel van iedereen, blank én zwart.' Dan kan een nieuwe elite ontstaan die zich bezondigt aan dezelfde fouten als de elite die ze willen verwijderen: gelijkhebberigheid en uitsluiting.

De inleidende beschietingen van rechtse politici zijn er al. Matt Gaetz, een Republikeins Congreslid uit Florida, heeft er ook al een benaming voor: 'culturele volkerenmoord'. Het is fascinerend te zien hoe hij als vertegenwoordiger van de oude elite in de slachtofferrol kruipt. Niet Amerika's onderdrukten en gediscrimineerden zijn de dupe, maar mensen zoals hij. Bij de eerste de beste aanval op hun elitaire bolwerk gaan ze vol in de tegenaanval. Het is oorlog; een eenentwintigste-eeuwse reïncarnatie van de Culture War.

Gaetz zegt tegen Fox News (het citaat had zomaar van Donald Trump kunnen zijn): 'Er is momenteel een poging tot culturele genocide in Amerika gaande. We moeten patriotten aansporen om op te staan en te zeggen: "Dit is een geweldig land. Het is onze trots en onze verdediging." Links wil dat we ons schamen voor Amerika, zodat ze Amerika kunnen vervangen. Ik houd van dit land. We moeten veel meer doen om de haat terug te dringen.'

Een gebrek aan intellectuele en politieke tolerantie kan de linkervleugel van de Democratische Partij lelijk opbreken. De Republikeinen blijven er vast gretig gebruik van maken door linkse activisten en opiniemakers af te schilderen als een club redeloos door elkaar kakelende ruziemakers: 'Kijk nou eens. Wil je dat dit soort types zo meteen de baas worden in het land?'

President Trump doet dat al. De links-radicalen willen onze trotse Amerikaanse geschiedenis afpakken. Trump stelt deze vandalen een celstraf van tien jaar in het vooruitzicht: 'En er zullen geen uitzonderingen zijn.'

Dat zal ze leren!

DE VERJONGING VAN DE DEMOCRATISCHE PARTIJ HEET JOE BIDEN (77)

Kunnen ze nu echt niks beters vinden dan die bejaarde Joe Biden? Nee. Dat konden de Democraten niet. Ze zijn gegijzeld door de grijze colonne van ambitieuze zeventigers. Dat overkomt je als je als partij niet tegen de Hillary Clintons en Joe Bidens van deze wereld kunt zeggen: 'Opzij, opzij, opzij. Wij hebben ongelofelijke haast.'

Bij lezingen slinger ik wel eens deze oneliner de zaal in: 'Het is allemaal de schuld van Hillary.' Is dat overdreven? Ja, een beetje, maar niet heel erg. Hillary voerde tijdens de voorverkiezingen in het voorjaar van 2008 een heroïsche strijd met Barack Obama. Hij won en werd president.

Hillary was toen 61 jaar, haar man Bill 62 jaar. Een passend moment om te zeggen: 'Mooi geweest. We gaan ons nu inzetten om nieuw talent op te kweken. In 2016 – dan zijn we 69 en 70 jaar oud – moeten we immers een energieke veertiger hebben die Obama kan opvolgen.'

Maar wie werd de beoogde troonopvolger na de twee termijnen van Obama? Inderdaad, daar was ze weer: Hillary. De vrouw die zoveel Amerikanen haten. Akelig maar waar. En ze verloor dus. Van Trump én van zichzelf.

Haar tomeloze ambitie en machtshonger zetten de partij op verlies. Het aloude adagium 'doe nooit waar je vijand op hoopt' traden ze met voeten. Verjonging? Hoezo verjonging?

De oplossing in 2020 heet Joe Biden (77). Nog ouder dan Hillary in 2016...

En er komt nog een pijnlijke zwakte naar boven: de Democraten zijn altijd verdeeld. In het najaar van 2019 meldden zich maar liefst twintig presidentskandidaten. Menigeen reisde al welgemoed af naar Iowa en New Hampshire, waar in februari 2020 de eerste voorverkiezingen waren. Dat veld dunde snel uit, maar van eenheid in de strijd tegen Trump was geen sprake.

Mooi dat zoveel Democraten meedoen aan de voorverkiezingen, maar het is niet zonder risico. Al die Democratische kandidaten profileren zichzelf natuurlijk en gaan dan energiek kritiek op elkaar leveren. Democraten die elkaar de tent uitvechten, dat hebben we eerder gezien. Trek je daar kiezers mee?

LINKSE DROOM OF NACHTMERRIE: 'YES, WE CAN!' OF 'NO, WE CAN'T'?

Zouden Democraten het weten? Er gaapt vaak een diepe kloof tussen gelijk hebben en gelijk krijgen. Sterker: je kunt de juiste morele keus maken en daarvoor toch keihard worden gestraft. De Democraten weten dat als geen ander. Maar leren ze ervan?

Het meest dramatische voorbeeld daarvan gebeurde bijna zestig jaar geleden. In 1964 tekende president Lyndon Johnson de burgerrechtenwetten. Het werd tijd. Amerika had een apartheidssysteem dat zwarte Amerikanen discrimineerde en achterstelde. Dat moest veranderen, maar de politieke gevolgen waren ronduit dramatisch.

President Johnson zei op de avond van de ondertekening van de nieuwe wet: 'We hebben het Zuiden voor zeer lange tijd overgeleverd aan de Republikeinen.' Dat waren profetische woorden. Vanaf dat moment hebben blanke, zuidelijke, mannelijke kiezers de Democratische Partij resoluut de rug toegekeerd. Het diepe Zuiden heeft nooit meer voor een Democratische presidentskandidaat gestemd. Dat dreunt ook nu nog electoraal na. Deze 'southern strategy' van de Republikeinen was achteraf briljant.

De Burgerrechtenbeweging luidde een tijdperk in waarin de Republikeinen de politieke agenda in de VS bepaalden. Deze politieke overheersing van het Zuiden heeft de Republikeinse macht tientallen jaren verstevigd.

Cynisch maar waar: de Democraten *hadden* natuurlijk gelijk met hun keuze voor de burgerrechten. Maar de Republikeinen *kregen* gelijk en boekten de ene na de andere overwinning. Zonder de zuidelijke staten was Trump geen president geworden (en Nixon en Bush junior en senior ook niet).

De demonstraties en rellen in het voorjaar van 2020 hebben het onderwerp van ongelijkheid en racisme weer op de agenda gezet. In 2015 vindt amper 50 procent van Amerikanen racisme een groot probleem. In 2020 is dat gestegen naar 76 procent. Een aardverschuiving. Het legt de basis voor de beweging van Black Lives Matter (BLM).

BLM staat voor geweldloze, burgerlijke ongehoorzaamheid. BLM vraagt aandacht voor dagelijkse discriminatie en zinloos politiegeweld. De beweging – de hashtag #BlackLivesMatter werd heel populair – kreeg veel bekendheid na de dood door politiegeweld van twee zwarte mannen in Ferguson, Missouri, en New York.

Hun slogan vindt bijna iedereen nu heel gewoon. Een paar jaar geleden was dit nog ondenkbaar. Veel Amerikanen hoorden liever de gematigde variant 'All Lives Matter'. Dat is nu omgeslagen. De meerderheid in de VS heeft op zijn minst begrip voor BLM.

Vlak bij het Witte Huis staan de woorden Black Lives Matter nu in kolossale letters op het wegdek geschilderd. Ook op Manhattan – precies voor de deur van de prestigieuze Trump Tower – staat nu zo'n schildering op straat. Politiek pesterijtje van Democratisch burgemeester Bill de Blasio?

Vertaalt deze omslag in de publieke opinie zich ook in een andere, progressievere verkiezingsuitslag? Hoe reageren gematigde, twijfelende middenkiezers?

Er zijn twee mogelijke reacties:

- ze zijn boos over het politieoptreden en onder de indruk van de vele vreedzame demontranten. Dan steunen ze progressieve

ideeën over gelijkheid en rechtvaardigheid. Dat is goed voor de Democraten en Joe Biden;
- of ze zijn boos, maar dan over rellen en vernielingen en volgen de beeldvorming gepropageerd door president Trump over de extreemlinkse relschoppers die fikse straf verdienen. Dat is goed voor de Republikeinen en Donald Trump.

In 2020 kunnen de Democraten in de oude fouten vervallen (idealistische zelfoverschatting, verlammende verdeeldheid en vernietigende linkse naïviteit). Gebeurt het nu weer? Goede, linkse bedoelingen met een rechtse afloop: herverkiezing Trump en Republikeinse meerderheid in de Senaat. Ik denk niet dat dit gebeurt, maar het gevaar ligt altijd op de loer.

LINKSE DROOM OF NACHTMERRIE?

Door corona, de instortende economie en de massale voorjaarsdemonstraties wordt de politieke agenda grondig opgeschud.

Joe Biden moet als presidentskandidaat balanceren tussen aan de ene kant zijn eigen gematigde standpunten en aan de andere kant de steeds progressievere wensen van veel Amerikanen. Het is het aloude dilemma tussen realpolitik en idealisme.

Republikeinen gaan altijd eerst rekenen: krijgen we hier wel een meerderheid voor? Democraten gaan eerst dromen: wie kan het nu toch oneens zijn met deze prachtige plannen?

Dan is het soms te laat.

Beter een realistische meerderheid dan een idealistische minderheid. Een simpele wet waar linkse politici nogal eens tegen zondigen. Op 3 november weer?

Er verschijnen in het voorjaar van 2020 veel analyses in Amerikaanse kranten over de verlinksing van Joe Biden. Hij is van huis uit een kandidaat van het midden maar de partij schuift naar links. Sommige analisten noemen hem de meest linkse Democratische kandidaat ooit. Dan speel je electoraal met vuur. De Democraten willen dolgraag de Senaat terugwinnen. Daarvoor moeten ze ook in swingstates een meerderheid van de Republikeinen afsnoepen. Dat lukt alleen met een gematigd beleid.

Nog een voorbeeld van het gevaar van te ver naar links doorschieten: na de moord op George Floyd (tegen agent Derek Chauvin waren in de loop van de jaren al zeventien klachten ingediend) is er veel politieke druk om het politieapparaat ingrijpend te hervormen. Heel begrijpelijk, die wens, maar de voorstellen om de politie in haar huidige vorm eenvoudig op te heffen (de hashtag #abolishthepolice wordt populair), gaan wel heel snel. Dat schrikt veel gematigd denkende Amerikanen af. Die zeggen: 'Ja, de politie moet hervormen. Maar politiekorpsen opheffen? Zijn ze nou helemaal betoeterd?'

Jacob Frey, de jonge, Democratische burgemeester van Minneapolis, sympathiseert met de demonstranten, maar vindt deze plannen voor de politie te extreem. Demonstranten jouwen hem uit. Voor de laatste rookwolken zijn opgetrokken, is links dus alweer aan het bekvechten. Ben ik wel links genoeg? Dat geruzie is precies waar de Republikeinen op hopen.

Iedereen weet immers: de presidentsverkiezingen worden niet op de flanken maar in het midden beslist. De kandidaat die bij die 20 procent van gematigde kiezers het beste scoort, verovert het Witte Huis. De te progressieve droom kan de Democraten fataal worden. Dat zou na de smadelijke nederlaag van 2016 ronduit dramatisch zijn: het Democratisch armageddon.

Nog iets om in 2020 in de gaten te houden: Joe Biden moet een paar staten in de Midwest terugwinnen waar Barack Obama in 2008 won, maar Hillary Clinton in 2016 net verloor (Michigan, Pennsylvania, Wisconsin). De verschillen met Trump waren klein (minder dan 1 procent) maar doorslaggevend voor de einduitslag.

Joe Biden kan zich geen herhaling van 2016 veroorloven. Als je afgaat op de Congresverkiezingen van 2018 is die angst ook niet terecht. De Democraten wonnen al die staten met een duidelijke meerderheid:

Michigan 52 procent, Pennsylvania 55 procent en Wisconsin 53 procent.

Er zijn ook drie staten waar Trump in 2016 met minder dan 5 procent verschil won. Florida was lang in de verkiezingsnacht spannend. Het is met 21 miljoen inwoners – na Californië en Texas – qua inwonertal de derde staat van Amerika en levert dus veel kiesmannen op. Trump won er met slechts 1,2 procent verschil. Ook Arizona (3,5 procent verschil) en North Carolina (3,7 procent) waren spannend. De hoofdprijs onder de swingstates is Florida. Ook daar verliest Trump volgens de peilingen gestaag aanhang. Florida is voor de president een 'must have'.

Er is meer pril (en kwetsbaar) succes voor de Democraten: in de cowboystaten (ook wel de Mountainwest genoemd), waar de Democraten het – na jarenlange Republikeinse heerschappij – opvallend goed doen. Colorado is 'om' en lijkt solide Democratisch ('The Colorado Miracle'). Wat landelijk niet lukt, kwam in Colorado wel tot stand: politieke eenheid met als allesoverheersend doel verkiezingen winnen.

Dat geldt in mindere mate voor Nevada en New Mexico. In die regio kan ook Arizona een swingstate worden. Houd Georgia ook in de gaten. En er is iets aan het broeien in Montana en zelfs in Utah (de staat van de mormonen). De opkomst daar is cruciaal.

Wordt Marlboro Country Democratisch? Het zou een dreun zijn voor de Republikeinen. En een droom voor de Democraten.

Het is nog niet zover, maar verandering hangt in de lucht.

HET KAN NIET WAAR ZIJN: WORDT DAT OERRECHTSE TEXAS NU OOK AL PROGRESSIEF?

Nog even apart over de electorale hoofdprijs in het Zuiden: Texas, qua inwonertal na Californië de tweede staat van de VS. Geen misverstand: de kans blijft groot dat alle Democratische dromen over Texas niet uitkomen. Maar het feit dat in Amerikaanse media nu bijna dagelijks gespeculeerd wordt over progressief succes in dit tot voor kort onneembare Republikeinse bolwerk is veelzeggend.

Is de omslag er dus al? Ja en nee. Niet Hillary Clinton, maar Donald Trump won in 2016 in de hele staat met klinkende cijfers. Hillary Clinton won wel in grote steden als Austin, Dallas, El Paso, Houston en San Antonio. Maar de conservatieve krachten zijn allerminst verslagen.

Texas is een immigratiestaat en de nieuwkomers stemmen in meerderheid progressief. Hetzelfde geldt voor de influx van hoogopgeleide millennials. Tientallen kandidaten van onder de veertig jaar deden mee aan de laatste verkiezingen voor het staatsparlement en Congres in Washington.

Texas is een staat met veel minderheden; vooral latino's. Als je kijkt naar het lijstje namen van andere Texaanse politici zie je hoe veelkleurig de staat nu is: Blanco, Bohac, Capriglione, Garcia, Gutierrez, Hernandez, Herrero, Minjarez, Nevárez, Ocegueda, Ortega, Pacheco, Romero, Tzintzún-Ramirez, Wu. En deze lijst is nog niet compleet. De jonge generatie valt al in meerderheid in de categorie 'non-white'.

Texas doet het economisch ook goed met een snelgroeiende, professionele, deels jonge beroepsbevolking die de rijkere voorsteden bevolkt. Daar is geen meerderheid voor Donald Trump te vinden.

Veel Republikeinen schrokken zich in 2018 een hoedje door het succes van de Democraat en presidentskandidaat Beto O'Rourke. Hij verloor de Senaatsrace weliswaar, maar zijn Republikeinse tegenstrever, zittend senator en oud-presidentskandidaat (in 2016) Ted Cruz, won slechts met 2,5 procent. In 2018 wonnen de Democraten in het staatsparlement van Texas; ze kregen er twaalf zetels bij. De Republikeinse minderheid wordt steeds kleiner (83 tegen 67 zetels).

Er zijn natuurlijk Republikeinen die waarschuwen voor deze groeiende Democratische aanhang. Karl Rove bijvoorbeeld, die het politieke moddergooien zo'n beetje heeft uitgevonden, schrijft: 'De verkiezing van 2018 had de Republikeinse Partij in Texas wakker moeten schudden.'

Rove kan op de kaart van Amerika zo de staten aanwijzen waar een Republikeinse kandidaat móét winnen. Texas staat op dat lijstje. Donald Trump kan dus niet achteroverleunen. Hij zal er in 2020 flink campagne moeten voeren, want zijn Democratische tegenstander zal zeker naar Texas afreizen. Al was het maar om de Republikeinen zenuwachtig te maken.

Op het lijstje van Karl Rove staat waarschijnlijk nog niet de staat Kentucky, waar Mitch McConnell vandaan komt. Maar Kentucky is toch interessant. McConnell moet in november herkozen worden. Het is een heel prestigieuze zetel, want McConnell is de fractievoorzitter van de Republikeinen en een gehoorzame bondgenoot van president Trump.

De Democratische tegenstander van McConnell kan het hem lastig maken. Het geliefde etiket van een radicaal-linkse socialist past niet bij Amy McGrath (45). Ze was gevechtspiloot in het Amerikaanse leger en de eerste vrouw in het Marine Corps met 89 gevechtsmissies op haar naam. Ze vocht mee tegen Al Qaida en de taliban.

McGrath heeft een sterk argument waar McConnell niet tegenop kan. Ze pleit voor 'term limits'. Een senator moet, vindt zij, na maximaal twee termijnen (van zes jaar) weg. Dat is een populair standpunt bij kiezers. Maar ja, Mitch McConnell (78) zit er al sinds 1984 en wil nóg eens zes jaar. McConnell is een plucheklever. Nooit eerder bleef een senator van Kentucky zo lang in functie. Leg dat maar eens uit aan kritische kiezers.

In haar eerste tv-spotje tegen McConnell neemt ze geen blad voor de mond: 'Jaar in, jaar uit heeft Mitch McConnell Washington gemaakt tot iets waar we allemaal een hekel aan hebben. Zijn wapens zijn politieke sabotage en het kweken van chaos. Idealen sterven daar. Het hoeft niet zo te zijn. We moeten ons morele kompas terugkrijgen.'

McConnell staat in de VS bovenaan het lijstje van minst geliefde senatoren. Tegenover hem staat nu dus McGrath die snel vele miljoenen dollars ophaalde voor haar campagne. In het voorjaar van 2020 staat ze in sommige opiniepeilingen boven McConnell. Heeft ze een kans?

Houd het reisschema van Donald Trump een beetje in de gaten. Als hij een paar keer naar Kentucky afreist om campagne te voeren, weten we hoe laat het is. Dan zitten ze in de piepzak over de herverkiezing van Mitch McConnell.

EEN PARTIJ VAN BOMENKNUFFELENDE KLIMAATKNEUTERS, FANATIEKE HOMO'S EN SOCIALISTISCHE STUDENTEN

Het boek van John B. Judis en Ruy Teixeira heet *The Emerging Democratic Majority*. Het voorspelt een solide Democratische zegetocht. Dat kan immers niet anders door steeds meer vrouwelijke stemmers, minderheden die progressief stemmen en jongeren die zich afkeren van de Republikeinen. Dat klinkt logisch allemaal. Maar is dat boek niet uit 2002? Inderdaad. En daarna is die Democratische heerschappij niet spontaan opgebloeid? Nou nee, niet echt. Hadden Judis en Teixeira dus ongelijk? Of waren ze iets te vroeg met hun voorspelling?

We hebben twee termijnen gehad van Democraat Barack Obama, maar ook de herverkiezing van Republikein George W. Bush (2004) en de verkiezing van Donald Trump (2016). En er waren – minstens even belangrijk – veel Republikeinse overwinningen voor het Congres, gouverneurs en staatsparlementen. Als er al een Democratische meerderheid groeit, is de weg naar dat progressieve walhalla steil, lang en bochtig.

En 2020 dan? Lukt het nu wel? De klinkende Democratische overwinning in 2018 bij de tussentijdse Congresverkiezingen geeft de Democraten terecht verse moed. Het extreme gedrag van Trump moeten ze toch in politieke winst kunnen omzetten? Ja, dat zou wel moeten, maar dan moeten de Democraten wel een deel van de grote groep gelovige, blanke kiezers terughalen die ze zo lang hebben verwaarloosd.

Tegenstanders van de Democraten schilderen de partij graag af als een anarchistisch, on-Amerikaans samenraapsel van kansloze immigranten, bomenknuffelende klimaatkneuters, fanatieke homo's, moreel losgeslagen atheïsten, links-radicale vrouwen en socialistische studenten.

De eerdergenoemde columnist Dave Barry vat de clichés over Democraten zo samen (sorry, een krachteloze poging tot vertaling in het Nederlands maakt het niet leuker): 'Godless, unpatriotic, pierced-nose, Volvo-driving, France-loving, left-wing, communist, latte-sucking, tofu-chomping, holistic-wacko, neurotic, vegan, weenie perverts.' Opnieuw heel overdreven, maar als je met conservatieve Amerikanen praat, komt dit soort beelden vaak naar voren.

De smaakmakers in de Democratische Partij worden knap zenuwachtig van een dergelijke beeldvorming. Het felle debat over Obamacare was een les. Het was een patent idee, zo'n zorgverzekering voor iedereen. De VS zijn immers het enige rijke land dat zo'n voorziening níét heeft. Amerikanen gaan nu met miljoenen tegelijk failliet, putten hun pensioenpot uit of raken aan de bedelstaf door onbetaalbare doktersrekeningen. Allemaal waar en Obama sleepte het plan voor de poorten van de politieke hel weg.

Maar het veroorzaakte ook politieke schade omdat veel kiezers gevoelig waren voor de nietsontziende anti-Obamapropaganda van de Republikeinen. Rechts liep met succes te hoop tegen 'een socialistisch zorgstelsel'. Goedbedoelde, progressieve plannen verkopen dus niet automatisch. Integendeel.

In het eerste debat met het peloton Democratische presidentskandidaten (juni 2019) ging het meteen mis. De debatleider: 'Steek je hand op als je vindt dat illegalen recht hebben op gezondheidszorg.' Bijna alle handen gingen de lucht in. Mooi hoor, zoveel mededogen met rechteloze immigranten. Maar het is tegelijk een puike manier om in één klap een flinke groep kiezers weg te jagen. Die worden boos en trekken de conclusie dat immigranten worden voorgetrokken.

Dit videofragment uit het debat over extreemlinkse, socialistische Democraten gaan de Republikeinen vast nog eens in de campagne gebruiken. Trump reageerde die avond al in een tweet: 'Zeg, zullen we niet eerst zorgen voor onze eigen burgers?'

Het breed verdelen van politieke stommiteiten is ook een vorm van socialisme.

DE LES VAN 2016: DE HELFT VAN AMERIKA HAD EEN ONBLUSBARE HEKEL AAN HILLARY CLINTON

Het is niet waarschijnlijk dat Donald Trump het boek over de onvermijdelijke Democratische meerderheid uit 2002 heeft gelezen. Hij is niet zo'n boekenwurm, maar de lessen uit dat boek heeft Trump wél begrepen. Hij weet hoe hij een linkse victorie kan dwarsbomen en bédient heel handig juist die groepen kiezers die gevoelig zijn voor kritiek op de Democraten.

Is in 2020 voor de Democraten het glas halfvol of halfleeg? Ik gok toch op het eerste. Jongeren (millennials en Generation Z) denken vaak progressief en zijn steeds talrijker. Tegelijk wordt de conservatiever denkende groep oude kiezers (babyboomers, Great Generation) gestaag kleiner. Demografie duwt de Democraten in de goede richting.

Een gelopen race dus? Nee, de Democraten winnen politieke veldslagen, maar nog niet de oorlog. James Carville, de Democratische adviseur en oud-medewerker van Bill Clinton, zegt het treffend: 'Trump kan deze verkiezing niet winnen, maar Democraten kunnen haar wel verliezen.' Klinkt dit cruijffiaans? Ja, een beetje wel. Cruijff zei in 2008 over het Italiaanse nationale team: 'Italianen kunnen niet van je winnen; maar je kan wel van ze verliezen.' Hoe dat afliep? Nederland won met 3-0.

Terug naar het politieke gehannes waarmee de Democraten het vaak voor zichzelf verknallen. Dan geldt die dramatische diagnose voor falende politici: 'Ze missen nooit een kans om een kans te missen' ('They never miss an opportunity to miss an opportunity').

Robert Reich, Democraat en oud-minister, formuleert het iets beleefder: 'Er heeft in de recente geschiedenis nog nooit zoveel op het spel gestaan als bij de komende verkiezingen van 2020. Het kiezen van de juiste Democratische presidentskandidaat is geen routinekwestie. Het lot van Amerika en de rest van de wereld hangt ervan af. De grote vraag is of de Democratische Partij daartegen is opgewassen.'

2016 is ook hier een les. De helft van Amerika had een grondige hekel aan Hillary Clinton. Die massale afkeer verpulverde de electorale voordelen van de Democraten. Trump triomfeerde. Zijn zelfverzekerde lefstrategie verlamde de campagne van Clinton.

Niet vergeten: de slogan van de winnende campagne van Bill Clinton in 1992 was: 'It's the economy, stupid.'

De les van 2016 en 2020?

'Het gaat om de kandidáát, dommerd.'

II

Morele missers: het einde van de christelijke cultuurridders

5

Duizenden lege kerken: goddeloosheid in een godvrezend land

'Evangelische christenen moeten erkennen dat hun beweging zware schade oploopt door de gekunstelde politieke samenwerking – het lijkt wel een liefdesaffaire – met een president die een ethische en morele ramp is.'
Peter Wehner, in het artikel 'The Deepening Crisis in Evangelical Christianity' (Peter Wehner werkte voor Ronald Reagan en voor Bush junior en senior)

'Er is vóór Donald Trump nóóit iemand geweest die ons zo goed heeft verdedigd en zo hard voor ons heeft gevochten. God had wél gevoel voor humor toen hij Donald Trump en de evangelicals samenbracht.'
Ralph Reed, conservatief christenactivist, directeur van de Faith and Freedom Coalition

GODS KUDDE DUNT SNEL UIT: ONGELOVIGEN VORMEN DE GROOTSTE GROEP

Er zijn drie zekerheden in het leven: het leven, de dood en belastingen. Voor veel Amerikanen is er een vierde zekerheid: jokken over je kerkbezoek. Dit grapje wordt in Amerika veel gemaakt als het gaat over de tsunami aan kerkverlaters. Wat wij in Nederland vijftig jaar geleden meemaakten, gebeurt nu in volle hevigheid in de VS. Het is zo'n stille revolutie zonder breaking news en politiek tromgeroffel, maar de gevolgen zijn – voor gelovigen en ongelovigen – verstrekkend.

Dat effect is nu al merkbaar en zal – ten koste van de evangelicals en hun Republikeinse wapenbroeders – in de nabije toekomst alleen maar sterker worden. De leegloop van de kerken is onstuitbaar.

En even over dat liegen over je kerkbezoek: al die goedbedoelde jokkebrokkerij kan voor kerkelijk Amerika de sombere en pijnlijke waarheid niet verhullen. Duizenden kerkgebouwen sluiten hun deuren. Niemand houdt het precies bij, maar de schattingen lopen uiteen van zesduizend tot tienduizend kerksluitingen per jaar. Dat komt deels door dalende aantallen bewoners op het platteland, deels door de snel uitdunnende kudde Gods.

Als je aan mensen vraagt of ze elke week naar de kerk gaan zegt 40 procent dat braaf elke zondag te doen. De website Churchleaders.com is er wat dieper ingedoken en komt tot een harde conclusie: 20 procent, en misschien nog wel iets lager. Dramatische cijfers, waar veel kerkleiders afwisselend boos en ontkennend op reageren. Daar zie je het gevolg van dat beleefde jokken. Mensen geven vaak gewenste antwoorden, net als over drinken of vreemdgaan.

Er zijn over de neergang van religie intussen veel onderzoeken. In 1999 gaf 70 procent van de Amerikanen op lid te zijn van een kerk. Nu is dat nog maar 50 procent. Onder jongeren geboren na 1980 is het percentage beduidend lager: 42. Opinieonderzoeker Gallup: 'Het kerklidmaatschap is scherp gedaald in de laatste twintig jaar, terwijl het in de zestig jaar daarvoor redelijk stabiel was. Kerkleiders worstelen met een jonge generatie die wegdobbert van de kerk. Daar komt nog bij dat het vertrouwen in georganiseerde godsdienst gestaag afneemt.'

De feiten zijn weerbarstig. Neem Mike Pence, de diepchristelijke vicepresident. Hij wil niks weten van verminderd kerkbezoek. 'Het aantal Amerikanen dat wekelijks naar de kerk gaat, de Bijbel leest en de godsdienst praktiseert is gedurende de laatste tientallen jaren opmerkelijk stabiel gebleven. Godsdienst is niet op de terugtocht in Amerika. Het omgekeerde is waar. Elke dag weer zien we juist een opleving van geloof.' De vicepresident houdt de zorgelijke statistieken over godsdienstigheid waarschijnlijk ondersteboven.

Robert Jeffress, een Trumpfan van het eerste uur, komt tot een radicaal andere conclusie dan Mike Pence. Hij erkent juist dat in de huidige samenleving steeds minder ruimte is voor wat ooit religieus rechts was. Jeffress, die verbonden is aan een baptistenkerk in Dallas, zegt in een interview met *The Washington Post*: 'De weg omlaag voor evangelicals is ingezet, ongeacht wat er in Washington gebeurt. De meeste christenen zien de verkiezingen als een tijdelijke vertraging, een soort pauze in die ontwikkeling.' Deze openhartigheid kom je niet veel tegen.

Trump heeft de uiterste houdbaarheidsdatum van de evangelicals verlengd. Ze kunnen nog even doen alsof het 1985 is. In ruil daarvoor accepteren ze Donald Trump – ondanks al zijn tekortkomingen – als hun spirituele redder. Trump als symbool van christelijke rechtschapenheid? Maar ja, alles beter dan een Democraat à la Joe Biden, Bill of Hillary Clinton.

Thom Rainer van de LifeWay Christian Resources is bondig en hard in zijn advies aan christenen: 'Verander of ga ten onder' ('Change or die'). Er is geen gevoel van urgentie bij kerkleiders, schrijft Rainer: 'Het is verleidelijk om de ongelovigen, de landelijke politiek of de kerk de schuld te geven van de afnemende invloed van de evangelicals. Maar we moeten de schuld niet buiten onszelf leggen. Het ligt aan ons eigen gebrek aan toewijding, onbaatzuchtigheid en evangelische urgentie.' Kerken leggen het loodje door een schrijnend tekort aan *butts & budgets*, mensen en geld. Het boek van Rainer heet 'Autopsy of a Deceased Church' ('Lijkschouwing van een dode kerk').

Oudere kerkgangers sterven dus uit, jongeren hebben 's zondags andere wereldse bezigheden. Bij het horen van de lokroep van de kerkklokken op zondagochtend springen ze niet uit bed, maar draaien ze zich nog eens lekker om. En de voor christenen onaangename waarheid is dat ook steeds meer ouderen (ja, ook Republikeinen) op zondagochtend lekker onder de wol blijven of heel on-Bijbels naar hun golfclub vertrekken (Donald Trump geeft het goede (?) voorbeeld in dezen...).

Thom Rainer: 'We moeten echt heel hard gaan bidden. Het doet heel veel pijn. Onze kerkleiders moeten het ideaalbeeld van het verleden loslaten. Dit is ontnuchterende informatie, maar het is niet hopeloos. God heeft ons nog niet opgegeven.'

Is het optimisme tegen beter weten in? Als onkerkelijkheid een godsdienst was, zou ze allang de grootste zijn. De kerk was ooit de plek waar je als pasgeborene binnenkwam, later trouwde en waarvandaan ook je begrafenis vertrok (*hatch, match, dispatch*). Dat automatisme is in amper twee generaties verdampt. Een ware revolutie in het ooit zo gelovige Amerika!

In steden kun je de kerkgebouwen ombouwen tot Airbnb, appartementen, bibliotheek, discotheek, skatebaan, gemeenschapshuis of restaurant. Op het platteland ontbreekt die optie veelal.

Voor de buurt en het handjevol hardnekkige gelovigen is het een hard gelag. Het geheiligde symbool van geloof en gemeenschap ontvalt hen. Ze voelen zich ontheemd. De gesloten kerk herinnert hen aan de goede oude tijd met al zijn comfortabele vanzelfsprekendheden van 'God & country'.

CHRISTENEN ZIJN NIET VEELEISEND BIJ HET KIEZEN VAN HUN LEIDERS: GOD HEEFT WEL GEVOEL VOOR HUMOR

Er is veel keuze als je boeken zoekt over de neergang van godsdienst in de VS. Deze boektitel bijvoorbeeld is veelzeggend: *The End of White Christian America*. Dat snijdt miljoenen Amerikanen door de diepgelovige ziel. Robert P. Jones, de directeur van het Public Religion Research Institute (PRRI), schrijft een in memoriam voor blank-christelijk Amerika. Het precieze moment van overlijden is niet meer vast te stellen, schrijft Jones cynisch, maar de kerk is dood.

Dat is natuurlijk overdreven. Maar als waarschuwing is het effectief, al komt het niet bij iedereen aan. Jones: 'Het lijkt wel alsof evangelicals alleen maar boos kunnen zijn. Blanke evangelicals hebben in de geschiedenis op heel veel manieren hun onheilspellende woede geuit.'

Ze leven nu weer in zo'n boze periode, want ze voelen machteloze paniek omdat ze zien dat de bloeitijd van hun vertrouwde, blank-christelijke Amerika echt voorbij is en niet terugkomt.

Wie daar de schuld van is? De linkse, Democratische elite uiteraard, zeggen de nijdige relileiders. Trump speelt gehaaid in op die blanke, boze onmacht.

Ralph Reed is al tientallen jaren een dappere strijder voor de evangelische zaak. Hij was al christenactivist onder Ronald Reagan. Net als Donald Trump was Ronald Reagan (Hollywoodacteur, gescheiden) bepaald geen logisch boegbeeld voor de mannenbroeders van religieus rechts. En nu Donald Trump dus. Ook geen modelchristen. Deze twee presidenten staan ook bepaald niet bekend als godvruchtige, trouwe kerkgangers.

Ralph Reed is een conservatieve denker die – ter wille van een christelijk Amerika – het streven naar macht boven alles stelt. Dan moet je soms leiders accepteren die niet opvallen door onbelemmerde godvruchtigheid. Reed: 'God heeft wel gevoel voor humor. Hij heeft immers Donald Trump en de evangelicals bij elkaar gebracht. Soms moet je een onwaarschijnlijke combinatie van mensen bij elkaar brengen als je fanatiekste verdedigers. Dat heeft God nu gedaan. Een beetje als destijds met Ronald Reagan. Die was veertig jaar geleden de eerste politieke kampioen voor de evangelicals die op het nationale toneel tevoorschijn kwam.'

De ondernemer en consultant John Seel is schrijver van het boek *The New Copernicans*. De titel refereert aan de astronoom en wiskundige Copernicus (1473-1543), die het denken over de mens, God en de wereld op zijn kop zette door aan te tonen dat de aarde niet het middelpunt is van ons zonnestelsel. Een totale ommekeer voor wie in de schepping door een almachtige God geloofde. Seel ziet nu weer zo'n omwenteling. Deze keer in godsdienstig denken. Oude zekerheden versnipperen en er is geen weg terug.

De ondertitel van het boek van John Seel (*Millennials and the Survival of the Church*) verraadt wie de motors zijn van deze verandering. Hij haalt een andere historische gebeurtenis aan om zijn sombere voorspelling voor de Amerikaanse kerken te onderbouwen: de ramp met de Titanic. In zijn boek schrijft Seel: 'Overmoed bracht de Titanic tot zinken. Er kwamen waarschuwingen voor ijsbergen, maar die werden eenvoudig genegeerd. Het is onbegrijpelijk dat kapitein Edwards het bericht ontving, en zijn koers maar een klein beetje verlegde en vervolgens naar bed ging. Deze reactie op de dreigende ramp is het schip fataal geworden. De koers werd toen wel drastisch verlegd, waardoor de ijsbergen de hele zijkant van het schip openscheurden. Op dat moment was het schip niet meer te redden. De situatie waarin de evangelicals zich nu bevinden, doet denken aan die fatale avond op de Titanic in 1912.'

HOE VAAK KUN JE ONGESTRAFT AAN DE VERKEERDE KANT VAN DE GESCHIEDENIS STAAN?

Hoe is het zover gekomen? De Amerikaanse kerken hebben met Bijbelse inspiratie veel goedgedaan in een land waar een sociaal stelsel van Europese snit ontbreekt. Die roeping is voor veel christenen nog steeds inspirerend en richtinggevend. Maar – je kunt er niet omheen – christenen hebben ook vaak aan de verkeerde kant van de geschiedenis gestaan (slavernij, homohuwelijk, ongelijkheid).

Sinds Donald Trump aan de macht is moeten christenen/Republikeinen stilzwijgend akkoord gaan met zijn fervente afwijzing van immigranten en het deels goedpraten van racisme. Wat blijft er voor de Schriftgeleerden nog over aan maatschappelijke strijdpunten?

Kerken hebben zich veelvuldig verzet tegen moderne inzichten (verplicht onderwijzen van het scheppingsverhaal) en wetenschappelijke ontdekkingen (verbod op behandelingen met stamcellen uit abortusembryo's). De kerken in de VS – behalve natuurlijk de zwarte kerken – kozen veelal voor uitsluiting, intolerantie en blanke behoudzucht. Geen conduitestaat om trots op te zijn. En het gaat maar door.

Er was recent een opinieonderzoek met de vraag: heeft Amerika de plicht een aantal vluchtelingen op te vangen? Uit het onderzoek bleek dat blanke christenen het meest afwijzend waren. Ondanks de Bijbelse boodschap van hulpvaardigheid en barmhartigheid vindt 75 (!) procent van de evangelicals het níét hun verantwoordelijkheid om vluchtelingen op te vangen.

Ze zwijgen over uitsluiting en onrecht. De evangelicals sluiten zich gretig aan bij de boodschap van de Trumpregering. Hebben ze daar met enige vindingrijkheid passende Bijbelteksten bij? De Bijbel propageert toch juist het tegendeel: liefdevolle gastvrijheid (Leviticus 19:34, Mattheus 25:35, Jeremia 22:3, Exodus 22:21).

The Washington Post concludeerde: 'De evangelicals hebben hun opdracht verwaarloosd ter wille van Donald Trump.' De krant schrijft: 'De evangelicals krijgen precies wat ze willen: conservatieve rechters. In ruil voor acceptatie van het gedrag en de retoriek van Donald Trump is er nu ook uitzicht op strengere abortuswetten en andere lang gekoesterde wensen die horen bij de wanhopige Culture War.'

Het is trouwens verbazend dat de leegloop van de kerken in de VS niet veel eerder gebeurde. Heel lang leken de VS te ontsnappen aan de massale ontkerkelijking zoals die in de jaren zestig en zeventig om zich heen greep in Europa en in hoge mate ook in Nederland. Door de groeiende welvaart en de grotere morele en seksuele vrijheid kwam voor veel gelovigen het bestaansrecht van priester of dominee te vervallen. Mogen we zelf uitmaken wat goed en fout is, alsjeblieft?

Kerkleiders in de VS hebben toen met een mengeling van angst en leedvermaak aangezien wat in Europa gebeurde. Hebben Europese kerken destijds een fatale fout gemaakt door de strikte kerkleer los te laten in een vergeefse poging kritische, progressieve gelovigen binnen te houden?

Natuurlijk zijn er andere grote religies in de VS (de rooms-katholieke kerk, waar veel latino's lid van zijn, joden, diverse protestantse groepen, moslims). Ik concentreer me hier op de evangelicals omdat ze politiek zo'n cruciale rol spelen. Ze kozen voor een strikte interpretatie van de Bijbel en hondentrouw aan de Republikeinse Partij. Niet alleen in de geloofsleer, maar ook in de politiek – en dat is cruciaal voor wie de Amerikaanse politiek wil snappen.

Amerika wordt progressiever, niet *dankzij* maar *ondanks* grote groepen christenen en hun leiders.

WAARLIJK EEN WONDER: BIJNA ALLE 535 CONGRESLEDEN GELOVEN IN GOD

Iedereen weet: bij godsdienst gaat het nogal eens over wonderen. Neem het Congres, het Amerikaanse parlement. Daar zitten in totaal 535 leden in die bij aantreden op een formulier braaf aankruisen of ze godsdienstig zijn. Onder die 535 politici moet toch wel een fors aantal zitten dat bij godsdienst 'geen' aankruist.

Bijna een kwart (23 procent) van de Amerikanen zegt nu immers geen godsdienst te hebben. Maar de Congresleden wijken op miraculeuze wijze af van het landelijke beeld. Welgeteld één Congreslid (0,2 procent) kruiste op het formulier in het vakje godsdienst 'geen' aan. Valt dit in de categorie van hemels jokken? Of zouden er onder het handjevol Congresleden die een beetje slapjes 'weet niet / wil ik niet zeggen' ('don't know / refused') invulden nog cryptoatheïsten zitten? Durven deze 18 Democratische Congresleden het niet te zeggen? Uit angst voor boze, gelovige kiezers? Zeker is wel dat je – ook in deze tijd van religieuze neergang – maar beter het (religieuze) zekere voor het (ongelovige) onzekere kunt nemen. Kiezers kunnen je je ongelovigheid kwalijk nemen.

Politieke tegenstanders duwen je dan vast in het hoekje van nijdige atheïsten die het liefst kerken gedwongen sluiten en in december geen kerststal op het dorpsplein willen toestaan. Dat is beeldvorming die nergens op is gebaseerd, maar in een tijd van *factfree politics*, de feitenvrije politiek, is dat geen belemmering.

In statistieken kom je het woord 'atheïsten' weinig tegen. Het gaat veel vaker over 'kerkloze' (*unaffiliated*) burgers. Dat klinkt wat vriendelijker. Maar in de sterk gepolariseerde politieke arena is zo'n omzichtige benadering al riskant. Politici in Washington concluderen terecht: onze politieke carrière kent geen eeuwigheid. Dus doen ze qua geloof maar een beetje alsof. Religiositeit en al dan niet verzonnen kerkbezoek zijn in die politieke mix onmisbare ingrediënten.

Grappig is wel dat het enige openlijk niet-godsdienstige Congreslid in de verte van Nederlandse komaf is. En Kyrsten Sinema is behalve niet-gelovig ook nog eens (als enige senator) openlijk biseksueel. Het moet niet veel gekker worden... Er is nu al een foto met historische waarde: Sinema wordt ingezworen als senator van Arizona. Wie nam de eed af? Homobestrijder Mike Pence, de vicepresident.

Dit is dezelfde Pence die dreigend over het homohuwelijk zei: 'De ondergang van de maatschappij is altijd onlosmakelijk verbonden geweest met de ontbinding en de teloorgang van gezin en huwelijk.' Wat ging er door zijn hoofd toen hij stond tegenover de linkse en volgens zijn strenge normen zeer zondige Sinema? Het nieuwe Amerika in één foto gevangen.

VERWARRENDE TIJDEN: HOEVEEL VAN DE TIEN GEBODEN OVERTREEDT DE PRESIDENT?

Religieus Amerika zit politiek in de val. Een val die het zelf heeft neergezet en waar het met open ogen in is gelopen. Hoe kon het anders gebeuren dat het – komende uit een streng Bijbelse overtuiging – nu kritiekloos een geestelijk en politiek leidsman bewondert die zo'n beetje alles doet wat God verboden heeft?

Hoeveel van de Tien Geboden overtreedt de president? Maar ja, Amerika's evangelicals hebben hun ziel en zaligheid verkocht aan God en aan Donald Trump. Een curieus tweemanschap. Verwarrende tijden!

John Fea, docent geschiedenis aan het Messiah College in Pennsylvania, zegt over de Trumpgezinde christenen: 'Ze kijken weg van zijn morele ondeugden met als doel hun politieke agenda te realiseren. Ze willen hun christelijke cultuur terugveroveren en vernieuwen. Dat is een Amerika dat allang verloren is gegaan.'

Maar wat vinden ze dan van de allesbehalve Bijbelse levenswandel van hun president? Fea: 'Ze vinden dit helemaal niet hypocriet. Zij denken dat Trump hier juist voor dit tijdperk door God is neergezet. Ze geloven dat God soms korte tijd mensen gebruikt. Het zijn immers voorbeelden in de Bijbel. Op die Bijbelspreuken vallen ze graag terug.'

Christenen gebruiken dit argument vaker. De Bijbelse koning David is zo'n slecht mens in dienst van God. Tv-predikant Jerry Falwell Jr. zegt dat zo: 'God noemde koning David een man naar zijn hart, ook al was hij een overspelige en moordenaar. Je moet de leider kiezen die de beste koning of president zou zijn en niet per se iemand die een goede voorganger zou zijn. We stemmen niet voor de voorganger.' Ex-minister Rick Perry verkondigde op Fox-TV dezelfde theorie: 'God gebruikte in het verleden steeds imperfecte mensen.'

Dan wordt de Bijbel een soort morele snackbar. Kies wat je lekker vindt ook al is het ongezond. Met goddelijke genade kun je een standpunt verdedigen dat precies het omgekeerde is van wat de Bijbel voorschrijft. Jerry Falwell weet zeker dat God dit niet erg vindt.

Dit alles getuigt van ongekende morele lenigheid: slechteriken gebruiken om iets goeds te bereiken. Gods wegen zijn ondoorgrondelijk.

Was deze evangelische spagaat te vermijden geweest? Natuurlijk. In de boodschap van Jezus horen we veel over naastenliefde, rechtvaardigheid en hulp aan de armen. Daarin past toch een politiek programma met minder grote verschillen tussen rijk en arm, betaalbare zorg voor de zieken en zwakken, een humane behandeling van gevangenen ('heb elkaar vóór alles innig lief, want liefde bedekt tal van zonden' – 1 Petrus 4:8), respect voor wie 'anders' wil leven en liefhebben en 'rentmeesterschap' van de wereld om ons heen? Heel Bijbels allemaal.

Maar ergens in de afgelopen vijftig jaar is religieus Amerika precies de andere kant op gegaan. En politici en kerkleiders betalen daar nu de prijs voor. Want steeds meer Amerikanen willen juist een einde aan racisme, meer gelijkheid, hulp aan zwakkeren en betaalbare zorg.

De kerkleiders hebben hun ziel aan de Republikeinen verkocht in ruil voor de realisatie van hun morele agenda. Maar zoals eerder beschreven is de Culture War rampzalig geëindigd. Nu zitten de evangelicals (ze worden de 'God & Country Evangelicals' genoemd) vastgeklonken aan een partij waarvan alleen nog de harde sociaaleconomische agenda over is (geen publieke gezondheidszorg, geen verhoging van het minimumloon, weinig investeringen in publieke voorzieningen, geen structurele hulp aan armen en daklozen).

James Dobson was lange tijd leider van de streng christelijke organisatie Focus on the Family. Hij zag voor zijn ogen de evangelische agenda verpulveren. De meeste christelijke leiders praten liever niet over die dramatische mislukking van hun strijd tegen moderniteit, maar Dobson was openhartig: 'Ik geef toe, ik zit midden in een rouwproces over het verlies van de principes waar ik vijfendertig jaar voor gevochten heb.' Dobson duidde natuurlijk onder meer op het homohuwelijk en op abortus. Maar hij gaf de hoop niet op: 'Onze hoop is gevestigd op de Heer. Hij heeft de controle niet verloren. Hij begrijpt onze vermoeidheid en misschien zelfs onze teleurstelling.'

De evangelicals en Republikeinen kunnen niemand iets verwijten. Ze zijn de Culture War immers zélf begonnen. Ze verloren de ene na de andere slag. Dan is het eindresultaat onvermijdelijk en onheilspellend: ze verliezen de oorlog die ze ooit zelf met veel morele poeha waren begonnen.

In de tussenliggende jaren ligt hun bloeiperiode. Maar achter de geluidswal van gelijkhebberigheid voltrok zich een maatschappelijke ommekeer waarvoor ze geen verklarende Bijbelcitaten kunnen verzinnen. De Bijbel biedt geen nooduitgang als je stelselmatig standpunten verdedigt die de Amerikaanse samenleving ongastvrijer en ongelijker maken.

Dit werd nog eens extra duidelijk in het voorjaar van 2020 toen Trump en ook justitieminister William Barr op de vele vreedzame demonstraties niet anders wisten te antwoorden dan met 'Law and Order': mep erop. Trump en Barr vervielen in de bekende verdediging: het zijn allemaal extreemlinkse radicalen. Minister Barr heeft er vast stilletjes bij gefluisterd: 'En de meesten zijn nog ongelovig ook...'

De alliantie die de evangelicals ooit met de Republikeinen smeedden, is nu een ideologische kooi geworden. Deze Trumpgezinde religieuze kiezers hebben zich net als hun leiders vereenzelvigd met het rechtse, on-Bijbelse gedachtegoed van de Republikeinen. Het is voor deze gelovigen een duivels dilemma.

In het Oude Testament bevrijdde God Zijn uitverkoren volk al eens uit gevangenschap. In de eenentwintigste eeuw ontbreekt in het verbond van de evangelicals met hun almachtige Schepper zo'n goddelijke ontsnappingsclausule. Ze moeten het mét alle aardse beperkingen en zónder hemelse garanties oplossen.

De moderne samenleving van de eenentwintigste eeuw biedt hun weinig hoop.

De tijd schrijdt voort. Zij staan stil.

6

Antiabortusactivisten: wordt hun opmars vroegtijdig afgebroken?

'Dit kan alleen in Amerika: je bent voorstander van de doodstraf, je bent ook vóór oorlog, bombardementen met drones, vuurwapenbezit, martelen en landmijnen. En toch mag je jezelf pro-life noemen.'
John Fugelsang, acteur, komiek (de term pro-life staat voor 'anti abortus')

'Het programma van de Republikeinse Partij moet Pro-Life zijn. Dat is de basis van onze partij. Mensen moeten begrijpen dat abortus geen anticonceptiemiddel is.'
George W. Bush, Republikein, oud-president (2000-2008)

DONALD TRUMP WAS EERST VÓÓR ABORTUS EN LATER TEGEN: DAT KWAM POLITIEK VEEL BETER UIT

Sorry, het verhaal over abortus in Amerika moet beginnen met een man. Het is oktober 1999. De nog jeugdig ogende Donald Trump flirt met het idee om zich kandidaat te stellen voor de presidentsverkiezingen van 2000. Menigeen betwijfelt de oprechtheid van de New Yorkse onroerendgoedmagnaat. Wil hij wel écht president worden, of is dit de zoveelste publiciteitsstunt van de brutale zakenman? Alles wat Donald Trump doet, staat immers in het teken van een ononderbroken reclamecampagne voor het merk Donald ('Everybody Loves Me') Trump.

Bij NBC-televisie nemen ze het presidentiële voornemen van Trump serieus. De interviewer Tim Russert spreekt hem aan op zijn ambities.

Wat zal president Trump vinden van abortus? 'I just believe in choice.' 'Pro-choice' is de codenaam van de beweging van voorstanders van abortus. Zoals 'pro-life' de aanduiding is voor tegenstanders. Trump laat er geen misverstand over bestaan: ja, hij is vóór abortus: 'I am strongly for choice.'

Snel doorspoelen naar de campagne van 2016. Je kan van Donald Trump zeggen wat je wilt, maar hij kan wél rekenen. Met een pro-abortusstandpunt was hij geen president geworden! Hij zou kansloos geweest zijn in de race naar het Witte Huis zonder de enthousiaste steun van de behoudende evangelicals. Die zijn immers radicaal en compromisloos anti abortus. Een pro-choicekandidaat zullen ze nooit steunen. Op hun wensenlijstje staat een landelijk verbod op abortus met stip op één.

Donald Trump switcht dus moeiteloos naar een ferm antiabortusstandpunt dat aansluit bij de politieke realiteit van 2016. Het is politiek handjeklap van Trump met de evangelicals. De keus voor abortusbestrijder Mike Pence als vicepresident zit ook bij de prijs in.

Trumps gewijzigde abortusstandpunt is een hoogstandje van woordacrobatiek. Hij maakt stilzwijgend de ommezwaai van 'pro-choice' (tot 2015!) naar 'pro-life'. Trump: 'Laten we samenwerken om een cultuur te ontplooien die onschuldig leven koestert. Alle leven is heilig.'

De president neemt het jargon over van de extreme abortusbestrijders. Zo zegt hij over late abortussen: 'Ze verzorgen de baby liefdevol en dan besluiten de dokter en moeder gezamenlijk of ze de baby doden.' In dat kader is Texas interessant: daar flirten Republikeinen met het idee om abortus juridisch gelijk te stellen aan moord. Zowel de vrouwen als hun artsen kunnen dan de doodstraf krijgen. Of levenslang.

Na de stortvloed aan extreme antiabortuswetten in het voorjaar van 2019 (Alabama, Georgia, Kentucky, Mississippi, Missouri, Ohio) laat Trump het glashelder aan zijn trouwe aanhangers weten: linkse politici en organisaties nemen een loopje met de bescherming van ongeboren leven.

De antiabortusactivisten hebben wellicht de kunst afgekeken van de voorstanders van het homohuwelijk: bouw staat voor staat een machtsbasis op. Werk samen (ook internationaal) en profiteer van elkaars kracht. Dat moet de voedingsbodem zijn voor een eindoverwinning van de antiabortuslobby in het Hooggerechtshof. De uitslag van de verkiezingen van 2020 bepaalt of dat lukt.

ABORTUS WORDT EEN OMSTREDEN ONDERWERP IN 2020: KUNNEN DEMOCRATEN DAARVAN PROFITEREN?

Er is een risico dat de propagandisten van de extreme antiabortuswetten een tactische blunder begaan. Gaan ze te ver? Schrikt dit (vrouwelijke) kiezers af? Ontstaat er verdeeldheid in de kring van evangelicals? Alles heeft een politieke prijs. Fulmineren tegen abortus kan inderdaad vrouwelijke kiezers wegjagen. Dat kan Trump in 2020 niet gebruiken. Als in swingstates te veel vrouwelijke kiezers in verzet komen (over de wetten die abortus verbieden, ook bij incest en verkrachting) kan hem dat de eindzege kosten. De tegenstanders van de 'babymoordindustrie' zetten het debat op scherp.

In de strengste variant wordt abortus dus al na een zwangerschap van zes weken strafbaar. De wetten worden hartslagwetten genoemd ('heartbeat bills'). Abortus moet strafbaar zijn vanaf het eerste moment dat er iets van een hartslag meetbaar is bij het ongeboren kind.

De president ziet een 'geheel nieuwe en positieve kijk op het recht op leven'. Het is alles of niks, schrijft Trump op Twitter. 'Als we dom zijn en onze eenheid voor behoud van het leven niet bewaren, kunnen we heel snel alles verliezen waar we zo hard voor hebben gevochten.' Volgens zijn vicepresident Mike Pence is Trump nu 'de felste antiabortuspresident in de Amerikaanse geschiedenis'. Van pro-choice naar pro-life.

De term 'pro-life' is in de VS ingeburgerd. Het gaat immers, zeggen abortustegenstanders, om het beschermen van ongeboren leven. Wie kan daartegen zijn? Maar het is misleidend omdat veel activisten er dus vergaande standpunten aan ontlenen over heel vroege abortussen (de hartslagwetten) en vaak zelfs abortus willen verbieden bij verkrachting en incest.

'Pro-life' zit ook in het totaalpakket van Republikeinse denkbeelden, waar bescherming van leven níét altijd centraal staat. Neem de steun voor vrije wapenverkoop, de doodstraf en het verzet tegen sociale programma's voor arme kinderen en klimaatmaatregelen. Bescherming van menselijk leven is dus nogal rekbaar. Thomas Friedman van *The New York Times* vat het samen: 'De term "pro-life" staat voor de erkenning van de onschendbaarheid van het leven. Maar mensen voor wie die onschendbaarheid begint bij de conceptie en eindigt bij de geboorte, verdienen het niet die term te gebruiken. Hoe zit het immers met de rest van het leven?'

Het 'pro-life'-standpunt van Trump is politiek dus goed verklaarbaar. Tegelijk is het een grote gok. De opiniepeilingen over abortus zijn glashelder. Een ruime meerderheid van de Amerikanen is voor abortus (in elk geval in de eerste maanden van de zwangerschap). Bijna twee derde van de Republikeinen, ook partijgenoten van de president dus, denkt er nu zo over. Slechts 21 procent van de Amerikanen vindt dat abortus onder alle omstandigheden (ook bij verkrachting en incest) verboden moet worden. Jongeren denken gemiddeld het meest progressief over abortus; en zelfs in de categorie 65-plus is een meerderheid voor.

Toch houdt de kongsi van Republikeinen en evangelicals hardnekkig vast aan de oude standpunten. Abortus is met wapenbezit het laatste schamele restant van de ooit zo veelbelovende Culture War. Maar die halsstarrigheid is electoraal bloedjelink: afgaand op de opiniecijfers verlies je er (vooral vrouwelijke) kiezers door. Maar het opgeven van abortus als heilig symbool van het conservatisme uit vervlogen dagen is ook ondenkbaar. De loopgraven van de abortusoorlog zijn te diep uitgegraven. Dan maar strijdend ten onder.

Een afwijkend geluid komt van tv-dominee Pat Robertson. Die is altijd solide conservatief en fanatiek tegen abortus. Maar de recente strenge wetten in zuidelijke staten gaan veel te ver en berokkenen de Republikeinen schade, vindt Robertson. De Alabama-wet is slecht doordacht. 'Alabama is doorgeschoten. De wet is te extreem. Dit is niet een zaak die we aan het Hooggerechtshof willen voorleggen, want dan gaan we verliezen.' Hij heeft de opiniepeilingen ook gelezen en vreest dat de golf van rabiate antiabortuswetten in 2020 veel kiezers zal afschrikken.

Het Hooggerechtshof kan alles nog weer terugdraaien, wat dus in strijd zou zijn met de wens van de meerderheid van Amerika. Dit is uit een oogpunt van democratie ongewenst; maar ja, zo zit het Supreme Court nu eenmaal in elkaar.

In juni 2020 is er een tussenuitspraak van het Supreme Court die abortusactivisten hoop geeft. Een strenge antiabortuswet uit Louisiana is in strijd met de grondwet, oordelen vijf van de negen rechters. Het wachten is nu op een uitspraak die de principiële vraag over de grondwettelijkheid van abortus moet beantwoorden.

De conservatieve meerderheid is er benoemd door de Republikeinen en kan de voorkeur van de meeste Amerikanen naast zich neerleggen en abortus tot in lengte van jaren bijna onmogelijk maken. De ruime meerderheid van abortusvoorstanders heeft dan het nakijken. De rechtse illusie van een land dat pal staat voor conservatieve, christelijke waarden is dan weer even nieuw leven ingeblazen.

HET AANTAL ABORTUSSEN NEEMT STERK AF: OOK MINDER TIENERZWANGERSCHAPPEN

Abortus werd in 1973 legaal door een fameuze uitspraak van het Hooggerechtshof (beter bekend als Roe vs. Wade). Jane Roe was de anonieme aanduiding voor Norma McCorvey, de vrouw die via de rechter het recht op abortus probeerde af te dwingen. Ze werd de held van de proabortusactivisten. Henry Wade was officier van justitie in Texas die een omstreden verbod op abortus uitvoerde.

Jaren na het fameuze arrest kwam McCorvey naar buiten met een schokkende onthulling. Na de proabortusuitspraak van het Hooggerechtshof bekeerde ze zich tot het felle antiabortusstandpunt. Dat was een geschenk voor de tegenstanders van abortus. Als zelfs Jane Roe al tegen was...

Helaas, haar bekering was minder oprecht dan de conservatieve, christelijke activisten hadden gedacht en gehoopt. Norma had zich goed laten betalen voor haar 'bekering'. Het was allesbehalve oprecht. Vele jaren later – ze was intussen terminaal ziek – vertelde ze haar verhaal in een tv-documentaire. Ze noemde het haar doodsbedbekentenis: 'Ik heb hun geld aangenomen. Ze zetten me voor de camera en hebben me verteld wat ik moest zeggen.'

Maar de onthulling is voor de toegewijde abortusbestrijders geen belemmering om vol de strijd aan te gaan om abortus weer verboden te krijgen. Amerika gaat dan terug naar de jaren van voor 1973.

Voorstanders juichen dat toe: eindelijk wordt ongeboren leven weer beschermd.

Tegenstanders zeggen: dan gaat abortus weer de illegaliteit in. Terug naar de tijd van breinaaldabortussen.

De conservatieven zien bijna 50 jaar na Roe vs. Wade hun kans schoon om een poging te doen die door hen gehate uitspraak ongedaan te maken. Donald Trump is hun held. Het is de president immers gelukt twee zeer conservatieve rechters (Neil Gorsuch en Brett Kavanaugh) in dat Hooggerechtshof te benoemen.

In de jaren sinds de grensverleggende uitspraak van het Hooggerechtshof is er nog iets gebeurd: het aantal abortussen daalde spectaculair. Het is met meer dan 50 procent verminderd. Betere voorlichting en bredere beschikbaarheid van anticonceptie missen hun uitwerking niet. Het aantal ongewenste zwangerschappen onder tieners daalt scherp. Ze worden – door verstandiger gedrag – eenvoudig niet zwanger en hebben dus geen abortus meer nodig.

Nog een voorbeeld van groeiende progressiviteit: we horen nauwelijks meer over de malligheid van Republikeinen en evangelicals die als recept voor minder abortussen onthouding (geen seks voor het huwelijk) preekten. Onderzoek wees uit dat deze jongeren seks weliswaar even uitstelden, maar die achterstand later dubbel en dwars inhaalden. Ook bleek dat jongeren die kuisheid tot het altaar beloofden in de praktijk juist vaker onbeschermde seks hadden. En dat leidde weer tot onevenredig veel geslachtsziekten en ongewenste tienerzwangerschappen.

De felle pleidooien voor een verbod op de morning-afterpil ('menselijk leven begint bij de conceptie') lijken eveneens verstomd. We hebben al een tijdje nauwelijks meer gehoord van apothekers die op bevel van God weigerden die pil te verstrekken.

Het politieke debat verbreedt zich ook: filmmaatschappijen uit Hollywood hebben de staat Georgia gedreigd met een boycot als ze daar een antiabortuswet aannemen. De filmsterren weigeren er te werken. De voorstanders van de wet zeggen zich niks van een boycot aan te zullen trekken.

Abortus blijft voor de Republikeinen een geliefd campagneonderwerp. Het is een van de weinige overblijfselen van de morele agenda van veertig jaar geleden. Vanuit dat oogpunt bezien is het hernieuwde en fanatieke antiabortusoffensief begrijpelijk, maar ook een teken van wanhoop.

ABORTUS IS EEN BURGEROORLOG WAARD: 'HET COMPLOT OM ONS LAND TE VERNIETIGEN'

Hoe ver willen conservatieve christenen gaan in hun kruistocht tegen abortus? Héél ver! In christelijke kring gaat zelfs de radicale variant van een burgeroorlog rond, 'a Civil War'. Het thema 'oorlog' is kennelijk nog niet sleets.

Elk Amerikaans schoolkind weet dat de Burgeroorlog in de negentiende eeuw over een heel principiële kwestie ging: de afschaffing van de slavernij. De Civil War (1861-1865) scheurde het land bijna in stukken en kostte 620.000 (!) Amerikanen het leven. Willen de christenen echt een burgeroorlog over abortus?

In het christelijke maandblad *Charisma News* staan onheilspellende artikelen. Radiopresentator Michael Brown schrijft over 'de naderende burgeroorlog om abortus'. Brown: 'Ik hoop heel erg dat het niet een echte, gewelddadige oorlog wordt, maar het ideologische conflict zal heftig en intens zijn. Dat er een burgeroorlog komt staat vast. De enige onduidelijkheid is hoe bloederig die zal zijn.' Grote woorden! Michael Brown hoopt dus dat het zonder geweld kan, maar is er niet zeker van. De proabortusactivisten zijn gewaarschuwd.

Is het noemen van de mogelijke burgeroorlog een loos dreigement? Voor een deel natuurlijk wel. Er komt geen burgeroorlog en staten gaan zich heus niet afscheiden van de VS. En het plan om ergens in de VS – als bescherming tegen goddeloze Democraten – afgeschermde vrijheidszones in te richten is even idioot als kansloos. Maar de oorlogszuchtige taal (die dreigementen hebben we eerder over andere onderwerpen gehoord) is wel de voorbode van nietsontziende pogingen van Republikeinen en christenen om van abortus een onderwerp te maken waarin geloof, woede en angst samenkomen. Een vertrouwd recept.

André Gagné, hoogleraar theologie in Montreal, zegt over die krijgstaal: 'Christelijk rechts is ervan overtuigd dat als ze niet politiek ingrijpen en sociale kwesties proberen te beïnvloeden God niet alleen over Amerika, maar ook over henzelf zal oordelen.'

Trump heeft de vergelijking met de Burgeroorlog niet overgenomen, maar spreekt wel bijna in die termen over de Democraten: 'Ze willen ons ruïneren en het land kapotmaken. De Democratische Partij radicaliseert, wordt steeds gevaarlijker en is totaal losgeslagen. Dat hebben we nog niet eerder in de geschiedenis zo heftig gezien. Een stem in 2020 op welke Democratische kandidaat dan ook is een stem ten gunste van radicaal socialisme en vernietiging van de Amerikaanse droom.'

7

Gevangenissen: voorbij de opsluitgekte van Bill Clinton en Joe Biden

'Er is alle reden aan te nemen dat gevangenissen misdaad erger maken. Het harde leefklimaat verergert psychiatrische problemen. Het maakt mensen agressiever, cynischer en wantrouwender. Gevangenen leren van elkaar betere criminelen te zijn.'
David J. Harding, University of California in Berkeley

'Het maakt niet uit of je een zielig slachtoffer bent van de samenleving. Ik wil ook niet weten hoe het allemaal zo gekomen is. Ze moeten gewoon van straat worden gehaald. Sluit ze op, die klootzakken.'
Senator Joe Biden in 1994 bij zijn verdediging van de Crime Bill van president Clinton

GEVANGENEN OP DE PRAIRIE: PAARD EN MENS LEREN VAN ELKAAR

Kan het Amerikaanser? De prairie van Arizona. Beelden van cowboys te paard in het rode licht van de avondzon. De mannen temmen en trainen wilde paarden. *Breaking in horses* heet dat. Het is stoer werk. Maar je moet er ook zachtaardig voor zijn en heel geduldig. De filosofie van de paardenfluisteraar staat hier centraal. Mens en dier leren van elkaar. Er zijn nog zo'n vijfentwintigduizend van deze mustangs op de weidse vlakten van Amerika's prairiestaten.

Maar er is ook iets geks aan de hand met dit romantische wildwestbeeld. De paardentrainers zijn niet gekleed als de Marlboro-man. Ze dragen gele overalls met op hun rug het opschrift ADC, Arizona Department of Corrections. Inderdaad: het zijn gevangenen. In tv-reportages zien we hoe ze hun benarde cel en getraliede ramen even verruild hebben voor de onafzienbare woestijn rond de paardenranch. De lange training van de paarden geeft de veroordeelde criminelen eigenwaarde en leert ze liefde, discipline en geduld. Net als de mustangs hebben ze die eigenschappen van nature niet. Ze hebben dus veel gemeen: ze zijn wild, ongeduldig en moeilijk te temmen.

De recidive in de VS is torenhoog. Driekwart van de vrijgelaten veroordeelden in Amerika zit binnen vijf jaar na vrijlating weer in de cel. Wat een verspilling! Het gevangenissysteem kost per jaar tachtig miljard dollar aan belastinggeld en – nog veel erger – het vernietigt de levens van veel gevangenen die geen normaal bestaan meer kunnen opbouwen. Iedereen heeft er belang bij de recidive terug te dringen. Moedige politici moeten hun kiezers ervan overtuigen dat deze zachte aanpak tot concrete resultaten leidt.

Bij de 'inmates' die het paardenprogramma van vier maanden volgden, is de recidive gekelderd. Een gevangene zegt tegen een verslaggever van *The Arizona Republic*: 'Ik had zelfs nog nooit een puppy gehad. De paarden hebben mij geleerd vertrouwen te hebben, geduldig, zorgzaam en liefdevol te zijn. Aanvankelijk vertrouwen ze niemand. Net zoals ikzelf toen ik de gevangenis in ging. Dat was mijn probleem toen.'

De gevangene John Harris heeft als cursist veel geleerd. Hij zegt tegen *The New York Times*: 'Op een goed moment was ik al ruim twee uur bezig om het paard een meter of wat naar voren te laten lopen. Ik was opgefokt en het paard ook. Als je dan uiteindelijk zover komt dat het paard toelaat dat je naar hem toe loopt, hem aanraakt en een tuig omdoet, dan is dat echt een geweldig gevoel.'

Een begeleider is enthousiast: 'Je moet dit tijd geven en niet proberen het te overhaasten. Als de mannen het programma hebben afgemaakt, hebben ze echt een prestatie geleverd. Ze verwerven nieuwe vaardigheden, een betere werkethiek en vooral zelfvertrouwen. Je kunt die paarden niet in één keer berijden, maar je zet elke dag kleine stapjes. We laten de paarden zichzelf bewijzen. Waarom kunnen ook de gevangenen op hun beurt niet hetzelfde bereiken?'

DE GEVANGENIS RICHT VEEL SCHADE AAN: ZE IS ZO ZINLOOS

In de inleiding van dit boek noemde ik al de duizenden vrijlatingen als gevolg van de corona-epidemie. Het verkleinde de kans op massale ziekte en sterfte in de stampvolle celblokken waar de kans op besmetting torenhoog is. Gevangenen zijn doorgaans niet interessant voor politici (wie wil er nu voor deze groep lobbyen?). De meeste mogen niet eens stemmen, maar vanwege corona waren deze vrijlatingen ineens populair. Geen rechtse 'law-and-order'-Republikein die erover mopperde.

In dit hoofdstuk gaat het om de vraag of het redeloos opsluiten van veroordeelden wel zo zinvol is. Waarom is dit niet eerder bedacht? Heel simpel: het was onbespreekbaar in de politiek.

Elke negentig seconden verdwijnt een Amerikaan voor kortere of langere tijd achter de tralies. Dat zijn er vele honderdduizenden per jaar; in totaal zitten er meer dan twee miljoen Amerikanen achter de tralies. Het aantal gevangenen daalt sinds een paar jaar, maar de VS hebben nog altijd meer gevangenen dan welk ander land ook (omgerekend tien keer meer dan in Nederland). En heel veilig is het land er ook niet van geworden. Ja, het aantal moorden daalde, maar ook nu zijn de VS een extreem misdadig en gewelddadig land (ook tien keer gewelddadiger dan ons land).

Er is natuurlijk het oude argument dat gevangenissen misdaad voorkomen. Zolang boeven vastzitten, maken ze geen onschuldige slachtoffers. Maar de bestaande gevangenissen zijn hard. Als je mensen als beesten opsluit, komen ze er – als het een beetje tegenzit – als beesten uit. Ze komen er agressiever en bozer uit dan ze erin gingen. En er is het dramatische effect op de gezinnen van veroordeelden. Er zijn meer dan 2,5 miljoen kinderen van wie de vader of moeder in de gevangenis zit.

De geschiedenis verklaart veel: in de jaren tachtig en negentig van de vorige eeuw zuchtte en steunde Amerika onder een epidemie van criminaliteit en geweld. Het aantal moorden was hoger dan ooit; het was in de politiek de tijd van 'law and order'.

De War on Crime was een geliefd onderwerp in elke verkiezingstoespraak van politici. Geen politieke kandidaat haalde het in zijn hoofd om nuchter na te denken over de vraag of dat massale opsluiten wel zo slim was. Een milde benadering van de misdaad was voor politici de zekerste weg naar een vervroegde pensionering. Op zo'n softie stem je toch niet?

Politici – Republikeinen en Democraten – wilden in hun keiharde voorstellen voor misdaadbestrijding niet voor elkaar onderdoen. Ze waren uit op een succesje voor de korte termijn, ook al leidde dat voor de criminelen vaak tot levenslange opsluiting ('sluit ze op en gooi de sleutel weg'). Dat de snoeiharde aanpak zwarte en arme Amerikanen extra hard trof kon in die tijd niemand wat schelen. Ook de vaak racistische rechtspraak leidde bij Republikeinen en Democraten niet tot politieke opwinding. Beter rijk en schuldig, dan arm en onschuldig.

Bij de paardentraining in Arizona zie je de treurige gevolgen van die eenzijdige opsluitgekte. Een verslaggever vraagt de gevangenen hoelang hun straf is. Ze glimlachen bitter: vierenhalf of zes jaar cel omdat ze betrapt zijn met drugs. Geen drugshandel of geweld? Nee, alleen het in bezit hebben (*simple possession*) werd hun al fataal. Ook eenvoudige diefstal kan je op een gepeperde celstraf komen te staan.

De meer dan vier miljoen (!) ex-gevangenen die nog onder toezicht staan van justitie (*parole*, *probation*) kunnen voor een kapot achterlicht of het te laat komen op een afspraak al teruggestuurd worden naar de gevangenis.

DE SHERIFF IS TROTS: MEER GELD VOOR DE HONDEN DAN VOOR DE GEVANGENEN

Een bezoek aan een Amerikaanse gevangenis maakt indruk. Ik herinner mij bezoeken aan bedompte celblokken in Arizona, Louisiana,

New York en Washington. En elke keer is er de tomeloze opluchting als je weer buiten staat. Frisse lucht na de verstikkende atmosfeer binnen.

Twee voorbeelden: vlak buiten de dodencellen in Angola Prison in Louisiana was een vriendelijk, fleurig tuintje. Een raar contrast. Amper een minuut later stond ik oog in oog met terdoodveroordeelden. De cellen hadden nauwelijks airconditioning. Wie ooit in de zomer in dit deel van de VS is geweest, weet hoe heet en vochtig het er maandenlang is. De veroordeelden zitten drieëntwintig uur per dag in hun cel van een paar vierkante meter, met zware traliedeuren, een kaal bed met een dunne matras en wc plus wasbakje. Geen privacy. En steeds die verstikkende hitte.

In Arizona bezocht ik de cellen van langgestraften. Cellen van amper 3 bij 3 meter waar ze met vier (!) gevangenen zaten. Ook drieëntwintig uur en geen enkele privacy. De hitte en de stank waren onverdraaglijk. En het lawaai dat nooit stopte: geschreeuw, gegil, geruk aan celdeuren. Als je niet gek bent, word je er gek.

Gevangenisdirecteur Joe Arpaio (hij noemde zichzelf onbescheiden 'the toughest sheriff in America') werd zelf streng bewaakt als hij rondliep op het terrein. De herdershonden luisterden naar Duitse bevelen. Tijdens de lunch viel me op hoe onappetijtelijk het eten voor de gevangenen eruitzag. Klef wit brood, uitgeslagen worst. De sheriff wees nog grinnikend op een tv-scherm: The Weather Channel. Leuk hè? Om te pesten.

Ik wilde van de sheriff weten hoeveel geld hij per dag uitgaf aan gevangeniseten. En was dat meer of minder dan de kosten voor het eten voor de honden? 'Een zeer goede vraag,' riep Arpaio en hij stuurde een medewerker eropuit om het uit te zoeken. Even later kwam het antwoord waarop hij hoopte: voor de honden is er meer budget. Arpaio straalde: 'Terecht. Die honden hebben niks verkeerds gedaan.'

De sheriff was omstreden: hij leidde geketende gevangenen (*chain gang*) in hun gestreepte gevangenispak door de straten van Phoenix. Dat zal ze leren. Trumpfan Arpaio, die veelvuldig is aangeklaagd voor discriminatie, maar steeds werd herkozen, is het schoolvoorbeeld van een gevangenisdirecteur van de oude stempel.

Voor de veroordeelden was er onder het regime van Arpaio het vaste recept van discriminatie, straf en beledigingen. Arpaio was niet zo van al die nieuwlichterij met een meer humane aanpak. Hij was sheriff van 1992 tot 2016. Hij verloor de sheriffverkiezingen. Van een Democraat.

STEEDS MEER AMERIKANEN ZIJN TEGEN DE DOODSTRAF: HET AANTAL EXECUTIES DAALT GESTAAG

Nog een symbool van het oude denken: de doodstraf. In 1968 zaten vijfhonderd gevangenen in *death row*, de dodencellen. Dat steeg tot het jaar 2000 naar bijna 3600; het is intussen iets gedaald naar 2600. Het is uitgesloten dat al deze gevangenen uiteindelijk echt geëxecuteerd zullen worden. Veel terdoodveroordeelden sterven in de cel een natuurlijke dood of plegen zelfmoord.

Het aantal doodvonnissen en executies daalt gestaag. Het aantal executies steeg tot een maximum van bijna 101 in 1999 en is intussen gedaald tot gemiddeld beneden de veertig per jaar. In 2018 waren er heel weinig executies: vijfentwintig; in 2019 nog minder: tweeëntwintig. Is de doodstraf terminaal?

Ook bij de doodstraf zien we de snelle verandering in de publieke opinie: vijfentwintig jaar geleden was nog 80 procent van de Amerikanen voor de doodstraf, nu nog slechts 56 procent; nog wel een krappe meerderheid dus.

Die aanhoudende steun voor de doodstraf verklaart ook mede waarom Barack Obama zich er als president nauwelijks over uitsprak. In elk geval deed hij niet zijn best om een verbod van kracht te laten worden. Dat kon Obama overigens zelf niet afdwingen (behalve voor federale gevangenen), want de afzonderlijke staten beslissen hierover: negenentwintig (van in totaal vijftig) staten hebben de doodstraf nog in de wet staan: elf staten hebben al meer dan tien jaar geen executie meer uitgevoerd, waaronder conservatieve staten als Kansas, Montana, Kentucky en Wyoming.

In een debat in 2012 zei Obama: 'De feiten laten zien dat de doodstraf weinig doet om criminelen af te schrikken. Ik denk wel dat er bepaalde misdrijven zijn, zoals massamoord of moord en verkrachting van een kind, die zo walgelijk zijn dat het gerechtvaardigd is als de gemeenschap haar woede laat zien door aan deze misdadigers de uiterste straf op te leggen.'

En Donald Trump? Die is vóór de doodstraf. Toen Californië (730 veroordeelden in de dodencel) in maart 2019 aankondigde te stoppen met executies zei de president daarover niet enthousiast te zijn.

De Democratische gouverneur Gavin Newsom: 'De realiteit is dat de doodstraf totaal niet werkt. Hij werkt in het nadeel van een verdachte met een mentale stoornis, een donkere huidskleur of iemand die zich geen dure advocaat kan veroorloven. Hij leidt tot verkwisting van miljarden dollars aan belastinggeld. Hij heeft geen afschrikkende werking en levert geen verbetering van de openbare veiligheid op. Maar het allerergste is dat de doodstraf absoluut, onherstelbaar en – in geval van een fout – onomkeerbaar is.'

Dat weerhoudt de regering-Trump er niet van weer federale executies uit te voeren na een pauze sinds 2003. Pakweg 10 procent van Amerika's gevangenen zit in een federale gevangenis, de rest in staatsgevangenissen. Van die federale gevangenen zitten er 62 in de dodencel.

De president gokt erop dat zijn macho-imago bij zijn trouwe aanhang sterker wordt als van alle misdadigers 'de ergsten van de ergsten de ultieme straf' krijgen. Hij zal Democraten die hier kritiek op hebben vast wegzetten als linkse softies die geen rekening houden met de slachtoffers van deze gewetenloze beulen. Het 'vertroetelen van criminelen' is hiermee toegevoegd aan het anti-Democratische arsenaal van Trump voor 2020.

TE VEEL AMERIKANEN GAAN TE LANG NAAR TE VEEL GEVANGENISSEN

Voor het eerst in lange tijd vermindert het aantal gevangenen in de VS dus. De zware criminaliteit daalt al jaren en dat moet een keer tot minder gevangenen leiden. Maar dat gebeurde lange tijd niet, gek genoeg. Oud-minister en Democraat Eric Holder van Justitie: 'Te veel Amerikanen gaan te lang naar te veel gevangenissen. Daarvoor is vanuit het oogpunt van wetshandhaving geen goed argument te vinden.' Het moet radicaal anders. Holder was daarom al bezig om celstraf voor lichte, niet-gewelddadige misdrijven (bijvoorbeeld handel in softdrugs) af te schaffen.

Advocaat Russell Griffith verdedigt in Los Angeles al vijfentwintig jaar verdachten die zelf geen geld hebben voor een advocaat. Hij noemde het justitiesysteem 'onmenselijk, stom en idioot'. Het heeft generaties van latino's en zwarte mannen tot slachtoffer gemaakt. 'We zijn allemaal meegegaan in deze grote leugen.' Griffith heeft jaren gewerkt met de beruchte Three Strikes-wetgeving: als je drie keer een misdrijf begaat, krijg je automatisch levenslang – meestal zonder kans op gratie.

Dan denk je misschien: drie keer de fout in? Dan vraag je er ook om om lang achter de tralies te verdwijnen. De realiteit is anders. Te vaak gaat het helemaal niet om zware misdrijven als roof of moord.

De steun voor deze ongekend strenge wet werd aangewakkerd door de gruwelijke moord op een twaalfjarig meisje in Californië in 1993. Polly Klaas werd van een kinderfeestje ontvoerd en door een man uit de buurt gewurgd. De dader, Richard Allen Davis, werd gepakt en zit al 25 jaar in de dodencel. Hij was een typische draaideurcrimineel die vanaf zijn twaalfde regelmatig in de fout ging en werd veroordeeld.

De reactie van veel burgers is niet onbegrijpelijk: als we deze crimineel veel eerder levenslang hadden vastgezet was dit wrede misdrijf niet gebeurd en had Polly nog geleefd. De publieke verontwaardiging leidde kort daarna via een referendum tot de Three Strikes-wet; vijfentwintig staten volgden het voorbeeld van Californië.

'IK MOET ALLEEN ECHTE ROTZAKKEN GEVANGENHOUDEN, GEEN STERVENDE OUDE MANNEN'

Het gaat bij de Three Strikes-wet bij criminelen vaak om kleinere vergrijpen als winkeldiefstal, een vechtpartij, het stelen van een pizza of het bespugen van een agent. Dat mag niet, maar dat kan toch geen reden zijn om iemand levenslang op te sluiten? Honderden veroordeelden zaten levenslang vast met als derde 'strike' iets waarvoor je in Nederland niet of pakweg een weekje in de gevangenis zou belanden.

Timothy Jackson zit levenslang vast omdat hij als derde strike een colbert van 159 dollar had gestolen. Hij zei tegen *The Guardian*: 'Ik verdien straf, maar levenslang voor het stelen van een colbert... Het heeft me gebroken.' Zijn zus Loretta: 'Dit slaat nergens op. Hij heeft dat colbert niet vermoord!'

Ronald Washington zit in dezelfde positie. Hij pikte twee sportshirts en werd gepakt. De officier van justitie zei dat ze samen ruim honderd dollar kostten. Washington zei: 'Ze waren in de aanbieding voor samen negentig dollar.' Wat dat uitmaakt? Alles! Minder dan honderd dollar betekent dat het een overtreding is. Boven de honderd dollar is het een misdrijf en krijg je voor de derde strike levenslang. Voor een tientje verschil vergooit het justitiesysteem een mensenleven. En opsluiting kost tienduizenden dollars per jaar. Washington zegt: 'Het is heel eenzaam. Je keert nooit meer terug in de samenleving. Niks doet er meer toe. Je wordt langzaam levend begraven.'

De ex-directeur van Angola Prison in Louisiana waar Jackson vastzit, is het met de kritiek eens. Je moet mensen een herkansing geven. Burl Cain zegt: 'Het is belachelijk. We moeten gevangenen op het rechte pad brengen. Als gevangenisdirecteur ben ik succesvol als me dat lukt. Ik moet alleen echte rotzakken in deze oude gevangenis gevangenhouden, niet stervende oude mannen.'

Welk doel dien je met al die zware straffen? Hoeveel schade doe je de veroordeelde en zijn gezin aan? Wordt de samenleving veiliger van het levenslang opsluiten van winkeldieven? Niet dus.

Politici en kiezers komen daar nu ook langzaam achter. Via een referendum kwam er al een einde aan delen van de Three Strikes-wet in Californië. De kans is groot dat andere staten volgen. Er moet een slimmere aanpak komen: *tough on crime*, een harde opstelling ten opzichte van misdaad, maakt langzaam plaats voor *smart on crime*, een slimme opstelling ten opzichte van misdaad.

De gewijzigde publieke opinie over het wrede gevangenissysteem wordt al vergeleken met de heel andere manier waarop de meeste Amerikanen naar het homohuwelijk kijken. Ouderwetse ideeën over uitsluiting en discriminatie maken plaats voor een benadering waarin geduld, respect en gelijkwaardigheid centraal staan.

DE GEVANGENIS VERNIETIGT MENSENLEVENS: BILL CLINTON HEEFT ER NU SPIJT VAN

President Bill Clinton speelt in dit verhaal over Amerika's gevangenissen een dramatische rol. Hij was de man achter de misdaadwet van 1994 die straffen verhoogde en mede de oorzaak was van de explosie van het aantal gevangenen (van 300.000 in 1975 naar 2,2 miljoen nu).

Voor veel misdrijven kwamen veel langere straffen. Rechters klaagden daar vaak over, maar de wet stond niet toe dat ze rekening hielden met verzachtende omstandigheden. De wet veroorzaakte onmetelijk leed voor gevangenen en hun gezinnen. Er ontstond een *incarceration generation*, een generatie van opgeslotenen.

De foto's van de ondertekening van de wet zijn veelzeggend. Clinton zit achter een tafeltje met als opschrift MAKING AMERICA SAFER, we maken Amerika veiliger. Naast hem staan familieleden van moordslachtoffers. Republikeinse en Democratische politici staan er glunderend bij. Een kras staaltje wetgeving hebben ze gefabriceerd. Dat zullen de kiezers leuk vinden. Ook de talrijke uitgenodigde agenten stralen van oor tot oor. Senator Joe Biden was toen apetrots dat zijn naam prijkte op elke misdaadwet uit die tijd.

Het zou twintig jaar duren voordat Clinton genereus spijt betuigde. ‘Ik heb een wet ondertekend die het probleem groter maakte. Ik neem daar verantwoordelijkheid voor. Het erge is dat we veel mensen voor minimale overtredingen veel te lang hebben opgesloten.’

Het mea culpa van Bill Clinton is intussen ruim vijf jaar geleden. Er is in die paar jaar weer veel gebeurd. Onder Republikeinen verandert het denken snel. Uit medemenselijkheid? Misschien... Maar toch ook omdat het systeem onbetaalbaar is (tussen de dertigduizend en zestigduizend dollar per gevangene per jaar) en faalt (de torenhoge recidive). De gevangenen kosten meer dan ze zelf ooit verdienen!

Nelson Mandela zei: ‘Je kunt een land pas beoordelen als je er de gevangenissen hebt bezocht. Je moet een land niet beoordelen op de behandeling van zijn succesvolste, maar op die van zijn minst succesvolle burgers.’ De VS komen miserabel uit deze test. Die akelige uitkomst is het gevolg van kortzichtige politieke keuzes. Daarin zien we nu dus voorzichtige, hoopvolle veranderingen.

De oude ideologie van wraakzucht en vergelding is vanuit het slachtoffer te begrijpen. Maar het evenwicht is zoek. De ideologische en de politieke dwangbuis hebben onnodig veel leed aangericht. De nieuwe aanpak is een mooi voorbeeld van wat je bereikt als politieke tegenstanders met wederzijds respect samenwerken in plaats van elkaar de tent uit te vechten.

In steeds meer gevangenissen komen nu – mede door de actieve steun van Barack Obama en daarna ook van Donald Trump – mondjesmaat veranderingen op gang. Er is een nieuwe, met ruime meerderheid aangenomen wet die de Clinton-wet van 1994 verzacht. De wet heeft ook brede steun in de publieke opinie. Dat is wel eens anders geweest.

Donald Trump laat met zijn steun voor de wet zien dat hij niet altijd alleen maar op confrontatie uit is. De president: ‘De First Step Act geeft niet-gewelddadige gevangenen de kans om als oppassende burgers terug te keren in de samenleving. In het hele land nemen de afzonderlijke staten deze wet over. Amerika is een land dat in vergeving gelooft.’

HET MOTTO AANPASSEN? 'LAND OF THE FREE, HOME OF THE JAILED'

Er zijn officieren van justitie die een progressieve voorkeur hebben en tot de ontdekking komen dat het oude regime van snoeihard straffen onwenselijk is. Er zijn nu aanklagers (normaal de mensen die juist forse straffen eisen) die pleiten voor een nieuwe manier van denken. *The Guardian* interviewde een aantal van hen en schrijft over 'een beweging die op stoom komt'. 'We zijn het moment voorbij dat we erom lachen of het negeren. We zijn in gevecht en het enige wat ons te doen staat is te winnen,' zegt aanklager Larry Krasner uit Philadelphia.

Er zijn optimisten die denken dat het justitiesysteem uiteindelijk zal veranderen. Hoogleraar criminologie David Sklansky van Stanford University zegt tegen *The Guardian*: 'Nog nooit is de druk om het gevangenissysteem te hervormen zo groot geweest. Het feit dat de blinde retoriek van de tegenstanders deze beweging niet stopt, geeft reden tot hoop.'

Amerikanen bezingen in het volkslied het 'Land of the Free, Home of the Brave'. Cynici veranderen dat in 'Land of the Free, Home of the Jailed'. Amerika heeft 5 procent van de wereldbevolking en 25 procent van alle gevangenen wereldwijd. Een stijging van 700 procent sinds 1970.

Een signaal van een meer tolerante houding onder Amerikanen was ook de populariteit van de tv-serie *Orange is the New Black* van Netflix. Die serie gaat over een vrouwengevangenis. In de VS zitten ruim tweehonderdduizend vrouwen in de cel; percentueel het hoogste aantal in de wereld.

De hoge kijkcijfers zijn opmerkelijk omdat de serie (deels serieus, deels ook komisch) de neteligste problemen van Amerikaanse gevangenissen aan de kaak stelt: misbruik door bewakers, discriminatie, bezuiniging als gevolg van privatisering, corruptie en overvolle cellen.

Tegelijk werken de vrouwen samen en beramen ze zelfs een gezamenlijke opstand uit protest tegen de dood van een gevangene. De vrouwen geven een bewaker daarvan de schuld.

De serie speelt in op de actualiteit: zo komt in het laatste seizoen de slechte behandeling van immigranten aan bod. Vrouwen zitten opgesloten zonder toegang tot een advocaat. Daarmee wordt de tv-serie bijna een politiek document.

Actrice Laura Gomez speelt een immigrante die opgesloten zit met vrouwen uit El Salvador, China, Egypte, Jamaica en Mexico. Gomez zegt in een interview met *Vanity Fair*: 'Het is een weerspiegeling van de huidige samenleving, met name als het om immigratie gaat. Velen hebben in deze strijd geen stem en worden vergeten. Dat is wat de makers van deze serie voor het voetlicht willen brengen. Ik hoop dat we mensen wakker schudden en dat ze de ernst van de situatie inzien.'

Voor Netflix was de serie, waarvan het eerste seizoen in 2013 werd uitgezonden, een gok. Wil het Amerikaanse publiek hier wel naar kijken? Die vraag is nu ruim beantwoord. In nog een ander opzicht is de serie heel hedendaags: bij de personages zitten vrouwen uit de lhbt-groep. De hoofdpersoon is biseksueel. Er zijn ook lesbiennes en een transgendervrouw en een panseksueel. Ook een van de bewakers is lesbisch.

Een andere actrice uit de serie is Jessica Pimentel. Ze hoopt dat de serie, die veel onderscheidingen krijgt, een voorbeeldfunctie heeft: 'Onze serie is zo belangrijk omdat je daarin vrouwen samen ziet werken en elkaar ziet steunen. Dat is een ongelooflijk krachtige boodschap. Er is zoveel liefde als vrouwen samenkomen. Het is jammer dat er niet meer van dit soort series zijn.'

Tv krijgt zo een voorbeeldfunctie. Hij laat het Amerika van 2020 zien: veelkleurig en veelzijdig. Dan zie je een land met meer politieke smaken dan alleen links of rechts, pro- of anti-Trump. Als die harde tegenstelling wegvalt en burgers kiezen voor samenwerking en respect kan er ineens zoveel meer. Dan verdampen de giftige scheldpartijen en harde verwijten.

Het project met gevangenen en paarden uit het begin van dit hoofdstuk is er ook een mooi voorbeeld van. Deze experimenten vinden intussen – behalve in Arizona – ook plaats in Colorado, Californië, Nevada and Wyoming. De mustangs en gedetineerden op de prairie kunnen niet zonder geduld en respect. Daar kunnen de politici in Washington nog wat van leren. Er wordt daar te veel geschreeuwd en te weinig gefluisterd.

De gevangenen vertellen elkaar intussen trots over het eerste pasgeboren veulen in hun programma. De mustang kreeg een toepasselijke naam: Justice.

8

Vuurwapens: hoelang houdt Amerika zich nog van den domme?

'Het is bij de komende verkiezingen zo eenvoudig: als je politici de feiten laat zien, erkennen ze dat pleidooien van de wapenbeperkingsgroepen een aantasting betekenen van de Grondwet. Het is bewezen dat ze de misdaad helemaal niet terugdringen.'
National Rifle Association (de belangrijkste wapenlobbygroep)

'Ze zeggen dat het onmogelijk is: maar Amerikanen kunnen alles aan. Ook deze epidemie van vuurwapengeweld. Daarbij moeten we samenwerken: van kust tot kust, jong en oud, progressief en conservatief. We moeten ons bevrijden van deze dodelijke plaag.'
Brady United (een organisatie die pleit voor strengere wapenwetten)

NA ZEVENTIEN DODEN OP EEN MIDDELBARE SCHOOL: WINKELKETEN GAAT MINDER VUURWAPENS VERKOPEN

Wie wel eens rondstruint in een Amerikaanse shoppingmall kent de winkels van Dick's Sporting Goods. Alle vertrouwde sportspullen verkopen ze daar: kleren, ballen, rackets, schoenen. En vuurwapens. Ja, schieten hoort erbij. Of hoorde erbij, althans voor Dick's Sporting Goods, want ze hebben onlangs in een aantal winkels de vuurwapens uit het assortiment geschrapt. Dat is een dapper besluit, want ze krijgen daar geheid gedonder mee. Je wordt onderwerp van publieke discussie over wapenbeperking. Daar is amper een bedaard debat over mogelijk.

Er vielen begin februari 2018 op de Marjory Stoneman Douglas

High School in Florida zeventien doden. De verbijstering over dat soort voorvallen wordt bijna routine. Wanneer was de vorige *school shooting* ook alweer? Statistisch gezien is er elke keer binnen een dag of tien een volgend dodelijk incident. Na de schietpartij in Florida kwamen er massale protesten van scholieren onder het motto: 'Nooit meer'.

Ed Stack zat een maand na de slachting tegenover de rouwende ouders. Hij is de baas van Dick's. De schutter had in een van zijn winkels een wapen gekocht. Stack vertelde dat hij de verkoop van vuurwapens aan banden ging leggen: stoppen met de zware vuurwapens in alle winkels en in 125 (van de in totaal ruim zevenhonderd) winkels alle vuurwapens en munitie weg. Later kwamen daar nog eens 450 winkels bij. Na de eerste aankondiging daalden de omzetten van de winkels en liep een aantal werknemers boos weg. Maar intussen is iedereen eraan gewend geraakt en steeg de omzet van de winkelketen weer. Op de plek waar de wapens te koop waren, staan nu de producten voor teamsporten. Op die manier hopen de winkels meer ouders met kinderen te trekken.

Bij Dick's lezen ze vast ook opiniepeilingen en daarin zie je glashelder dat Amerikanen in meerderheid (onder wie veel Republikeinen) écht strengere wapenwetten willen.

Veel grote winkelketens en onlineverkopers zien al af van wapenverkopen (Amazon, Costco, The Home Depot en Target). Ook de winkelketens van Kroger en L.L. Bean zijn al gestopt met wapenverkopen.

In de late zomer van 2019 gaat zelfs Walmart, 's werelds grootste winkelketen (vijfduizend winkels in de VS) tot afschuw van de wapenlobby van de National Rifle Association (NRA) door de bocht en stopt met de verkoop van een aantal soorten munitie. Het besluit kwam een maand nadat in een Walmart in El Paso (Texas) 22 klanten werden doodgeschoten. Doug McMillon, de CEO van de winkelketen, zegt onomwonden over de noodzaak van verandering: 'De status quo is onaanvaardbaar. We hebben goed geluisterd naar veel mensen binnen en buiten ons bedrijf. We hebben nagedacht over onze rol om het land veiliger te maken.'

Walmart pakt deze prominente rol gretig op; in het verleden zweeg het bedrijf er liever over. Onder CEO McMillon is dat veranderd, wat kan leiden tot een beter imago van het bedrijf. Vroeger was er vaak kritiek op de magere uurlonen die Walmart betaalde, dat is nu 12 dollar per uur (het wettelijk minimum is $ 7,25). McMillon is ook voorzitter van de spraakmakende Business Roundtable. Daarin propageren CEO's een socialer bedrijfsbeleid volgens het bekende beginsel 'people over profit'. Een teken des tijds.

Het nieuwe beleid bij Walmart rond wapenverkopen moet als een voltreffer aankomen bij de NRA-getrouwen. Wie volgt, nu zelfs Walmart deze ommezwaai maakt? Let wel: Walmart heeft vooral veel winkels buiten de grote steden op het Amerikaanse platteland, typisch gebieden waar Republikeinen machtig zijn. Het besluit van dit mammoetbedrijf was een paar jaar geleden ondenkbaar geweest. Maar ook Walmart ziet de opiniepeilingen over wapenbezit.

Na de massamoorden in Dayton (Ohio) en El Paso in de zomer van 2019 nam de roep weer toe om via een *background check* beter te controleren wie precies wel of niet wapens mogen kopen. Zelfs president Trump leek iets op te schuiven in die richting, maar slikte die belofte na gesprekken met de NRA weer schielijk in.

Er was ook weer scherpe kritiek omdat het destijds door president Bill Clinton in 1994 afgekondigde verbod op snelvurende wapens is ingetrokken. Het verbod gold voor slechts tien jaar en onder president George Bush werd de verkoop van deze agressieve wapens stilzwijgend weer vrijgegeven.

Oud-admiraal Mike Mullen (hij diende als topadviseur onder George W. Bush en Obama) is hard in zijn oordeel over deze categorie wapens. Ze horen niet thuis bij privéwapenbezitters. Mullen: 'Stop de slachting van onze kinderen met dit oorlogstuig. Zware wapens worden ontworpen om zo snel mogelijk zo veel mogelijk mensen te vermoorden.'

Hij vraagt zich wanhopig af wanneer politici wel de moed hebben hier iets tegen te doen. Mullen: 'Zou je wel de moed hebben iets te doen als je zoon of dochter het leven was ontnomen?' Hij heeft als militair bevelhebber vaak genoeg tegenover ouders gezeten van wie een zoon of dochter was doodgeschoten. 'Die diep verdrietige, lege blikken van de rouwende families zal ik nooit vergeten.'

Er zijn ook politici die niks zien in nieuwe wetten omdat daar naar hun oordeel de oplossing niet ligt. Mike Huckabee, oud-gouverneur en presidentskandidaat in 2008 en 2016, weet zeker dat Amerika die golf aan dodelijke aanslagen helemaal aan zichzelf te danken heeft. Huckabee: 'We zien het steeds weer. We hebben ons losgemaakt van God. Mensen hebben geen enkele band meer met hun Schepper. We hebben God systematisch uit onze scholen verwijderd.'

De boodschap is helder: dit is een straf van God. Daarbij blijft de vraag onbeantwoord waarom bijvoorbeeld in Europese landen (waar minder mensen gelovig zijn) het aantal massaschietpartijen veel lager is dan in de VS. Is God dan niet boos dat Europeanen Hem de rug hebben toegekeerd? En waarom zou God als universele bron van goedheid en liefde juist onschuldige Amerikaanse kinderen slachtofferen voor iets waar zij noch hun ouders iets mee te maken hebben?

Het is overigens niet voor het eerst dat ze bij de familie Huckabee gedetailleerd op de hoogte zijn van de wensen van God. Dochter Sarah Huckabee, destijds woordvoerder van het Witte Huis, wist het al zeker: 'God wilde dat Trump president werd.' De president heeft dit nooit weggezet als fake news. Dus moet het wel waar zijn.

Misschien ís hij parttime wel God zelf. De president noemde zichzelf immers 'de Uitverkorene' ('the Chosen One').

Wat vindt de strengchristelijke aanhang van Trump van deze schaamteloze zelfverheerlijking van de commander-in-chief?

MEER VUURWAPENS, MINDER MOORDEN: EEN ONGEMAKKELIJKE STATISTIEK

Ik schat dat de meeste lezers van dit boek het eens zijn met deze stelling: 'In Amerika moeten strengere wapenwetten komen.' Voor wie de cijfers niet paraat heeft: per jaar vallen in de VS 40.000 doden en 75.000 gewonden door vuurwapens: 15.000 moorden (waaronder elke dag vier kinderen onder de zeventien jaar), 24.000 zelfdodingen. Die laatste categorie is verdrietig (in bijna alle westerse landen daalt het aantal suïcides, behalve in de VS!), maar we concentreren ons hier even op moord. Het restant betreft ongelukken.

Het is verwarrend als voorstanders van strenge wapenwetten de volgende statistieken horen: het aantal vuurwapens is de laatste twintig jaar fors *gestegen*, het aantal moorden sterk *gedaald*. Een halvering sinds 1990. In New York was er zelfs een daling van 75 procent. Soms zijn feiten ingewikkelder dan je zou wensen.

De wapenlobby ontleent aan deze cijfers graag de strijdkreet: 'Meer wapens, minder moorden.' Of: 'Strenge wapenwetten gaan ten koste van jouw en mijn veiligheid. En die van onze kinderen.' En er is de populaire bumpersticker: WAPENS DODEN GEEN MENSEN; MENSEN DODEN MENSEN.

Maar is dit waar? Vergroten wapens de veiligheid? Zijn er minder moorden omdat burgers zich gewapenderhand tegen een agressor kunnen verdedigen? De werkelijkheid is bloedig en genuanceerd!

Even eerlijk: we weten niet precies waarom het aantal moorden sinds pakweg 1990 zo sterk is gedaald. Het einde van de crackepidemie (cocaïne) wordt vaak als oorzaak genoemd. Economische voorspoed en lagere werkloosheid helpen ook. Lastig in dat verband is dat de daling ook doorzette tijdens de economische recessie van 2008.

Speelt het gestegen aantal gevangenen een rol? Elke crimineel achter de tralies helpt. Maar als ze vrijkomen is de kans op herhaling weer torenhoog. Hoge straffen hebben nauwelijks een afschrikwekkende werking.

Een politiek heel gevoelige en omstreden verklaring voor minder misdaad is de legalisering van abortus in 1973. Bijna twintig jaar later krijg je dan – door minder ongewenste, kansarme kinderen – als effect een daling van de misdaad onder jonge mannen. In staten waar abortus eerder werd gelegaliseerd, waren er ook eerder lagere misdaadcijfers.

Dat leidt tot rare keuzes voor conservatieven die doorgaans misdaad hard willen aanpakken. Wat nu als abortus een effectieve manier is om misdaad terug te dringen?

Een zakelijke discussie is niet te voeren in een land waar ook na de daling van de laatste tientallen jaren het aantal moorden met een vuurwapen nog steeds meer dan vijftien keer hoger is dan in Nederland. Er zijn in de VS meer vuurwapens (390 miljoen) dan mensen (330 miljoen). In de VS zijn omgerekend per duizend inwoners bijna vier keer zoveel vuurwapens als in Canada, waar het aantal moorden veel lager is dan in de VS. Er is geen land ter wereld met zoveel wapens. (Amerikanen hebben vijftig keer meer wapens dan Nederlanders.)

Een nuchter debat over oplossingen wordt ook niet makkelijker door de loopgravenmentaliteit in de Amerikaanse politiek. Je glijdt al snel af van harde feiten naar verbeten ideologie. Republikeinen en Democraten gunnen elkaar niks. Het Hollandse poldermodel van geven en nemen heeft in de VS nooit wortel geschoten.

De kemphanen in de discussie kunnen het al niet eens worden over de definitie van een begrip als 'massaschietpartij'. De wapenbeperkingsgroepen hebben voor hun propaganda belang bij een hoog aantal massaschietpartijen. De NRA en andere wapengroepen hebben liever een lager aantal. En zo krijg je een discussie of er alleen sprake is van een massaschietpartij als er doden vallen. Niet bij alleen gewonden dus? En hoeveel dan: twee, vier, tien gewonden? En dan alleen bij zwaargewonden? Het helpt de discussie niet vooruit.

Verandert dat als er in Washington een andere politieke wind gaat waaien? Je zou kunnen denken: als de Democraten weer de baas zijn, zal het ingrijpend veranderen. Eh... niet zo snel: niet alleen voor Republikeinse kiezers ligt het onderwerp uiterst gevoelig. Het adagium voor velen is: 'Blijf af van ons recht om ons te bewapenen en te verdedigen.' Dit hoor je vaak in de debatten: 'De enige manier om een schurk met een wapen tegen te houden, is een goede vent met een wapen.'

Dat klinkt aantrekkelijk. Maar er is geen statistiek die laat zien dat het ook zo werkt. Natuurlijk schiet een onschuldige bewoner wel eens een inbreker, moordenaar of verkrachter neer. Maar het aantal doden en gewonden door huiselijke ongelukken met vuurwapens is veel hoger. Kinderen schieten zichzelf of elkaar per ongeluk dood. Per jaar worden ruim tweeduizend kinderen onder de achttien doodgeschoten, zeventienduizend raken er gewond.

David Hemenway van Harvard University onderzocht ongelukken met vuurwapens en concludeert: 'De gemiddelde burger zal nooit van z'n leven een wapen gebruiken ter zelfverdediging. Maar ze kunnen wel elke dag zo'n wapen verkeerd gebruiken. Er bestaat de kans dat ze boos of bang worden.' En als een brave burger een inbreker of overvaller tegenkomt gaat het nogal eens mis. De gemiddelde burger met een wapen in het nachtkastje is ongetraind en maakt veel fouten. Door ongelukken vallen elk jaar honderden doden, waaronder nogal wat minderjarigen.

Door het kolossale aantal vuurwapens in de VS is misdaad vergeleken met andere landen veel vaker dodelijk. Dat geldt ook voor confrontaties tussen burgers en de politie. Agenten schieten elk jaar tussen de 1000 en 1100 burgers dood. Een Amerikaan heeft vergeleken met bijvoorbeeld een Duitser of Nederlander 20 tot 30 keer meer kans om door een agent te worden doodgeschoten, zegt Hemenway.

Dat heeft met vuurwapens te maken en met de instructies die Amerikaanse agenten meekrijgen. Als ze zich bedreigd voelen, is dodelijk geweld veelal toegestaan. In rond Nederlands: dan schiet je een verdachte dus in de borst en niet in de benen. Dat jaagt het aantal doden op. Een eenvoudige aanhouding loopt dan al snel uit de hand.

George Floyd in Minneapolis was ongewapend. Van dreiging voor de agenten was geen sprake. De zaak van Floyd ging de hele wereld over. Veel andere slachtoffers van politiegeweld sterven naamloos. Onder de slachtoffers is het aantal zwarte burgers onevenredig hoog. In slechts één procent van de gevallen worden agenten aangeklaagd. Het aantal veroordelingen is nog lager.

De wetgeving rond vuurwapens verschilt per staat. Er zijn bibliotheken volgeschreven over de politiek explosieve vraag of strenge wetten leiden tot minder vuurwapens en vervolgens lagere criminaliteit. Conclusie: ja, strengere wetten zorgen ervoor dat wapens uit de handen blijven van mensen die een bedreiging zijn voor de samenleving.

Dit geldt ook voor ongelukken met vuurwapens. In staten met veel vuurwapens is het aantal dodelijke ongelukken veel hoger dan in staten met weinig wapens. Nauwkeurige registratie van wapenverkopen (wie koopt wat wanneer?) helpt ook, maar is voor de wapenlobby onaanvaardbaar. Hoelang nog?

DE WAPENLOBBY IN DE PROBLEMEN: EEN TEKEN DES TIJDS?

De grootste en bekendste lobbygroep voor wapenbezitters is dus de National Rifle Association (NRA). Over alles rond wapens wordt in de VS heftig gediscussieerd. Zelfs over het aantal leden van de NRA. Klopt het aantal van vijf miljoen leden wel? Waarschijnlijk is het lager.

De jaarvergadering van de NRA (tachtigduizend aanwezigen) is bijna altijd nieuws. Ook omdat Donald Trump er nu al vijf jaar lang trouw zijn opwachting maakt. Dat is altijd een feestje voor de duizenden NRA-getrouwen. Voor zijn herverkiezing heeft hij het conservatieve NRA-netwerk hard nodig. In 2016 schonk de NRA 21 miljoen dollar aan de Trumpcampagne! Ook Republikeinse kandidaten voor het Congres kregen vele miljoenen van de wapenlobby. Het is zeer twijfelachtig of die gulheid in 2020 weer mogelijk is.

Trump vertelde de NRA-getrouwen op de feestelijke en bovenal strijdbare jaarvergadering dat bewapening van omstanders altijd de beste manier is om in een school, winkelcentrum, dancing of theater schietpartijen te voorkomen. 'In dertig staten in de VS mogen goedgetrainde leraren al vuurwapens dragen om zichzelf en de scholieren te beschermen. Bezitters van vuurwapens maken onze steden en dorpen veiliger en ons land sterker,' zei de president.

Deze bewering is zeer omstreden, maar de aanwezigen op de

NRA-vergadering klapten enthousiast. Ze konden even vergeten dat de NRA financieel in zwaar weer verkeert. Er is onderzoek gaande naar fraude onder de topmensen van de organisatie. Er zijn onthullingen over aankopen tot een bedrag van 275.000 dollar in een dure winkel in Beverly Hills; of 235.000 dollar voor reizen naar Italië en de Bahama's. NRA-baas Wayne LaPierre verdient vijf miljoen dollar per jaar. Voor een huis voor LaPierre trok de NRA 6,5 miljoen dollar uit. Oud-NRA-bestuurder Oliver North spreekt van een 'existentiële crisis'.

In *The Washington Post* vergelijkt Brian Mittendorf, hoogleraar accounting, het met iemand die grote schulden heeft en zijn creditcards nauwelijks kan afbetalen. David Nelson van Ernst & Young is nog harder in zijn oordeel: 'De NRA is financieel erg ongezond. Ze jagen de organisatie de afgrond in.' Donald Trump kan er nare gevolgen van ondervinden als blijkt dat de NRA hem minder geld kan geven voor zijn verkiezingscampagne. En nog belangrijker: jongeren zijn niet altijd tegen vuurwapens, maar hebben gemiddeld wel een grondige hekel aan de NRA. De meeste millennials willen strengere wapenwetten. En er is geen leeftijdsgroep met zo weinig wapenbezit – een veelzeggende statistiek. Dat is op den duur een grote bedreiging voor de wapenlobby.

Is het een teken des tijds? Winnen ook op dit vlak de progressieve krachten in de VS? Heeft rechts Amerika te lang en te koppig vastgehouden aan de omstreden uitleg van de Grondwet? De NRA zegt immers dat de Grondwet bescherming van wapenbezit garandeert. Tegenstanders vinden dit onzin. Het is, zeggen zij, een foute uitleg van het tweede amendement van de Grondwet ('het recht om een wapen te dragen').

Als je nuchter nadenkt, kun je ook tot geen andere conclusie komen: de founding fathers zouden het vast niet eens geweest zijn met de NRA-uitleg van het tweede amendement. Ze hadden het destijds niet over individueel privébezit van vuurwapens, maar over een 'militie' die de burgers moest beschermen. Een vroege variant van de hedendaagse politie. De NRA citeert het amendement altijd heel selectief. De hele Amerikaanse wapenlobby is daarmee gebaseerd op drijfzand.

Zolang er een conservatieve meerderheid in het Hooggerechtshof zit, zal dit zo blijven. Het is een eindeloos en uitzichtloos debat totdat er ooit een progressiever Hooggerechtshof komt dat de zaak weer op zijn kop zet. Daar is voorlopig geen sprake van, zeker niet als Donald Trump ('Ik ben de grootse tweedeamendementpersoon die er is') een tweede termijn krijgt. Dan komt er misschien nog een conservatieve rechter bij en hij kan dan ook op federaal niveau nog meer rechtse rechters benoemen. Dan kun je strengere wapenwetten tot ver in de eenentwintigste eeuw vergeten.

Dat zou het zoveelste voorbeeld (na abortus, homohuwelijk en Obamacare) zijn waarbij Republikeinen – en hun christelijke bondgenoten – in strijd met de wens van de meerderheid van de Amerikanen hun zin proberen door te duwen.

Dat geldt dus ook voor strengere wapenwetten. Twee derde van de kiezers wil striktere wapenwetgeving. Stel dat christelijke leiders en Congresleden de afgelopen tientallen jaren de andere kant hadden gekozen: niet van de rechtse wapenlobby, maar van de activisten die zich inzetten voor wapenbeperking? Dat had per jaar duizenden doden kunnen schelen. Dat is toch niet in strijd met Gods wil of de voorschriften uit de Bijbel en de Tien Geboden?

Maar stevigere wetgeving leidt, zegt de wapenlobby, op den duur onvermijdelijk tot gedwongen confiscatie van privéwapens, waardoor burgers zich niet meer kunnen verdedigen. Bij NRA-leden hoor je vaak dit argument: 'Weet je wel wie ook wapens van burgers afpakten? Adolf Hitler, Jozef Stalin, Mao Zedong, Benito Mussolini en Fidel Castro.'

Er zijn dus twee verdedigingslinies van de wapenlobby: de Grondwet uit de achttiende eeuw en de bangmakerij voor 's werelds wreedste dictators van tientallen jaren geleden. Het is het inmiddels vertrouwde recept: overdrijf, kweek angst en vertel Amerikanen dat linkse elites eropuit zijn vuurwapens te verbieden en af te pakken.

Wayne LaPierre van de NRA verwoordt de bedoelingen van de Democraten als volgt: 'Hun doel is om ons de vrijheid om vuurwapens te bezitten af te pakken. Op den duur willen ze alle individuele vrijheden blokkeren. De elites geven geen ene donder om onze schoolkinderen, anders zouden ze hen wel beschermen.'

DE REPUBLIKEINEN VERBIEDEN ONDERZOEK NAAR VUURWAPENS: BLIJVEN ZE LIEVER ONWETEND?

Wie nadenkt over nieuwe wetgeving heeft gedegen informatie nodig. Maar we weten niet zoveel over de gevolgen van vuurwapenbezit. Natuurlijk, de grote getallen kun je halen uit rapporten van bijvoorbeeld de FBI en de CDC (Centers for Disease Control and Prevention).

Maar wetenschappelijk onderzoekers willen veel meer weten: over patronen in bezit en gebruik, het effect van wapenwetten (gedetailleerde verschillen per staat), de praktijken van illegale handelaren, de particuliere verkoop, patronen van daders en slachtoffers. Hoe meer je weet, hoe beter je politieke besluiten kunt onderbouwen. Maar veel statistieken over vuurwapens zijn en blijven geheim.

Is dat niet raar? 40 000 doden per jaar en je kunt het niet goed onderzoeken? Je kiest voor bewuste onwetendheid? Yep, dit is het gevolg van bewust beleid. Republikeinen hebben het openbaar maken van die informatie bij wet verboden. Hun argument: die cijfermatige gegevens worden misbruikt door de fanatieke antivuurwapenactivisten. Bewuste onwetendheid dus om ongewenste politieke gevolgen af te wenden! Let op: het gaat hier om koele cijfers, niet om partijdige analyses.

Republikeinse Congresleden hebben tweemaal ingegrepen om die informatie blijvend achter te houden. In 1996 kreeg de Republikein Jay Dickey (Arkansas) zijn zin met een wettelijke bepaling die verhinderde dat data misbruikt zouden worden 'om wapenbeperking te propageren'. In 2003 was het de Republikein Todd Tiahrt (Kansas) die verhinderde dat politiegegevens over wapengebruik zouden worden gedeeld met universitaire onderzoekers. Het gevolg is dat behalve misdrijven ook de tienduizenden jaarlijkse zelfdodingen met vuurwapens niet goed kunnen worden onderzocht. Burgemeesters van de negenenzestig grootste steden en politiechefs willen graag meer data over vuurwapens om zo beter de illegale handel en het geweld door jeugdbendes aan te pakken. Helaas.

Cynisch: in 2004 – een jaar na het aannemen van dit amendement – pleegde de zoon van de Republikein Tiahrt zelfmoord. Hoe? Met een vuurwapen. Althans, dat meldden plaatselijke media destijds. Er is geen bevestiging daarvan. De familie zelf heeft nooit iets gezegd over de doodsoorzaak.

Tiahrt, die op de lijst van de NRA een A+ (dan ben je écht een vuurwapenfan) achter zijn naam heeft staan, werd een paar jaar later bij verkiezingen verslagen en verdween uit de politiek. Het naar hem genoemde amendement is er nog wel.

Boze artsen beginnen zich nu te roeren. De epidemie van geweld moeten we beschouwen als een ziekte, zeggen ze. Het moet geen onderwerp zijn van politiek gesteggel.

Traumachirurg Mallory Williams was jaren gelegerd in Afghanistan. Hij werkt nu in het Howard University Hospital in Washington D.C. en zegt in *The Atlantic*: 'Ik zie hier in Amerika nu meer verwondingen door vuurwapens dan destijds in Afghanistan. Daar is geen twijfel over mogelijk.'

De NRA is boos dat artsen (de NRA noemt ze 'ingebeelde antiwapendokters') zich hiermee bemoeien. De boodschap van de NRA: 'Bemoei je met je eigen zaken.' En daarover werden de artsen natuurlijk weer kwaad.

Democraten hopen – nu ze in het Huis van Afgevaardigden de meerderheid hebben – de geheimhouding van de wapeninformatie ongedaan te maken. Een voor hen gunstige verkiezingsuitslag in

2020 maakt dat makkelijker. De NRA kijkt met angst en beven naar zo'n progressief scenario. Dat zet de bijl aan de wortels van de Amerikaanse samenleving. Linkse dwingelandij zal de vrijheid van trotse wapenbezitters aantasten.

Een kop boven een artikel in een van de NRA-tijdschriften is veelzeggend: 'The Coming Socialist Wave Threatens to Drown Gun Rights' ('De komende socialistische vloedgolf dreigt jouw wapens op te slokken').

Het is een bekend rechts refrein: 'Extreemlinkse Hollywoodinsiders hebben de afgelopen jaren een socialistische agenda gepusht. Vertegenwoordigers van uiterst links en de nationale media willen homo's, lesbiennes en transgender-Amerikanen meesleuren in hun socialistische golf. Ze zeggen dat minder wapens in particuliere handen zullen leiden tot minder aanvallen op die in de homogemeenschap.'

CYNISCH MAAR WAAR: NA ELKE SCHIETPARTIJ STIJGEN DE WAPENVERKOPEN

In mijn jaren als NOS-correspondent waren er regelmatig schietincidenten met veel dodelijke slachtoffers. Alleen de allerergste haalden het Nederlandse nieuws. Van de meeste massaschietpartijen waarbij minstens vier mensen worden neergeschoten (gemiddeld één per dag), hoort het Nederlandse publiek niet eens. Anders kun je als correspondent wel aan de gang blijven. Maar zo vanaf pakweg vijf doden werd het vaak wel interessant. Een schietpartij op een school levert qua nieuwswaarde dubbele bonuspunten op.

Nederlanders begrijpen niks van die wapengekte van de Amerikanen. Dus kreeg ik als NOS-correspondent na zo'n schietpartij nogal eens het verzoek: 'Kun je niet eens met zo'n wapenhandelaar gaan praten?'

Dat viel nog niet mee. Die wapenverkopers zijn er niet zo happig op om met Europese correspondenten te praten. Ze weten immers dat wij in Europa veel negatiever denken over particulier wapenbezit.

Maar er was een oplossing, want in Virginia was er een wapenwinkelier die Europeanen met plezier te woord stond. Op de schietbaan achter zijn winkel mochten we zijn wapentuig ook zelf uitproberen.

Natuurlijk interviewden we die verkoper over de verschrikkingen van wapengeweld in Amerika. Altijd stelden we de vraag: 'Moeten er geen strengere wapenwetten komen om het aantal doden terug te dringen?' Nou nee, dat zou niet echt helpen. En dan kreeg je van die handelaar het standaardverhaal dat je ook altijd ziet in de propaganda van de NRA. Met wetten pak je de illegale handel niet aan. En is zonder die strenge wetten de misdaad niet sterk gedaald?

Wat zo'n handelaar er niet bij vertelde is dat zo'n schietpartij altijd leidt tot een piek in de omzet. In de discussies op de Amerikaanse tv gaat het na zo'n massaschietpartij steevast over strengere wetten om wapenbezit te beperken. Menig bange burger denkt dan: 'Voor die vreselijke wetten er komen, sla ik nog even flink in. *Better safe than sorry*.' En dus stegen de verkopen als een raket.

En hoe gaat het met de wapenverkopen sinds NRA-bondgenoot Donald Trump in het Witte Huis zit? Niet best. Zat Barack Obama er nog maar. Die sprak regelmatig – vaak met verstikte stem – over de noodzaak van strengere wapenwetten. Kassa! Amerikaanse wapenfabrikanten verdubbelden tussen 2009 en 2013 hun omzet. Nu met Trump is die angst voor nieuwe wetgeving er niet. Geen reden om overhaast nog eens flink in te slaan.

De wapenlobby zal het nooit hardop zeggen, maar onder elkaar fluisteren ze vast wel eens: 'Hopelijk wordt Joe Biden de nieuwe president.' Dat betekent een upswing in wapenverkopen, leden en giften. Zo cynisch kan het zijn.

Wapenfabrikant Remington Outdoor en groothandel United Sports ondervonden de nadelen van een NRA-gezinde president. Ze gingen er zelfs door failliet. Het is bijna grappig: de bedrijven hadden erop gerekend dat Hillary Clinton zou winnen. Dat zou tot een run op de winkels hebben geleid, want Clinton was 'zo'n fanatiek wapenbeperkingstype'.

De handelaren bleven met kolossale, onverkochte voorraden zitten en gingen failliet. Vooral de voorraad van de omstreden zware, snelvurende wapens bleef onverkocht in het magazijn liggen. Ook bij andere fabrikanten duikelde de omzet met tientallen procenten. Stemmen deze wapenhandelaren voortaan op een Democraat?

Voor de fijnproevers: de namen van dit soort bedrijven hebben heel vaak de woorden 'sports' en 'outdoor' in hun naam. Deels terecht, want er zijn veel jagers en sportschutters in de VS. Maar het is ook wel erg eenzijdig en verhullend taalgebruik. Want met de zo populaire zware, snelvurende wapens ga je heus niet op hazen- of fazantenjacht of voor de lol lege blikjes omverschieten.

Met deze wapens kun je ook grote magazijnen met kogels gebruiken. De dader van de moordpartij in Ohio (augustus 2019, negen doden) vuurde in tweeëndertig seconden eenenveertig kogels af. Wie zo'n product koopt kan maar één doel hebben: moorden. Zo veel en zo snel mogelijk. Vandaar het pleidooi om deze kogelmagazijnen te verbieden. Maar zoals altijd liggen de Republikeinen en de wapenlobby dwars. Zo'n verbod tast de individuele vrijheid aan.

Nog een herinnering over wapens: we eten bij vrienden in Bethesda, een voorstad van Washington, waar we ruim twintig jaar woonden. Het is een Amerikaanse variant van Bussum of Blaricum. Het grootste publieke ongemak? Eekhoorns die kabels doorbijten. Verder? Groen, rustig, bedaard. Aan tafel bij onze vrienden gaat het over wapenbezit en hoe dat in Nederland geregeld is. Onze vrienden willen weten of wij vuurwapens in huis hebben. Ik zeg dat ik er niet aan moet denken. Onze gastheer denkt er anders over. Natúúrlijk heeft hij vuurwapens in huis.

Ik sputter nog tegen: statistieken laten toch zien dat vuurwapens in huis juist tot veel ongelukken leiden, vooral onder spelende kinderen. Mijn betoog overtuigt niet. Waarom heeft onze vriend wel wapens in huis? Dan volgt een memorabele zin: 'In geval van nood moet ik mezelf een weg naar het vliegveld kunnen schieten.' Veelzeggend. En ontmoedigend.

III

Amerikaanse ongelijkheid: socialisme voor de rijken

9

De universiteiten in Amerika: het centrum van kennis en corruptie?

'Dit schandaal is het topje van de ijsberg. Het hele systeem is vervalst in het voordeel van de rijken. Deze universiteiten nemen meer studenten aan van de één procent allerrijksten dan van de vijftig procent aan de onderkant.'
Richard Reeves, Brookings Institute Washington

'Ze willen ons doen geloven dat goed presteren echt meetelt. Dit schandaal laat zien hoeveel er mis is met de toelating tot de universiteiten. Het is schokkend en er komt nog veel meer. Dit is vreselijk voor alle eerlijke, hardwerkende studenten.'
Sandra Timmons, president van A Better Chance, een organisatie die arme studenten helpt bij de toelating tot de universiteit

STEENRIJKE OUDERS PLEGEN FRAUDE VOOR HUN KINDEREN: TOTDAT HET RADICAAL MISGING

Rijkaards stralen in hun gedrag soms onaantastbaarheid uit. Het is het soort mensen dat de dure auto schaamteloos op de stoep parkeert. Of nog erger – uit angst voor een kras op de glanzende bolide – twee parkeerplaatsen in beslag neemt. Dat BMW-gedrag is irritant voor de omstanders en comfortabel voor de gefortuneerden. Wie doet me wat?

De klap komt extra hard aan als een rijkaard de wet overtreedt en daarvoor gewoon gestraft wordt. Zelfs je grote mond en je Platinum American Express-kaart helpen dan niet. Dan willen rijke mensen nog wel eens geïrriteerd raken. Die regels gelden toch alleen voor gewone mensen? Die ergernis wordt nog scherper als omstanders reageren met 'lekker puh'.

In de VS wonen veel (nieuwe) rijken en dit gedrag komt vaak voor. En soms gaat het mis. Grondig mis.

Een voorbeeld: in het voorjaar van 2019 komt een reusachtig schandaal aan het licht rond de toelating tot dure Amerikaanse universiteiten. Tientallen rijke ouders worden aangeklaagd. De FBI is er lang mee bezig geweest en heeft van veel verdachten gesprekken opgenomen waarin ze schaamteloos over hun bedrog praten.

Om het te begrijpen moet je weten op welke manieren je in de VS als student toegang kunt krijgen tot een universiteit.

Er zijn drie manieren:

- *De voordeur*: op basis van cijfers die je hebt gehaald. Dit is legaal en de aangewezen weg voor gewone mensen. Iets minder gewoon is de toegang voor een student met veel sporttalent. Ook dan zwaait de voordeur voor je open. Je komt met een beetje geluk automatisch binnen en mag – in ruil voor deelname aan een sportteam – gratis of met enorme korting studeren. Je krijgt ook voorrang als je ouders op dezelfde universiteit hebben gestudeerd. Dit systeem van 'erfenis' bevoordeelt rijke en veelal blanke studenten. Het is zwaar in het nadeel van arme studenten. Maar het is legaal en algemeen geaccepteerd. Niemand zeurt.
- *De achterdeur*: dat kost vele miljoenen dollars. Ouders geven megaveel geld aan de universiteit. Daarmee is toelating van hun zoon of dochter bijna gegarandeerd. Sommige steenrijke ouders financieren een compleet stadion of een bibliotheek. Hun naam prijkt dan trots op de gevel. Deze vorm van ongelijkheid is ook legaal. Niks geheims aan. Iedereen weet dat het zo gaat.
- *De zijdeur*: dáár gaat dit schandaal over, een bonte verzameling van illegale, geheime trucs waarvan alleen rijke kids profiteren. Dit kost minimaal enkele tienduizenden dollars, meestal veel meer. Volgens velen is het nu onthulde schandaal het topje van de ijsberg. Een kwalijk riekend netwerk van bedrog en corruptie. Wie doet me wat? Nou, de FBI heeft ze nu te pakken. Tiental-

len van deze frauderende zijdeurklantjes (studenten, ouders, medeplichtigen op universiteiten, testvervalsers, leugenachtige sportcoaches) staan nu op de criminele radar van de FBI.

De uitleg: het ACT- en het SAT-examen bepalen op veel universiteiten in de VS voor een flink deel het lot van de aankomende studenten. Maar de leden van de eenentwintigste-eeuwse geldaristocratie vinden dat die examenregels voor hen niet gelden. Een van de schaamteloze zijdeurtrucs: de ouders vervalsen verklaringen over hun reuzesportieve zonen en dochters; soms met gefotoshopte foto's met het hoofd van hun kind op het sportlichaam van een ander.

Je moet maar durven...

DE GELDARISTOCRATIE IN AMERIKA: DE ARROGANTIE VAN DE ALMACHTIGE DOLLAR

Nog even over universitaire sport. Die is in de VS heel anders geregeld dan in Nederland: op Amerikaanse universiteiten krijgen studenten met veel sportief talent voorrang. Voor de universiteiten is sport van levensbelang. De grote sporten als football, honkbal en basketbal leveren vele miljoenen dollars op aan tv-rechten. Die fijne bedragen voor sportrechten wil je als universitair bestuurder niet in gevaar brengen. En het is goed voor het prestige van de school.

Niemand neemt er ook aanstoot aan dat deze atleten aan sport driemaal meer tijd besteden dan aan studeren. En wat te doen met een topatleet die amper kan leren? Dat lossen ze op. De beste atleten stromen sowieso door naar de zeer goed betalende professionele sportclubs.

Ook als je goed bent in een minder belangrijke sport zoals hockey kun je als student soms aanspraak maken op (gedeeltelijke) kwijtschelding van het hoge collegegeld. Nogal wat Nederlandse hockeymeiden kunnen daardoor goedkoper of zelfs gratis in de VS studeren. Dat is legaal en gebeurt in het openbaar. En – belangrijker – ze kunnen écht goed hockeyen.

De nieuwe geldadel, die in het gewone leven gewend is zonder discussie zijn of haar zin te krijgen, vindt beperkende universitaire regels maar lastig. Ze maken frauduleuze verklaringen op over hun sportende kroost. Louche tussenpersonen laten zich dik betalen voor deze diensten. Ook universitaire coaches zitten in het complot; ze worden eenvoudig omgekocht. De kinderen zelf weten soms van niks.

Op Georgetown University spande een frauderende derdejaarsstudent een rechtszaak aan tegen de universiteit. Zijn vader betaalde vierhonderdduizend dollar voor zijn toelating, maar had de oplichting buiten medeweten van zijn zoon georganiseerd. Student Adam Semprevivo klaagt dat hij een 'levenslange' straf krijgt nu iedereen zijn naam kent. Adam was als toptennisser aangemeld, maar dat was hij helemaal niet. Hij had nooit een wedstrijd op niveau gespeeld. Ging bij Adam dan nooit een alarmbelletje rinkelen? De corrupte coach is ontslagen.

Op Stanford University werd een student verwijderd van wie de moeder 6,5 miljoen dollar aan omkoopgeld had betaald. Hij wist ook van niks? Duh! Een tegen de lamp gelopen Stanfordcoach, die schuld bekende, spreekt over 'de grootste vergissing uit mijn leven'. De hoofdverdachte in dit landelijke schandaal is Rick Singer, die via een 'liefdadige stichting' enkele tientallen miljoenen dollars incasseerde. Vanwege de charitatieve stichting konden de ouders het geld dat ze aan Singer betaalden ook nog eens van de belasting aftrekken! Volgens eigen zeggen heeft Singer bijna achthonderd studenten via de zijdeur naar binnen geholpen. Ouders vertrouwden hem. Hij kwam steeds zijn belofte na om voor een flink honorarium iets speciaals voor hun kinderen te regelen. Singer was zelfverzekerd: 'Ik krijg alles voor elkaar.' Hij noemde zijn aanpak 'de homerun van de homeruns'.

Maar het ging dus vreselijk mis. Tot de betrapte ouders behoren de actrice Felicity Huffman (*Desperate Housewives*) en Lori Loughlin (*Fuller House*). Ze zijn inmiddels veroordeeld. Ook opperfraudeur Rick Singer (hij heeft schuld bekend) hangt een straf boven het hoofd. Een podcastserie over het schandaal heet toepasselijk *Gangster Capitalism*.

De almachtige dollar beschermt deze geldaristocraten niet langer. Ze belanden tussen heel gewone mensen in een heel gewone cel. Er zijn celstraffen (meestal enkele maanden) uitgedeeld aan ouders, coaches en een advocaat. Hoofdrolspeler Rick Singer moet nog berecht worden. Hij kan tot maximaal 65 jaar gevangenisstraf worden veroordeeld.

Het schandaal is een lelijke smet op het academische blazoen van topuniversiteiten als Georgetown, Stanford, UCLA en Yale. De University of Southern California (USC) heet in de wandeling al de University of Spoiled Children (de Universiteit van Verwende Kinderen).

IN HOEVEEL MCMANSIONS LIGGEN RIJKEN WAKKER UIT ANGST BETRAPT TE WORDEN?

Nog een schaamteloze zijdeurtruc? Kinderen met leerproblemen hebben recht op 'aanpassingen'. Ze krijgen meer tijd om hun examens te maken en kunnen soms zelfs de locatie uitzoeken waar ze het examen doen. Daarvoor heb je een verklaring nodig, bijvoorbeeld van een psycholoog die opschrijft dat jouw kind recht heeft op speciale examenregels.

Daar wordt dus ook mee gerotzooid. Soms kreeg een leerling de opdracht zich dom te gedragen en traag te reageren om een leerprobleem aannemelijk te maken. Hoeveel betalen ouders deze psychologen? Hoe wijdverbreid is deze vorm van academische oplichting? De justitiële onderzoeken daarnaar gaan door.

Soms ging de fraude nog verder. Dan kwam zo'n scholier aan op de zelfgekozen plek voor het examen. Dat was dus allemaal geregeld door meesteroplichter Rick Singer. Daar kon dan zomaar begeleider Mark Riddell (hij kreeg tienduizend dollar per student) voor je klaarstaan. De bedoeling was dat hij toezicht op het examen hield. In werkelijkheid verbeterde deze 'zeer slimme vent' de antwoorden achteraf. Singer omschrijft dat zo: 'Wij doen het toverwerk na afloop.' In gewoon Nederlands: de student vult op een kladpapiertje maar wat in. Riddell doet het echte examen daarna en zorgt voor de gewenste score.

Riddell deed dit al vanaf 2011 en is nu pas gepakt. Een door de FBI afgeluisterde vader van wie de dochter klant was van Singer zegt: 'Ik maak me geen zorgen over de morele kant van de zaak. Ik maak me zorgen dat ze gepakt wordt. Dan is het afgelopen met haar.' Deze vader kan op National Public Radio woordelijk terugluisteren wat hij in vertrouwen tegen Singer had gezegd.

Ik sta uitgebreid stil bij dit schandaal omdat het zoveel zegt over het hedendaagse Amerika, met zijn groeiende ongelijkheid tussen rijk en arm. Bij menigeen leidt zo'n dikke bankrekening tot karakterbederf. Hun wandaden worden vanzelfsprekend en blijven jarenlang onopgemerkt. De tientallen ouders, die dachten onaantastbaar te zijn, staan nu voor schut voor het oog van de natie. In hoeveel McMansions liggen rijke ouders nu wakker uit angst betrapt te worden?

Het blijft verbijsterend hoelang rijke Amerikanen dit ongestraft hebben kunnen volhouden. Het zegt iets over de cultuur van zwijgen en elkaar voordeeltjes toespelen. Een stuitend voorbeeld van 'socialisme voor de rijken'. Gaat er na deze onthullingen écht iets veranderen?

HOE ZIJN TRUMPS KINDEREN OP EEN GOEDE UNIVERSITEIT BINNENGEKOMEN? EN 'THE DONALD' ZELF?

En zijn ze in het Witte Huis al zenuwachtig? Kwamen de drie volwassen kinderen van Trump wél eerlijk aan hun plekje op topuniversiteiten? De informatie daarover blijft vast vertrouwelijk. Net als het studentendossier van Donald Trump.

En schoonzoon Jared Kushner? Van hem is bekend dat zijn steenrijke vader (die overigens vanwege oplichting ruim een jaar in de cel zat) twee senatoren vroeg om bij Harvard University een goed woordje voor Jared te doen. Zo geschiedde.

Ja, papa Kushner wilde ook best wat geld overmaken naar de campagnekas van die senatoren! De universiteit kreeg ook een gulle gift: 2,5 miljoen dollar. Jared was van harte welkom! Op eigen kracht had hij dat waarschijnlijk niet gered. Zijn schoolcijfers waren te laag voor een topuniversiteit als Harvard.

In de VS is allang een levendig debat gaande over positieve discriminatie. Mag je (gekleurde) studenten voorrang geven die van huis uit minder goede kansen hebben op studenten uit rijke gezinnen? Rijke, rechtse Amerikanen roepen schande. Dit is discriminatie! IJver en talent moeten immers doorslaggevend zijn. De regering-Trump maakt zich hier ook boos over. 'Het benadeelt blanke studenten.'

De bezwaren tegen positieve discriminatie komen uit dezelfde kring waar rijke ouders nu zonder scrupules en illegaal gebruikmaken van hun elitestatus. Het gevolg: op de beste universiteiten zitten onevenredig veel studenten uit de rijkste gezinnen in de VS. Voor studenten uit modale of arme gezinnen zijn de kansen op toelating daardoor veel kleiner. Geld is belangrijker dan ijver en talent. In het Amerikaanse hoger onderwijs geldt nog te vaak: beter rijk en dom dan arm en slim.

Als toegift in dit hoofdstuk over universitair gesjoemel: de nieuwste en opnieuw schaamteloze truc werd onthuld in de zomer van 2019. Het begon universiteiten op te vallen dat nogal wat studenten van rijke komaf ineens opgaven dat hun ouders hen niet langer wilden onderhouden. Ouders, met veel geld en weinig scrupules, beëindigen de voogdij over hun eigen kinderen inderdaad. Die kids zijn dan ineens zelfstandig en hebben dus een laag inkomen.

Daarmee komen ze – als ze een beetje handig zijn – als nooddruftige studenten in aanmerking voor studiebeurzen en financiële ondersteuning. Op dure universiteiten kan het collegegeld oplopen tot zestigduizend dollar per jaar. Over de vier jaar die de opleiding gemiddeld duurt, kan het de even rijke als frauduleuze ouders vele tienduizenden dollars voordeel opleveren.

10

Socialisme in het goede oude Amerika! Echt waar?

'Amerika zal nooit een socialistisch land zijn. Dat gaat echt niet gebeuren. Nooit! Republikeinen geloven niet in socialisme. We geloven in vrijheid.'
Donald Trump

'Donald Trump heeft kritiek op ons omdat we democratisch socialisme steunen. Maar hij verwerpt niet alle vormen van socialisme. Ze willen niet arme mensen helpen, maar ze zijn dol op socialisme dat Trump en andere miljardairs verrijkt.'
Bernie Sanders, socialistisch presidentskandidaat

EEN TV-SPOTJE WAARMEE JE BOZE, BANGE KIEZERS TREKT: DREIGENDE MUZIEK, RODE VLAGGEN

Een veilige voorspelling voor de campagne voor 2020: de Republikeinen zullen geweldig tekeergaan tegen Democraten die socialisme propageren. Het past opnieuw perfect in een campagnescenario waarmee je vooral boze, bange kiezers trekt.

Zelfs in 2008 zag je al filmpjes waarin onder president Obama de VS een radicaal-linkse, on-Amerikaanse koers zouden gaan varen. Obama werd afgebeeld als Grote Socialistische Roerganger. Krijgen we dat nu weer?

Even fantaseren:

Dit is het ideale script voor een antidemocratisch tv-spotje in 2020:

– Verzamel alle uitspraken van prominente Democraten over 'socialisme'. Pak er artikelen uit kranten bij met strijdbare koppen over Democraten die socialisme een puik idee vinden voor Amerika.

- Zet die uitspraken begeleid door onheilspellende marsmuziek achter elkaar. Maak de beelden korrelig zwart-wit; lekker dreigend dus. Met op de achtergrond een traag wapperende, vuurrode vlag en beelden van demonstraties waarbij standbeelden worden beklad.
- Het woord 'socialisme' vliegt je links en rechts om de oren. De linkse dageraad lonkt. In beeld verschijnt de tekst: 'Is dit écht het Amerika dat we willen?'
- Dan verstomt de agressieve muziek en hoor je de vertrouwde tonen van 'America the Beautiful' aanzwellen. Het beeld krijgt nu kleur: een kolossale, trots wapperende stars-and-stripes.
- Een stoer in de camera kijkende Donald Trump (hij lijkt ineens dertig jaar jonger) met onafscheidelijke pet: 'Let's Make America Great Again.'
- En de tekst in beeld:
  'We Have a Better Plan.
  America First!
  Reelect President Trump.'

SOCIALISME ZONDER KGB, STASI, GOELAGS OF CULTURELE REVOLUTIE

Maar eh, socialisme... in Amerika? Ja, mede als linkse reactie op Donald Trump en zijn rechtse politieke stoottroepen. Bernie Sanders noemt zichzelf socialist en scoorde daar in 2016 heel goed mee. Ook Congreslid Alexandria Ocasio-Cortez afficheert zichzelf als 'Democratisch socialist'. En er is de organisatie Democratic Socialists of America. De groeiende populariteit van het socialisme is een treffend voorbeeld van de schuivende panelen in het politieke landschap in de VS; met in de hoofdrol de groeiende groep progressief denkende jonge kiezers.

Het is begrijpelijk dat de meerderheid van Amerika vindt dat de rijken meer belasting moeten betalen (de Wealth Tax). Die rijken zijn er toch al zo op vooruitgegaan in de laatste vijfentwintig jaar. Voor de armen en de middenklasse was die vooruitgang er niet of nauwelijks. Die steeds schrijnender ongelijkheid is de vruchtbare voedingsbodem voor linkse denkbeelden. Zelfs veel Republikeinen en onafhankelijke kiezers willen minder grote verschillen tussen arm en rijk.

Socialisme – het s-woord – was lange tijd taboe in elk debat met Amerikanen. Kapitalisme en de vrije markt waren zaligmakend. Had de geschiedenis van de twintigste eeuw (Sovjet-Unie, Oost-Europa, China, Cuba) niet voor eens en voor altijd duidelijk gemaakt dat socialisme niet werkt? De praktijk in genoemde landen had een verlammend patroon laten zien van gewelddadige onderdrukking van individuele vrijheden. Heel on-Amerikaans dus.

Propageren Democraten zoals Bernie Sanders dan Oost-Europees of Cubaans socialisme? Natuurlijk niet. Maar die nuance mag je in een verkiezingscampagne weglaten. En Joe Biden, de Democratische kandidaat, is toch veel gematigder dan Bernie Sanders? Ja, dat klopt ook, maar dat is voor de campagnebazen van Trump geen belemmering ook op Biden het frame van extreme, radicale socialist te plakken. Feiten doen er in campagnes amper toe.

De Republikeinen lopen zich samen met Fox-TV al warm voor een antisocialistisch offensief in 2020. *Fasten your seatbelts!* De Republikeinse campagnebazen glunderen. Wat een kans!

In Europa noemen we dit Amerikaanse 'socialisme' al tweehonderd jaar sociaaldemocratie: progressief, links, braaf. Maar radicaal? Mwah...

In de VS komt de New Deal van de Democratische president Franklin Roosevelt (1932-1944) er het dichtst bij in de buurt. Geen Oost-Europees socialisme dus, maar een kapitalistische economie waarbinnen een actieve overheid de ellendigste kantjes (ongelijkheid, armoede, de drugsepidemie, onbetaalbare zorg) bijslijpt.

Onder Roosevelt kwamen structurele dingen tot stand die van de VS een weerbaarder land maakten: grote investeringen in de infrastructuur, een AOW-stelsel (Social Security), wetgeving tegen monopolies van grote bedrijven, versterking van de positie van vakbonden en een voedselprogramma voor de armen. Roosevelt behield het kapitalisme en maakte van Amerika tegelijk een ander, socialer land.

De regeerstijl van Roosevelt was – vergeleken met de Trumpaanpak – radicaal anders. FDR streefde als Democraat actief naar samenwerking met de Republikeinen en pleitte voor nationale eenheid. Hij benoemde zelfs twee Republikeinen tot minister. Dat is hard nodig in een tijd van crisis. Roosevelt wilde ook graag tegenspraak bij grote beslissingen. Dat dwingt immers tot kritisch nadenken over je eigen functioneren.

Trump doet het tegendeel. Hij scherpt verschillen tussen mensen alleen maar aan in plaats van ze te verkleinen. Hij werkt niet samen met Democraten, maar scheldt ze onophoudelijk uit. Geen verzoening maar vernedering, geen vertrouwen maar wantrouwen.

En wie hem tegenspreekt, wordt met een beetje pech subiet ontslagen ('You are fired'). Hij omringt zich met jaknikkers. 'He lives in his own fucking world,' zegt een adviseur tegen *Vanity Fair*. 'Hij heeft geen enkel meelevend gevoel.'

De president houdt zich ook inhoudelijk verre van de New Deal-aanpak. Hij plakt pleisters en lost problemen niet structureel op (armoede, falend zorgstelsel, slechte infrastructuur, klimaatprobleem). Zijn aanpak van de coronacrisis is wel groot en groots, maar eenzijdig gericht op geldpompen; in totaal 2000 miljard dollar. Dat is omgerekend per gezin van vier personen 25 000 dollar aan extra overheidsschuld.

En waar kwam het geld terecht? Meer dan 80 procent belandde bij miljonairs en miljardairs ('a zillionaire giveaway'). De Democraten protesteerden wel. Maar de tijd drong. Tegenstemmen betekende dat ook mensen met een lager inkomen de klos zouden zijn. Dat kun je je politiek niet veroorloven.

Een uitzondering is Democratisch senator Sheldon Whitehouse. Hij wilde het steunpakket het liefst wél afkeuren: 'Het is schandalig om midden in een economische en menselijke tragedie Amerikaanse belastingbetalers zo te bestelen. Democraten doen hun best om de werkloosheid te verlagen en kleine ondernemers te helpen, maar de belangrijkste prioriteit van de president en zijn bondgenoten in het Congres is om opnieuw een gigantische belastingverlaging aan de rijken uit te delen. Dit plan is verrot en on-Amerikaans.'

Nog een tegengeluid komt van Jamie Dimon, miljardair en baas van zakenbank J.P. Morgan. 'Het is mijn vurige hoop dat we deze crisis gebruiken om onze economie opnieuw op te bouwen en veel meer mensen betere kansen geven, vooral diegenen die al zo lang achtergebleven zijn. De laatste maanden is keihard aan het licht gekomen, dat veel te veel mensen op het randje moeten leven. Deze crisis moet ons wakker schudden.'

De omvang van het hulppakket blijft onvoorstelbaar. Ooit waren de Republikeinen voor lage belastingen, een kleine overheid en een minimale overheidsschuld. Dat is niet erg gelukt.

Krijgt Trump voor zoveel politieke afvalligheid een afrekening gepresenteerd? Kan Biden als hij in november wint wel een structurele aanpak door het Congres loodsen? Of kan hij weinig meer doen dan de schulden afbetalen die Donald Trump hem heeft nagelaten?

Dat zal de linkse achterban van de Democraten niet erg bevallen!

ALARM! AMERIKA WORDT NOOIT EEN SOCIALISTISCH LAND

Donald Trump zei in januari 2019 in zijn State of the Union: 'We zijn gealarmeerd door de oproepen om in ons land socialisme in te voeren. We hernieuwen onze belofte: Amerika wordt nooit een socialistisch land.' Let op de formulering: 'We zijn gealarmeerd.' De president hijst de politieke stormvlag. In Texas schrijft de Republikeinse Partij in een mail aan de achterban: 'De Democraten willen zelfs je allerlaatste cent afpakken om zo hun socialistische plannen uit te voeren.'

In zo'n presidentiële noodkreet zag je de contouren van de campagne van 2020. Daarin zal het onheilspellende, onstuitbare rode gevaar vaak opduiken. In de rel rond de tweets gericht aan vier (gekleurde) Democratische Congresleden van 'The Squad' gooide Trump olie op het vuur. Hij tweette: 'We zullen nooit een socialistisch of communistisch land zijn. ALS HET JE HIER NIET BEVALT, GA DAN WEG! Dit is helemaal jouw keuze. Alles draait om de liefde voor Amerika. Sommige mensen haten ons land. Ze zijn anti-Israël, voor Al Qaida.' Hier zitten drie thema's in die Trump graag herhaalt: deze vrouwen (alle vier Amerikaanse staatsburgers) zijn ultralinks, flirten met terrorisme en haten Amerika. Alarm!

Ook vicepresident Mike Pence waarschuwt voor een 'socialistische agenda'. Radiotalkshowhost Rush Limbaugh voegt er strijdbaar aan toe: 'Het is tijd om in opstand te komen en socialistisch links te vernietigen. Liberalisme leidde tot nazisme; liberalisme ligt ten grondslag aan de Sovjet-Unie en China.'

De machtige Republikeinse senator Mitch McConnell is al jaren (sinds het begin van Barack Obama) druk met het dwarsbomen van elk Democratisch voorstel. Hij kan dat doen zolang zijn fractie de meerderheid in de Senaat heeft. Hij gebruikt het begrip *Grim Reaper*, Magere Hein, die – waar hij ook komt – dood en verderf zaait. Alles wat de Democraten voorstellen valt hieronder. McConnell: 'Ik speel de rol van Magere Hein. Ik ben de vent die ervoor zorgt dat geen van die socialistische voorstellen de president bereikt.' Over de Democratische voorstellen: 'Er is een socialistische opmars in het Huis van Afgevaardigden gaande. Zolang ik de fractieleider van de meerderheid in de Senaat ben, gaan we helemaal niets met die onzin doen.' Dood aan het socialisme dus. Dat klinkt conservatieve Amerikanen als muziek in de oren.

Het conservatieve maandblad *National Review* publiceerde een themanummer met als titel 'Against Socialism'. Er staan artikelen in die onpeilbare misère voorspellen als die vermaledijde socialisten greep krijgen op de zorg, het milieu en de economie. Want: 'Het socialisme vernietigt de menselijke geest.' Socialisme – ook de milde Amerikaanse variant – hoort dus op de vuilnisbelt van de geschiedenis. Steve Bannon, oud-adviseur van Donald Trump, omschrijft de ideeën van Sanders als 'een hutspot van halfbakken socialistische ideeën waarvan bewezen is dat ze niet werken'.

Oud-Trumpmedewerker Sebastian Gorka speelt ook in op de angst voor links. Gorka: 'De socialisten willen je pick-uptruck afpakken. Je mag dan ook geen hamburgers meer eten. Stalin droomde daarvan, maar heeft het nooit voor elkaar gekregen.' Interessant concept: Sovjethamburgers in de tijd van Stalin. Dat had McDonald's wel gewild!

De toon voor 2020 is dus gezet, en door de eindeloze herhaling blijft bij veel kiezers de notie hangen: 'Ons fiere Amerika kan zomaar ten prooi vallen aan de rode horden.' En op de achtergrond is er steeds dat nostalgische ideaalbeeld van vroeger. Niet voor niks was de slogan van Donald Trump: 'Let's Make America Great Again.' Let op dat woordje 'again'. Het is het scherpe contrast tussen de vloek van de socialistische toekomst en de behaaglijke zekerheden van vroeger.

Dat waren die héérlijke jaren waarin Amerika nog hardwerkend, godsdienstig en overwegend blank was. Gelukkige, kinderrijke gezinnen genoten van de 'Amerikaanse droom' in frisgeboende woonwijken met op de oprit een glanzende stationwagon van Chrysler, Ford of Chevrolet. En op hun moderne kleurentelevisie keken ze naar *I Love Lucy*, *The Beverly Hillbillies* en *The Brady Bunch*. De Amerikaanse variant van *Toen was geluk heel gewoon*.

Maar we weten ook: die goeie ouwe tijd hebben we vooral te danken aan een slecht geheugen.

HET S-WOORD IS NIET LANGER TABOE: 'HET KAPITALISME SCHIET TEKORT'

Deze uiteenzetting over Amerikaans socialisme is hier op zijn plaats omdat ze aansluit bij de politieke verschuivingen rond de verkiezingen van 2020. Het s-woord is niet langer taboe. Jongeren kijken naar socialisme als een oplossing voor de toekomst, niet als een ideologische blokkade uit het verleden.

Het zegt iets over hun idealisme en hun onbevangenheid. Velen werden geboren nadat de Berlijnse Muur was gevallen en de Sovjet-Unie was geïmplodeerd. Ze hebben tijdens de Koude Oorlog niet onder hun schoolbankjes hoeven schuilen vanwege de dreiging van een Sovjetatoombom.

De groeiende populariteit van socialisme laat ook zien dat jongeren veelal niet snappen dat deze linkse benadering onvermijdelijk kiezers in het midden afschrikt. Strategisch is het verbazend dat een ex-presidentskandidaat als Bernie Sanders het woord socialisme bleef gebruiken. De zeer ervaren Sanders (1941) zou beter moeten weten. Elke keer als het woord 'socialisme' via het tv-nieuws door Amerikaanse huiskamers schalt, rinkelt bij de Republikeinen de politieke kassa. Hoera, de Democraten trappen weer in hun eigen linkse val. Bernie Sanders is vast een oprecht man. Hij trekt sinds de jaren zeventig van de vorige eeuw ten strijde tegen 'miljonairs en miljardairs'. Sommige van zijn voorstellen zijn extreem en gaan verder dan die van de PvdA of de SP in Nederland.

De kwijtschelding van alle studieschulden is zo'n voorstel. Het zou 640 miljard dollar kosten (de totale studieschuld is 1600 miljard!). Sanders roept dan: 'Dat is nog altijd goedkoper dan de belastingverlaging voor de rijken die Donald Trump doorvoerde.' Het voorstel van Sanders doet het vast goed in linkse staten als Californië, Massachusetts en New York. Maar in de beslissende arbeidersstaten als Michigan, Ohio, Pennsylvania en Wisconsin?

Daar werken mannen en vrouwen lange werkweken voor een kloteloon. Die arbeiders horen straks dat studenten hun schuld niet hoeven terug te betalen? Zoiets willen zij ook wel. Bovendien geldt zo'n kwijtschelding ook voor kids van steenrijke ouders en voor studenten die advocaat of consultant worden en op hun vierentwintigste meer verdienen dan die fabrieksarbeiders tot hun vijfenzestigste. Zo'n schuldenplan van Sanders drijft deze groep onmisbare kiezers regelrecht in de wijd open armen van Donald Trump.

Leren progressieven het dan nooit? In 2000 was er de linkse, groene kandidaat Ralph Nader: veel idealisme, weinig stemmen. Maar wel genoeg om Al Gore van de overwinning af te houden. Zonder Nader was Al Gore – en niet George W. Bush – zeer waarschijnlijk president geworden. Dan was er geen Irakoorlog geweest en zou het politieke landschap er nu anders uitzien.

In 2016 was de eveneens linkse Sanders er de oorzaak van dat de strijd in de voorverkiezingen zo lang duurde. Dat verzwakte de positie van de in brede kring toch al impopulaire en electoraal kwetsbare Hillary Clinton. Binnen de Democratische Partij is dan ook veel kritiek op Sanders.

Democraat John Cowan is voorzitter van de organisatie Third Way, die zich inzet voor gematigd linkse ideeën. Cowan vindt Sanders een groot gevaar: 'Hij heeft het tot zijn levensdoel gemaakt om of de nominatie voor de Democratische Partij binnen te slepen of de partij om te vormen tot een partij voor democratisch socialisten. Dit bedreigt het voortbestaan van de Democratische Partij in de komende tientallen jaren.'

Columnist Megan McArdle zegt altijd op een Democraat te stemmen, maar maakt zich nu grote zorgen. Mooi hoor, open grenzen en genationaliseerde gezondheidszorg, maar pas toch op voor de gevolgen van die linkse ideeën. McArdle over de kandidaten in de primary's van 2020: 'De toonaangevende kandidaten zijn zo ver naar links opgeschoven dat ze een op zonne-energie lopende hogesnelheidstrein nodig hebben om op tijd terug te zijn voor 2020. Nomineer alsjeblieft iemand die een kans heeft om te winnen.'

Het is veelzeggend dat ook Elizabeth Warren, oud-Republikein en eerder Democratisch presidentskandidaat, het woord socialisme meed als de pest. 'Ik ben tot in mijn botten een kapitalist,' zei ze. Warren heeft plannen die in de buurt komen van die van Bernie Sanders, maar haar framing is radicaal anders. Ze pleit voor 'economisch patriottisme', een PvdA-achtige opzet met een actieve overheid die zich inzet voor betere zorg, meer banen en eerlijkere belastingen. En dus géén socialisme.

Het weekblad *The Economist* wijdde er in februari 2019 een omslagartikel aan ('The Rise of Millennial Socialism'), maar is streng tegen de naïeve linkse dromers. De boodschap in het kort: 'Ga nu even een beetje rekenen. Wat jullie willen is onbetaalbaar.' Er is ook het risico dat jonge (en onervaren) kiezers linkse ideeën nu gretig omarmen, maar zich een hoedje schrikken als over een paar jaar de Amerikaanse variant van de Nederlandse blauwe enveloppe op de mat valt. Hoge belastingen dus. Je krijgt niks voor niks. Ook niet in een 'socialistisch Amerika'.

Hoe belangrijk woordgebruik in de linkse politiek is, zagen we bij de felle debatten over Obamacare, het zorgplan van de vorige president. Daarover verschenen voortdurend opiniepeilingen.

Daaruit bleek een flinke aanhang voor de Affordable Care Act (ACA). Maar veel minder Amerikanen waren gecharmeerd van het socialistische Obamacare (menigeen zag het als een linkse machtsgreep). Maar dat was toch hetzelfde? Inderdaad, Obamacare en ACA: verschillende namen voor dezelfde wet. *What's in a name?*

Nog een voorbeeld van woordgebruik waar de Democraten geweldig spijt van kunnen krijgen. In het voorjaar van 2020 eisen de demonstranten een drastische hervorming van het Amerikaanse politieapparaat. Die wens is begrijpelijk. Maar de slogan die eraan gekoppeld is, kan tot voor de democraten onbedoelde en ongewenste effecten leiden: 'Defund the police'; haal het geld weg bij de politie.

Wat ermee bedoeld wordt is dat agenten voortaan een andere bejegening van burgers moeten aanleren. De oude slagzin luidt: de politie is je vriend. Nou, dat is niet de ervaring van de meeste Amerikanen. Agenten zijn erop getraind om hard op te treden: vaker escaleren dan de-escaleren, bij gebruik van hun vuurwapen vaker op de borst dan op de benen schieten, ben je eenvoudig aangehouden, lig je algauw met je handen op de rug gebonden en je neus op het asfalt.

Maar met de slogan 'Defund the police' kunnen de Republikeinen de indruk wekken dat als je voortaan 911 (de Amerikaanse versie van 112) belt niemand meer de telefoon opneemt. Je kunt de politieke tv-spotjes voor de campagne van Donald Trump zelf bedenken. De Democraten bieden hun tegenstanders een kans voor open doel. Waarom?

Het idee van een ander politieapparaat is jaren geleden al in 2012 in de praktijk gebracht in het door criminaliteit en corruptie geplaagde politiekorps van het stadje Camden (75 000 inwoners) in New Jersey. Alle agenten kregen – tot grote woede van de politievakbond – ontslag. Slechts 100 werden opnieuw in dienst genomen.

De misdaad is er gehalveerd. Agenten rijden niet meer in gesloten auto's rond met grote spiegelende zonnebrillen (ook bij bewolkt weer), maar organiseren buurtbarbecues, kloppen bij burgers aan en lopen door de wijk. De politiechef liep mee in een Black Lives Matter-demonstratie.

Wij zouden dat agent-met-de-platte-pet ('community based policing') noemen. Camden heeft een meerderheid niet-blanken; de samenstelling van het politiekorps is zo veel mogelijk daarop afgestemd.

Het werkt. Maak de politie je vriend. Iedereen is tevreden. Maar noem het níét 'defund the police'. Dat is fijn voor een protestbord of tv-spotje, maar het helpt niet bij het verslaan van 'law-and-order'-Republikeinen.

Kijken we straks terug op een campagne waarin de Democraten weer in hun eigen zwaard zijn gevallen? Linkse ideeën waar een deel van de achterban blij mee is, maar waarmee je het Witte Huis net niet verovert. Van 2016 moeten ze toch geleerd hebben hoe 'Crooked Hillary' geen antwoord had op de geniale framing van Trump. De Democraten bleven geduldig uitleggen dat het inhoudelijk nergens op sloeg wat Trump rondbazuinde. De dag na de verkiezing moesten ze toegeven: het klopt niet, maar het werkte wel.

RASSENVERHOUDINGEN IN AMERIKA: THE GOOD, THE BAD AND THE UGLY

De beweging van Black Lives Matter is een volksbeweging geworden van niet alleen zwarte Amerikanen. De brede coalitie is verrassend en biedt kansen. Maar er is geen gegarandeerd succes. Een politieke valkuil is radicalisering en eenzijdigheid.

Je ziet het wel vaker bij actievoerders. Ze zijn idealistisch en optimistisch, maar tegelijk kwaad en pessimistisch. Ze hebben weinig oog voor vooruitgang. Bijna alles is slecht en somber. Dat geldt ook voor het racismedebat.

Racisme is een kwaadaardig gezwel in de Amerikaanse samenleving. Maar er is een keerzijde aan de pessimistische boodschap die bij de activisten en journalisten veelal onbelicht blijft: nooit eerder hebben zoveel zwarte Amerikanen in zo korte tijd op zoveel terreinen zoveel vooruitgang geboekt.

Wil ik daarmee iets afdoen aan de vurige wens van tienduizenden demonstranten (blank en zwart, oud en jong, mannen en vrouwen) om een einde te maken aan racisme in de VS? Bagatelliseer ik hun woede over achterstelling en discriminatie? Valt politiegeweld wel mee?

Mijn antwoord is een driewerf 'nee'. De demonstranten hebben gelijk.

Maar de demonstranten verwachten weinig van het blanke establishment en de bevoorrechte machtselite. Ze zijn woedend op president Donald Trump en zijn politieke geestverwanten die geen vreedzame demonstranten maar vooral vernielende relschoppers zien. Heel begrijpelijk, die frustratie in de straten van Minneapolis, Washington, Miami en Detroit. Maar het is dus slechts een deel van het verhaal.

Maar tegenover deze sombere analyse is er een ander verhaal dat ter wille van evenwichtige beeldvorming ook verteld moet worden: de progressie voor zwarte Amerikanen is op een aantal terreinen onmiskenbaar. Kindersterfte onder zwarte Amerikanen is een derde van wat het in 1968 was. Het aantal zwarte kinderen dat de *high school* afmaakt, is gestegen van 54 naar 92 procent. Er is ruim een verdubbeling van het aantal afgestudeerde zwarte studenten op de universiteit.

Dat was ondenkbaar in de tijd van Martin Luther King toen tegen de verdrukking in (ook toen keihard politieoptreden) demonstraties en stakingen nodig waren om zwarte en blanke kinderen samen naar school te laten gaan. De universiteit was voor zwarte scholieren vrijwel onbereikbaar.

Het aantal tienerzwangerschappen en abortussen is onder zwarte meisjes sinds 1990 met driekwart gedaald. De levensverwachting van 'African-Americans' steeg van 64 naar 75 jaar. Armoede is gedaald van 35 naar 21 procent (cijfers 2018).

In de politiek waren niet eerder zoveel zwarte burgemeesters en parlementariërs. Of neem ondernemerschap: ook daarin halen zwarte Amerikanen hun achterstand op blanken deels in. In rapporten daarover zie je steeds zwarte vrouwen excelleren; 2,5 miljoen (!) van hen hebben een eigen bedrijf en hun aantal stijgt snel. Een vergelijkbare ontwikkeling zie je bij ondernemers van latino- of Aziatische afkomst.

Is er alleen goed nieuws? Nee, natuurlijk niet. Het inkomen van zwarte Amerikanen loopt structureel achter. De werkloosheid in deze groep is (vooral na de economische ineenstorting door corona) fors hoger en bij het zoeken van banen is er discriminatie.

Corona maakt onder zwarte Amerikanen ook onevenredig veel slachtoffers. Er is dagelijks bruut politieoptreden waar veel zwarte Amerikanen het slachtoffer van zijn. Het justitie- en gevangenissysteem is racistisch. En dit is ook waar: te veel zwarte Amerikanen hebben een ongezonde levensstijl (gevolg: overgewicht, hartkwalen, kanker, drugsverslaving). En misdaad blijft onder jonge zwarte mannen verontrustend hoog.

Nog altijd vinden veel Amerikanen dat hun zwarte landgenoten het allemaal aan zichzelf te wijten hebben. De stelling in een enquête over racisme luidde: 'Sommige mensen doen gewoon niet genoeg hun best. Als zwarte Amerikanen maar hun best zouden doen, zouden ze net zo goed af zijn als blanken.'

Steeds meer Republikeinen zijn het hiermee eens. Dat percentage steeg sinds 2012 van 56 naar 71. De cijfers zijn radicaal anders bij Democraten. In die groep dáálde het percentage juist: van 38 naar 13. De tweedeling van het land is totaal. De kloof lijkt onoverbrugbaar.

Het is dus allemaal waar: the Good, the Bad and the Ugly. Genuanceerd en realistisch: glas halfvol én glas halfleeg. In die laatste categorie: het gebrek aan leiderschap in de zwarte gemeenschap. Er is nooit een tweede Martin Luther King opgestaan. Die rol past Barack Obama. Hij is als eerste zwarte president hét symbool van progressie.

De lijfspreuk van Obama was 'Yes, we can', maar een activistische rol lijken hij en zijn populaire echtgenote Michelle niet te ambiëren. Dat is jammer. Voor de zwarte gemeenschap staat er politiek en maatschappelijk immers zoveel op het spel.

Nog vier jaar Donald Trump in het Witte Huis en een Republikeinse meerderheid in de Senaat zijn rampzalig voor zwarte Amerikanen. Obama zal hen vast wel oproepen massaal te gaan stemmen. Dat kan het verschil betekenen tussen winst of verlies.

Hoe breng je pessimisme en optimisme bij elkaar? Martin Luther King gaat ons hierin voor. Achter de muur van pijn en onderdrukking was er bij hem altijd het perspectief van vooruitgang: 'Liefde is de enige weg om een vijand tot vriend te maken.' En: 'Als je niet kunt vliegen, ga rennen. Als je niet kunt rennen, loop. Als je niet kunt lopen, kruip. Maar wat je ook doet: blijf vooruitgaan.'

Dat is ook de opdracht voor de demonstranten van 2020. Ze staan op de schouders van de moedige actievoerders van 1968. Die trotseerden zwiepende bullenpees, bijtend traangas en agressieve politiehonden.

Hun idealisme was niet vergeefs. De demonstranten van vandaag, die door talloze zwarten én blanken worden gesteund, hebben veel aan hen te danken, maar er is nog een lange weg te gaan.

Ik houd van Amerika. We woonden er 23 jaar. Onze drie kinderen groeiden er op; twee van hen wonen er nog. Ik hoop hartstochtelijk dat de demonstraties ertoe leiden dat ons tweede vaderland in elk geval ietsje minder boos wordt.

11

Is de overheid een lust of een last? De herwaardering van de bureaucraten

'Regeringen moeten steeds kiezen tussen liegen en het uitvechten van oorlogen. Het eindresultaat is altijd hetzelfde.'
Thomas Jefferson (1743-1826), staatsman, jurist, diplomaat en derde president van de Verenigde Staten (1801-1809)

'De regering moet de goede balans vinden tussen uitgaven voor kleuterscholen en bejaardenhuizen. Het gaat om de eerste zes maanden van het leven. En de laatste zes maanden.'
Thomas Friedman, schrijver en columnist van *The New York Times*

'DAT BEGROTINGSTEKORT IS NU ZO GROOT; DAT KAN WEL VOOR ZICHZELF ZORGEN'

Ronald Reagan stapte door het leven met een goedgevulde moppentrommel. De immer goedgeluimde president had zijn favoriete onderwerpen. Democraten, de Russen (de communistische Sovjet-Unie bestond nog) en de overvloed aan bureaucraten in Washington. Als geen ander combineerde Reagan – breed grijnzend – kritiek en humor. Zo was er de onbedoelde (?) uitglijer in 1984 toen hij een microfoontest deed voor zijn wekelijkse radiotoespraak. '*My fellow Americans*. Het is me een genoegen u mee te delen dat ik een wet heb ondertekend die de Sovjet-Unie voor altijd illegaal maakt. We beginnen over vijf minuten met bombarderen.'

Natuurlijk kwamen er boze reacties (presidentiële uitglijers waren in die tijd nog vrij zeldzaam), maar velen glimlachten er ook om. Typisch Reagan. Hij wilde nog eens zijn afkeer van de Russen kenbaar maken in de vorm van een grap. Dat klinkt veel charmanter dan wanneer je alleen maar boos scheldt.

Nog een voorbeeld, met opnieuw een kolossaal verschil met de veelal boze en allesbehalve humoristische president Trump. De regering als bron van tomeloze verspilling en bemoeizucht was vaak het mikpunt van Reagan. Wat is, grapte Reagan, het allerengste wat je als Amerikaan tegen een medeburger kunt zeggen? Antwoord: 'Hallo, ik ben van de regering en ik ben hier om jou te helpen.' Doodeng dus. Van de overheid kun immers je alleen maar akelige dingen verwachten.

Reagan maakte zich ook geen zorgen over het snelgroeiende financiële tekort van de overheid. De goedgehumeurde Reagan stelde Amerika grappend gerust: 'Dat tekort is nu zo groot; dat kan wel voor zichzelf zorgen.' En hij verlaagde de belastingen en verhoogde de uitgaven!

Tot op de dag van vandaag preken de Republikeinen het evangelie van de lage overheidsuitgaven. En nog steeds doen ze stiekem het omgekeerde. Ook onder Donald Trump stijgt het tekort onheilspellend. Maar de retoriek is onveranderd: houd de overheid en de financiële uitgaven klein. Doe niet aan potverteren ten koste van de jonge generatie.

Het antioverheidsevangelie speelt in op een breed gedragen sentiment dat ze daar in het verre Washington geen idee hebben wat gewone Amerikanen bezighoudt. Nederlanders vergeten wel eens dat Amerikanen soms meer dan vijf uur moeten vliegen om van hun thuisstaat in Washington D.C. te komen. De afstand tussen burger en regering is letterlijk en figuurlijk heel groot.

Donald Trump tapt uit hetzelfde vaatje. Hij afficheerde zich graag als buitenstaander. Dat was een scherp contrast met zijn tegenstander Hillary Clinton. Zij was – anders dan Trump – de ultieme insider. Na al die jaren als first lady, senator en minister hadden Trumps Republikeinen maar één wens: 'Zet haar achter slot en grendel!' Applaus!

Ook deze veelal negatieve opinie over overheid en politiek verschuift nu snel. Vooral jongeren hebben minder last van deze (voor)-oordelen. Ze willen juist een actievere overheid voor beter onderwijs, betaalbare zorg en veiligheid op straat.

De coronacrisis toont de behoefte aan een sterke, daadkrachtige overheid (gezondheidszorg, infrastructuur, banen, hulp aan armen). Maar door diezelfde crisis is het geld al op voor een Democraat er mooie dingen mee kan doen. De politieke frustratie ligt al op de loer.

REPUBLIKEINEN PESTEN: DE GELUKKIGSTE MENSEN WONEN IN LANDEN MET DE HOOGSTE BELASTINGEN

Ik pest Republikeinse vrienden er wel eens mee, als het op een feestje gaat over verschillen tussen Europa en de VS. Afhankelijk van je gesprekspartner kies je dan je invalshoek. Het verschil tussen voetbal en football is een dankbaar onderwerp. Of religie: ook na de leegloop van veel Amerikaanse kerken is er nog steeds een groot verschil in godsdienstigheid.

Nog eentje? De Wallen in Amsterdam. Wie daar als nieuwsgierige Amerikaanse toerist per ongeluk wel eens belandde ('kijken niet kopen...'), was verbaasd en soms boos. De VS kennen massale prostitutie, maar dat gebeurt in het geniep en zeker niet open en bloot vanachter een raam. De meeste Amerikanen vinden onze seksuele vrijpostigheid spannend en schandalig.

Mijn favoriete verschil tussen de VS en Europa leidde ik altijd in met de vraag waar het echt om gaat in het leven. Dan kreeg je antwoorden als: 'Mijn gezin', God kwam ook vaak voorbij en natuurlijk de onovertroffen zegeningen van *the good old USA*. Geen foute antwoorden natuurlijk, maar ik opperde dan 'geluk'. Daarin ligt immers alles besloten: je gezin, huwelijk, werk, gezondheid, buurt, geld en religie.

Dan vroeg ik of ze wisten in welke landen de gelukkigste mensen wonen. Amerika? Mmm, niet echt. De VS staan tamelijk laag, op de negentiende plek. Dan kwam mijn punchline: 'De gelukkigste mensen wonen in de landen met de hoogste belastingen en de grootste overheden.' Dan was het meestal even stil. Ik vervolgde dan: 'Jullie noemen onze manier van regeren vaak socialistisch. Noem het gerust zo. Je wordt er gemiddeld wel gelukkiger van dan van jullie systeem met lagere belastingen en een kleine overheid.' Republikeinse gesprekspartners konden daar lichtelijk van in de war raken.

In de top 10 van de Happiness Index staan acht Europese landen: Finland, Denemarken, Noorwegen, IJsland, Nederland (op de vijfde plaats), Zwitserland, Zweden, Oostenrijk. Dit zijn deels noordelijke landen waar de helft van het jaar de zon amper opkomt. Maar ze zijn er wel heel gelukkig.

Is het bewijs dan geleverd dat we gelukkig worden van de torenhoge belastingen en megaoverheden? Nee, dat oorzakelijke verband gaat natuurlijk te ver. Je kunt wel veilig stellen dat ze een gelukkig leven niet in de weg staan. Als de sfeer in het gesprek het kon verdragen meldde ik dan nog even dat overal in rijke landen de levensverwachting stijgt. Alleen in de VS daalt ze.

In rijke landen daalt ook het aantal zelfmoorden al jaren. Behalve in de VS, waar het aantal suïcides fors stijgt. Hoezo gelukkig?

HET NEDERLANDSE ZORGSTELSEL LEVERT BETERE KWALITEIT VOOR MINDER GELD

Politieke geschillen gaan in Washington vaak over een tegengestelde visie op de overheid: is ze een lust of een last?

Amerikanen en Europeanen denken verschillend over wat je van regering en overheid mag verwachten. De ruzies over Obamacare gaan hier altijd over. De Republikeinen hekelen de Democratische regelzucht: 'Geen Washingtonse bureaucraten in de spreekkamer.' En: 'Het operatiemes hoort in de handen van een dokter, niet in die van ambtenaren.' Dat de Amerikaanse zorg de duurste in de wereld is en toch matige prestaties levert, doet er dan even niet toe. Ons Nederlandse zorgstelsel (veel Amerikanen noemen het socialistisch) levert voor minder geld betere kwaliteit.

Het onzichtbare coronavirus maakte de akeligste kanten van het falende zorgstelsel zichtbaar. Onverzekerde patiënten gaan niet of te laat naar de dokter uit angst voor de doktersrekening. Er zijn volstrekt onvoldoende ziekenhuisbedden, vooral in arme steden en wijken. Republikeinen hebben er een sport van gemaakt om Obamacare uit te kleden en verdacht te maken. Vervolgens mopperen ze dat Obamacare verre van perfect is. De ideologische weerzin van de Republikeinen tegen een grotere rol in de gezondheidszorg wordt veel onverzekerde patiënten fataal.

Nog een voorbeeld van de verlammende discussie over de rol van de overheid: de krakkemikkige infrastructuur in de VS is mede het gevolg van stelselmatige, welbewuste verwaarlozing. De belofte om de belastingen te verlagen klinkt wel leuk in een verkiezingsspeech, maar wat denkt een kiezer als hij of zij op weg naar huis om diepe gaten in de weg moet laveren, de helft van de straatverlichting kapot is en je in een rammelend treinstel van vijftig jaar oud zit?

Wie door Amerika reist ziet te vaak een derdewereldland. Wie met Amerikanen praat hoort hun verlammende zorgen over onbetaalbare doktersrekeningen. Velen zijn al bang voor een reparatie aan hun auto; ze hebben de financiële reserves daar niet voor. En met de bus of de trein naar je werk is voor de meeste Amerikanen geen optie. Er is op veel plekken geen geschikt openbaar vervoer.

Nog een voorbeeld van levensbedreigende verwaarlozing van de infrastructuur: dijken, dammen, sluizen, waterkeringen die op instorten staan. Als een orkaan huishoudt aan de kust van Texas, Florida, Georgia of South Carolina is dat groot nieuws, ook in Nederland. Stormen als Katrina (New Orleans, 2004) of Sandy (New Jersey, 2012) stonden wereldwijd op de voorpagina's.

Wat zelden nieuws is zijn de vernietigende overstromingen aan de bovenloop van de grote rivieren van de VS (Mississippi, Missouri River, Ohio River) vele honderden kilometers verwijderd van de kust. De beveiliging in staten als Iowa, Michigan, Missouri, Nebraska, North en South Dakota is rampzalig. Van de 90 000 dammen in de VS is de helft meer dan vijftig jaar oud, 25 000 leveren acuut gevaar op.

Dat is de harde, fysieke infrastructuur van de Amerikaanse samenleving. Er is ook de – eveneens zwaar verwaarloosde – sociale structuur. Ook die vertoont gapende barsten en scheuren. Neem het wettelijke minimumloon van 7,25 dollar (niet meer verhoogd sinds 2009). Dat is te veel om van dood te gaan, maar te weinig om van te leven. Veel staten hebben het op eigen houtje verhoogd – ondanks veel verzet van de Republikeinen en werkgevers. Maar ook dan is er aan de onderkant bij zwarte én blanke Amerikanen nog stuitend veel armoede en gebrek. Nederlandse toeristen in de VS die zuinigjes mopperen dat ze in café en restaurant vijftien procent extra moeten betalen, weten nu waarom dat voor hun ober bittere noodzaak is. Geef liever twintig procent. En stop met Hollands gemillimeter.

Een actievere overheid met moedige politici kan daar wat aan doen. Er is in 2020 een heldere keus als het gaat om de rol van de overheid: een eenentwintigste-eeuwse blik vooruit of vasthouden aan de twintigste-eeuwse boodschap van Reagan.

Hij grapte: 'Politiek is het op een na oudste beroep ter wereld. Er is veel overeenkomst met het oudste beroep.'

'PIZZA FOR POTHOLES': DE BEZORGERS VAN DOMINO'S HEBBEN LAST VAN SLECHTE WEGEN

Nog even over de infrastructuur, die in grote delen van de VS zo schandelijk is verwaarloosd. Er is een onverwachte pleitbezorger voor meer geld voor betere wegen: Domino's Pizza. Hun duizenden bezorgers zijn elke dag onderweg en zien wat er mis is. Op hobbelwegen schudden de pizza's aan stukken. Domino's: 'We willen die verrukkelijke pizza's niet verknallen door gaten in de weg. Dan verpest je een heerlijke maaltijd.'

Er is vaak gegrapt over de besteding van de belastinggelden die staten heffen op de verkoop van *pot*, marihuana. Dat werd al snel *pot for potholes* (marihuana voor gaten in de weg). Nu hebben we de variant *pizza for potholes* (pizza's voor gaten in de weg). Domino's pakt het serieus aan en heeft er zelfs een website voor ingericht: PavingForPizza.com. 'Ongeacht waar je bezorgt, slechte wegen en lekkere pizza gaan niet samen. We gaan in alle vijftig staten de wegen opknappen.'

Op de website staat een mooi en beeldend filmpje. Ze hebben een camera in een pizzadoos gebouwd met een *pothole impact meter*, een gatenimpactmeter. Je ziet hoe de pizza op een slechte weg door elkaar wordt geschud. Op de allerslechtste weg vliegen de uitjes, peperoni en tomaten door de lucht. Het wordt een pizzashake.

Domino's geeft dus geld aan gemeentes om wegen op te knappen. De burgemeesters zijn er blij mee, en het pizzabedrijf krijgt flinke publiciteit.

BEWUSTE VERWAARLOZING: DE INFRASTRUCTUUR IS DE UITERSTE HOUDBAARHEIDSDATUM VER VOORBIJ

Wie de VS bezoekt kan het overal zien: stoepen, lantaarnpalen, plantsoenen, vangrails, waterkeringen, stations en metrolijnen zijn vaak wrakkig. Ja, er zijn heus ook mooi opgeknapte wegen, vliegvelden, stations en metrostellen. Maar gemiddeld? Ouwe meuk. Vergelijk het maar met Nederland. Wij liggen straatlengtes voor op Amerika.

Het grootste deel van het land is qua openbaar vervoer een grote blinde vlek. Zelfs in dichterbevolkte gebieden is het vaak afwezig of treurig van kwaliteit. Je rijdt lange stukken met de auto zonder 4G-verbinding. En er zijn meer tekorten: giftige loden waterleidingen, niet verhoogde dijken, lozingen van het riool op open water, verouderde havens en energiecentrales.

De Amerikaanse infrastructuur is haar uiterste houdbaarheidsdatum ver voorbij. Dat is niet iets wat Amerika willoos is overkomen. Het is het gevolg van tientallen jaren van welbewuste verwaarlozing. Meer dan 200 000 bruggen zijn ouder dan vijftig jaar. Veel loden waterleidingen zijn meer dan honderd jaar oud. Door slecht onderhoud zijn er steeds meer stroomstoringen.

Hoe doen wij het in Nederland? Elke keer als ik na een bezoek aan de VS na een lange nachtvlucht terugkeer in Nederland denk ik: wat hebben we het in ons land goed voor elkaar. Een prachtig vliegveld, vlekkeloos en modern openbaar vervoer, een strak en veilig wegennet. Jaloerse Amerikaanse vrienden valt dit vaak op. Ze vinden ons land schoon en goedgeorganiseerd.

Naast de harde infrastructuur (asfalt, beton, steen en staal) is er natuurlijk de zachte infrastructuur (sociale en collectieve voorzieningen). Beide zijn amper meer te repareren. Sociaal is er ook zoveel mis.

De VS zijn het enige rijke land zonder een vorm van collectieve gezondheidszorg voor iedereen en geen recht op zwangerschapsverlof. Er is geen ander rijk land met zulke grote verschillen tussen arm en rijk. Nergens in andere hoogontwikkelde landen zijn zoveel gevangenen, zoveel misdrijven, zoveel vuurwapendoden. Dat alles maakt Amerika tot een gestrest en bezorgd land. En in het tijdperk-Trump wordt het land ook bozer. Steek een keer de grens over tussen de VS en Canada en je voelt het verschil.

Republikeinen hebben helaas een grote weerzin ontwikkeld tegen investeren in alles wat collectief en gemeenschappelijk is. Want dat kost geld en hun politieke pleidooi gaat altijd over lagere, niet hogere belastingen. De Democraten zijn op dit vlak ook niet heel moedig. Ze zijn te vaak kritiekloos in deze kortzichtige kruistocht tegen de collectiviteit meegegaan.

Het niveau van investeringen gaat achteruit. Het achterstallig onderhoud is niet te overzien; dat krijg je in geen twintig jaar gerepareerd. De totale kosten worden geschat op vierenhalfduizend miljard dollar. Het is als met de buitenkant van je huis. Te lang niet schilderen betekent later de peperdure vervanging van verrotte kozijnen; je dak gaat lekken; dakgoten komen naar beneden. Slim en tijdig onderhoud bespaart geld. Geen onderhoud kost geld. En het is gevaarlijker.

Elke keer als ik een politicus verlaging van de belastingen hoor ophemelen, denk ik bij mezelf: zien ze dan niet wat er in het hele land gebeurt? Hebben ze nooit een klapband gehad vanwege een gapend gat in de weg? Hebben ze onder een viaduct nooit angstig omhooggekeken? Wanneer komen die losse brokken beton naar beneden?

Hebben ze nooit vergeefs op een trein staan wachten? Sorry, storing in het dertig jaar oude computersysteem.

Infrastructuur is een beladen politiek onderwerp geworden. Het verdeelt links en rechts. Alsof er een onneembare achtbaanssnelweg tussen beide partijen ligt. Gek wel, want het leuke aan infrastructuur is dat iedereen ervan profiteert, ongeacht politieke overtuiging, godsdienst of leeftijd.

En je zou het bijna vergeten, maar dit is niet altijd zo geweest. In de crisisjaren van de vorige eeuw was er de kolossale New Deal van de Democratische president Franklin Roosevelt (1933-1945). Hij maakte van de nood (massawerkloosheid) een deugd (meer banen). Hij organiseerde talloze openbare projecten als de bouw van scholen, wegen, vliegvelden, waterkrachtcentrales en ziekenhuizen. Later was het de Republikeinse president Dwight Eisenhower (1952-1960) die zorgde voor het begin van de aanleg van het onmetelijke netwerk van snelwegen (de Interstates zijn bij elkaar 77 000 kilometer lang!). Verschillende staten deden toen een wedstrijdje wie het eerst met de aanleg begon. Democraten en Republikeinen steunden het project, evenals de staatsregeringen. En president Eisenhower is toch niet als verkwistende socialist de geschiedenis in gegaan.

Amerika liep met dit initiatief ver voor op Europa, dat toen nog in krappe Volkswagens, Fiatjes en DAF'jes voortpruttelde over benarde provinciale wegen. Nu – zestig jaar later – hebben de VS die voorsprong niet alleen verspeeld, maar staan ze op zware achterstand. En dan hebben we het nog niet over bijvoorbeeld China, waar bijna 30 000 kilometer hogesnelheidslijnen voor treinen is aangelegd, waar per jaar tien vliegvelden worden geopend en de grootste waterkrachtdam, de grootste windcentrale en (niet heel duurzaam) meer kolencentrales dan in de rest van de wereld werden gebouwd. Investeren doen ze, die Chinezen!

De VS hunkeren naar een politiek leiderschap dat de uitdaging van de infrastructuur aanpakt. President Trump heeft met de Republikeinen en de Democraten gesproken over een investering van tweeduizend miljard dollar. Ongemakkelijk detail: ze hebben niet afgesproken waar het geld vandaan moet komen. Als dat geld er eenmaal is, kan de schop zo de grond in.

De eerste megaklus die je zonder bulldozers en graafmachines kunt klaren? Het dempen van de politieke loopgraven in Washington.

Professor Lizabeth Cohen van Harvard University schrijft in *The Atlantic*: 'In de jaren dertig reageerden Amerikanen op economische rampen door een rijkere en rechtvaardiger samenleving te creëren. We kunnen dat herhalen. De grotere les van de New Deal is dat herstel een complex en pijnlijk proces is dat de deelname van velen en niet van enkelen vereist. En dat we het uiteindelijk allemaal samen moeten doen.'

Helaas, de trend in de politiek is nu juist de andere kant op. De politici hebben het zichzelf aangedaan. Vooral in de afzonderlijke staten is er vaak onvoldoende wil om grote overheidsprojecten aan te pakken. Zo'n New Deal van Franklin Roosevelt is weer hard nodig. Maar daarvoor tot samenwerking en overeenstemming komen tussen Republikeinen en Democraten? Dat is ondenkbaar.

Amerika heeft een nieuwe Franklin Roosevelt nodig, maar ze kozen in 2016 Donald Trump.

Eigen schuld.

12

Ongelijkheid tussen rijk en arm: mag de baas driehonderd keer zoveel verdienen?

'Ongelijkheid in inkomens is in de VS nu zo extreem dat de 10 procent rijkste Amerikanen negen keer zoveel verdienen als de 90 procent daaronder. In de laatste veertig jaar is het inkomen van de rijksten zeven keer sneller gestegen dan het inkomen van de laagstbetaalden.'
Inequality.org

'Ongelijkheid in inkomen is zorgwekkend omdat het tot gevolg heeft dat veel mensen niet de kans krijgen om in de samenleving hogerop te komen.'
Ben Bernanke, oud-voorzitter van de Fed, de Amerikaanse Centrale Bank

DE DOOD VAN HET KAPITALISME. OF JUIST DE WEDERGEBOORTE?

Een gegarandeerd jaarsalaris van zeventigduizend dollar! Wie wil dat nou niet? Het overkwam de medewerkers van softwarebedrijf Gravity Payments in Seattle in 2015 van de ene op de andere dag. Oprichter Dan Price maakte het gulle gebaar omdat hij wroeging kreeg over de naar zijn oordeel schrijnende ongelijkheid binnen zijn bedrijf. De 120 medewerkers wisten niet wat ze hoorden. 'Het bedrijf laat zien dat kapitalisme ook een hart heeft,' schreef de *The New York Times*. Price leverde zelf als eerste in. Hij ging in salaris van ruim een miljoen dollar naar zeventigduizend dollar. Want dat bedrag gold vanaf nu voor iedereen.

Dat was voor sommige goed verdienende werknemers best wel even een dingetje... Een paar medewerkers vertrokken uit onvrede met die gedwongen gelijkheid. Het is ook wel extreem en erg on-Amerikaans. Maar het omgekeerde gebeurde ook: nieuwe medewerkers meldden zich die enthousiast waren over deze filosofie van gelijkheid en daarvoor graag een hoog salaris bij een andere werkgever afstonden.

Dan Price vertelt in interviews hoe het zo is gekomen. Een jonge medewerker klaagde over zijn salaris van vijfendertigduizend dollar. Hij wond er geen doekjes om: 'Je kleedt me uit. Je zit op te scheppen hoe je financieel verantwoord bezig bent, maar dat kan alleen omdat je mij niet voldoende betaalt om enigszins behoorlijk te leven.' Dat zette Price aan het denken. Hij concludeerde dat zijn werknemer gelijk had. In het peperdure Seattle is zo'n salaris amper genoeg om met een gezin van te leven.

Columnist Nicholas Kristof van *The New York Times* ging kijken in Seattle en was enthousiast: 'Het is een prachtig voorbeeld dat aantoont dat bedrijven hun werknemers niet als lijfeigenen hoeven te behandelen. Het is mogelijk om een winstgevend bedrijf te zijn terwijl je ook goed voor de laagstbetaalden zorgt. En het is niet de dood van het kapitalisme, eerder een deel van de wedergeboorte.'

Dan Price zegt dat het hogere salaris een aantal werknemers eindelijk in staat stelde een eigen huis te kopen. Veel medewerkers konden ineens sparen voor hun pensioen. En het belangrijkste, zegt Price: jonge werknemers durfden het nu financieel aan om een kind te krijgen. 'Ik kan me geen mooier resultaat voorstellen. Dit is waar het om gaat. De zelfzuchtigheid in het kapitalisme kan niet succesvol zijn. De focus op winstbejag ten koste van alles en iedereen is niet vol te houden. Een bedrijf is er om het leven van zijn werknemers te verbeteren. Niet andersom.'

Na de spectaculaire aankondiging van Price werd Gravity Payments overspoeld met reacties. Op de sociale media waren er vijfhonderd miljoen interacties. Werknemers van andere bedrijven meldden dat meer werkgevers zoiets wilden doen. Er kwamen in de eerste week vierenhalfduizend spontane sollicitaties binnen bij Gravity Payments. O, en de omzet van Gravity Payments is verdrievoudigd en het personeelsverloop is gedaald.

Dan Price is in het harde kapitalistische Amerika een uitzondering. De meeste CEO's zijn solide Republikeinen, die niet graag hun miljoenensalaris met anderen delen. Maar hij is ook weer niet de enige baas die het *anders* doet.

DE AMERIKAANSE DROOM IS DOOD: 'DIT IS EEN NATIONALE NOODTOESTAND'

Een dwarse mening uit de kring van de superrijken. Mega-investeerder Ray Dalio is miljardair. Hij luistert met gemengde gevoelens naar Donald Trump als die praat over immigratie als een nationale noodtoestand. Dalio heeft bij een noodtoestand een heel ander beeld: het stuitende verschil tussen rijk en arm in Amerika.

Dalio: 'Als ik president van Amerika was, zou ik een nationale noodtoestand uitroepen. Armoede en slecht onderwijs aan zoveel kinderen vind ik een vorm van kindermishandeling. En het is economisch ongelooflijk dom. De Amerikaanse droom gaat zo verloren. We bespreken niet eens meer waar die Amerikaanse droom voor staat. Hij is in ieder geval wezenlijk anders dan toen ik opgroeide.'

Nog een linkse, filantropische miljardair? Ze zijn er echt: Tom Steyer is fulltime anti-Trump en overweegt zich kandidaat te stellen voor het presidentschap. Dan zou het een race worden tussen de ene miljardair en de andere. Steyer geeft al miljoenen dollars aan progressieve politieke kandidaten.

Steyer vindt dat het Congres Donald Trump moet afzetten: 'Hij heeft ons aan de rand van een nucleaire oorlog gebracht. Hij blokkeert het rechtsproces. Hij neemt – in strijd met de Grondwet – geld aan van buitenlandse regeringen en dreigt de media die naar waarheid rapporteren aan te pakken. Als we nu nog niet voldoende hebben om een gevaarlijke president af te zetten, wanneer dan wel? Bel je Congreslid en zeg dat ze een morele verplichting hebben om nu te doen wat juist is, niet wat politiek haalbaar is. De toekomst van ons land hangt ervan af.'

Neem BlackRock, 's werelds grootste investeerder (belegd vermogen van 7000 miljard dollar!). Het bedrijf gaat nu vol voor een duurzamere wereld: 'Het bewijs voor verandering van het klimaat is overtuigend en moet er bij investeerders toe leiden dat zij anders gaan nadenken over beleggen. Over de hele wereld krijgt BlackRock de meeste vragen van beleggers over het klimaat. Van Europa tot Australië, van Zuid-Amerika tot China, van Florida tot Oregon vragen investeerders hoe ze hun beleggingsportefeuille moeten aanpassen. Investeerders moeten een duidelijker beeld hebben van het klimaatbeleid van bedrijven waar ze in beleggen.'

Niet alleen per bedrijf zijn er veranderingen. Rijke, progressieve Amerikanen hebben zich verenigd in de Patriotic Millionaires. Ze schrijven: 'De groeiende economische ongelijkheid is slecht voor de samenleving en slecht voor het bedrijfsleven. Winstmodellen die gebaseerd zijn op het afknijpen van werknemers moeten verbannen worden. De overheid moet een leefbaar inkomen voor alle Amerikanen garanderen.'

Over de demonstraties in het voorjaar van 2020 schrijft de organisatie: 'Er zijn van die momenten waarop je geen zaken kunt doen zoals je dat altijd gewend was. Dat is nu immers niet alleen ongepast, maar ook onmogelijk. Amerika was gebouwd op een systeem van racisme dat tot op de dag van vandaag elk deel van onze samenleving infecteert. Het is de plicht van eenieder om dat op te heffen in al zijn vormen en vooruitgang te maken in de richting van een eerlijker en rechtvaardiger toekomst voor iedereen.'

Er is ook een Billionaire's Club (de rijkste 0,1 procent van de VS) die in een brandbrief aan de politiek bijna smeekt: verhoog onze belastingen. De rijkaards hebben het over mensen met een vermogen van meer dan vijftig miljoen. Ook Democraten als Elizabeth Warren,

Bernie Sanders en Alexandria Ocasio-Cortez pleiten voor zo'n verhoging (Wealth Tax). Zeventig procent van de Amerikanen is daar voorstander van. De enorme belastingwet die Donald Trump in 2017 doorvoerde bereikte het omgekeerde: belastingverlaging voor de rijken. Hoe eerlijk is dat?

Ten slotte is er de beweging van The Giving Pledge. Een uniek initiatief: een club van superrijken in de VS, die vrijwillig beloven een groot deel van hun vermogen weg te geven aan goede doelen.

In 2010 namen Microsoftoprichter Bill Gates (bezit 103 miljard dollar) en superinvesteerder Warren Buffett (79 miljard) het initiatief. Het is een open uitnodiging aan megarijke mensen. Het doel is kortweg 'de wereld beter maken'. Opgeteld beloven deze rijkaards 365 miljard dollar weg te geven. Aanvankelijk was het een Amerikaans initiatief. Intussen zijn er – behalve uit de VS – ondertekenaars uit onder meer Australië, Brazilië, China, Duitsland, India, Monaco en Zuid-Afrika.

Waar gaat het geld naartoe? 'De deelnemers geven aan een wijde variëteit van goede doelen, waaronder bestrijding van armoede, rampenbestrijding, gezondheid, onderwijs en medische research. Recent pleitte Bill Gates voor grote investeringen in de zoektocht naar een vaccin tegen het coronavirus. Daarbij gaat het om miljarden dollars voor wetenschappelijk onderzoek.

Filantropie kan gewaagde stappen zetten, risico's nemen en nieuwe ideeën uitproberen. Ze kan ook met succes een partnerschap aangaan met regeringen om innovaties op te schalen om het maximale momentum eruit te halen.'

Enkele andere ondertekenaars (in totaal 209 uit 23 landen, Nederland ontbreekt): Paul Allen (de inmiddels overleden medeoprichter Microsoft), MacKenzie Bezos (Amazon), Michael Bloomberg (politicus uit New York), Brian Chesky (Airbnb), Larry Ellison (Oracle), Stelios Haji-Ioannou (EasyJet), en ook Elon Musk (Tesla), Ted Turner (oprichter CNN) en Mark Zuckerberg (Facebook).

Inderdaad, in dit lijstje van miljardairs ontbreekt Donald Trump. Geeft hij misschien anoniem, buiten de publiciteit om, veel geld weg?

Niks is uitgesloten. Maar waarschijnlijk is het niet. Er was wel tot voor kort de Trump Foundation voor goede doelen. Maar die is mede op bevel van de rechter gesloten vanwege 'schokkende patronen van illegaliteit'. Trump gebruikte het geld voor zijn verkiezingscampagne, om rechtszaken af te kopen en om een portret (kosten tienduizend dollar) van zichzelf te kopen dat nu in een van zijn golfclubs hangt. Trump ging in overleg met zijn advocaten akkoord met het opdoeken van de stichting. Dat is een stille schuldbekentenis.

Deelt Trump dan helemaal niks met anderen? Jawel. Kennis over hoe je snel rijk wordt in onroerend goed. Hij richtte er de Trump University voor op. Mooi plan. Hoe dat afliep? Duizenden klachten van gedupeerde studenten. Een rechtszaak. Einde universiteit. En Trump betaalde vijfentwintig miljoen schadevergoeding.

Dat was nogal een koerswijziging. Want Trump wilde lange tijd juist géén schikking: 'Ik schik geen rechtszaken. Dat kan ik mentaal niet aan. Ik besteed liever grote sommen geld om de rechtszaken uit te vechten.' Trump schold vervolgens de rechter uit. Hij was een 'totaal ongeschikte rechter, hater en niet in staat tot een onafhankelijk oordeel'. En Trump voegde er fijntjes aan toe dat de rechter 'Mexicaan' is. Dan weet je het wel...

Geen schikking dus, maar Trump bedacht zich toch toen hij in november 2016 tot president werd gekozen. Hij stemde toe in de schikking kort voordat hij werd ingezworen (januari 2017). De duizenden slachtoffers kregen alsnog een vergoeding. Niet uit liefdadigheid, maar omdat Trump niet anders kon en geen rechtszaak wilde. Eigenbelang dus. Het tegendeel van filantropie.

DE SALARISSEN VAN CEO'S LOPEN UIT DE HAND: DRIEHONDERD KEER HET INKOMEN VAN EEN GEWONE WERKNEMER

Van de al dan niet liefdadige miljardairs nog even naar de mensen aan de onderkant van de welvaartspiramide: wie is arm en wie rijk?

Bij ongelijkheid gaat het lang niet altijd over geld. Er is een heel andere, verbijsterende statistiek: over levensverwachting. Postcodes zeggen veel over de levenskansen van Amerikanen. Waar worden mensen oud, waar gaan ze eerder dood? Is het verschil groot? Hoeveel jaren verschil is er dan tussen rijk en arm?

Chicago spant de kroon met delen van de stad waar mensen dertig jaar (geen typefout!) eerder sterven dan in de wijken met de hoogste levensverwachting. In Washington D.C. – om de hoek bij president Trump – en New York kan het verschil oplopen tot zevenentwintig jaar. De oorzaken: slechte huisvesting, geweld, drugs- en drankverslaving, roken, depressie. Vooral in zwarte wijken is de levensverwachting heel laag.

Dan toch het geld: van het minimumloon in de VS kun je niet normaal leven. Werkgevers en rechtse politici klagen niettemin dat verhoging van het landelijke minimumloon onherroepelijk leidt tot verlies van banen. Werknemers worden gewoon te duur, zeggen ze. Het federale minimumuurloon is al tien jaar een schamele 7,25 dollar. Vandaar de actie door vakbonden en politici om het te verhogen naar vijftien dollar per uur.

Gek wel, dat je het argument van 'te duur' nooit hoort bij salarissen van CEO's en de bonussen van het topmanagement. In ruwe getallen: veertig jaar geleden verdiende een directeur evenveel als dertig werknemers. En nu? De baas verdient wat driehonderd werknemers samen verdienen. Veelzeggend: bij vrouwelijke CEO's is de verdeling CEO/werknemer veel minder scheef.

Een top-CEO verdient in de VS algauw tientallen miljoenen dollars. De vetste bonus kreeg Tesla-oprichter Elon Musk met in 2018 een inkomen van 2,3 miljard dollar (weer geen typefout). Een werknemer met minimumloon moet daar 140.000 jaar voor werken. Het was het hoogste jaarinkomen in de VS ooit. En dat voor een bedrijf dat in de loop van de jaren kolossale verliezen leed.

The New York Times zette de cijfers van ongelijkheid op een rij en concludeert: 'Ongelijkheid heeft de coronacrisis niet veroorzaakt. Maar het is daardoor wel veel erger geworden omdat er een economie is gecreëerd waarin veel Amerikanen moeite hebben om hun hoofd boven water te houden. Ze zijn gevoelig voor de kleinste verstoring door werkloosheid of ziekte. De stagnatie van inkomens veroorzaakte een scherpe neergang. We voldoen niet meer aan de bekende maatstaf voor vooruitgang. Dat is de vraag: heb je het beter dan je eigen ouders?' Van de Amerikanen geboren in 1940 kon meer dan 90 procent die vraag met ja beantwoorden; van de Amerikanen geboren in 1980 is dat veel lager: 50 procent.

Hoe dat komt? De bovenklasse werd rijker, véél rijker: in de VS steeg van één procent van de top het inkomen in de laatste dertig jaar met in totaal 21 000 miljard dollar. Dat van de laagste vijftig procent daalde met 900 miljard. Hoe hoger het inkomen, hoe groter de stijging. Je ziet het ook terug in levensverwachting: gerekend over de hele Amerikaanse bevolking worden mensen aan de bovenkant dertien jaar ouder dan medeburgers aan de onderkant.

Dat was niet altijd al zo in Amerika. De verschillen zijn nu veel groter dan veertig, vijftig jaar geleden. Het heeft alles te maken met bewust politiek beleid rond belastingen. Steeds meer Amerikanen – ook Republikeinen – ergeren zich daaraan.

OOK ONDER DEMOCRATISCHE PRESIDENTEN GROEIDE HET VERSCHIL TUSSEN RIJK EN ARM

De afgelopen tientallen jaren zijn de verschillen tussen rijk en arm in de VS dus schrikbarend gestegen. Het wordt wel 'het socialisme van de rijken' genoemd. De countryclubelite verdeelt alle privileges en voordeeltjes: de duurste woonwijken, de hoogstbetaalde banen, de beste scholen, de exclusiefste golfclubs. Amerika heeft een geldaristocratie ('It's good to be us'). Rechts Amerika heeft een grondige hekel aan socialisme, maar als dit socialisme is (het onderling verdelen van de welvaart onder de rijken), dan zijn ze daar best voor.

Voor wie hier politieke conclusies aan wil verbinden: in de periode sinds 1990 hebben we twee keer gedurende acht jaar een Democratische president gehad (Bill Clinton en Barack Obama). En een deel van die tijd waren de Democraten in de meerderheid in (een deel van) het Congres. Die progressieve politici zijn er dus ook niet in geslaagd de tomeloze geldzucht van Amerika's rijken in te dammen. Of nog iets scherper: de meeste Democraten hadden – uit angst voor een electoraal pak slaag – niet het politieke lef om dat te doen.

Gelukkig zijn de laagstbetaalden in de VS niet alleen afhankelijk van de landelijke politiek. In veel staten zijn er succesvolle initiatieven en referenda geweest om het minimumloon van 7,25 dollar per uur te verhogen. In staten als Californië en Colorado is het elf dollar per uur en in Washington D.C. zelfs dertien dollar. Daar word je bepaald niet rijk van, maar de scherpste kanten van bittere gezinsarmoede worden erdoor weggeslepen. Als je naar de kaart van de VS kijkt met daarop het minimumloon per staat valt op dat Republikeinse staten gemiddeld een lager minimumloon hebben dan overwegend Democratische staten.

Overigens is voor veel armen dat lage inkomen niet eens het grootste probleem. Ze maken zich meer zorgen over de inkomensonzekerheid. Corona heeft op dat vlak een vernietigend effect. De meeste armen hebben liever iets minder geld en meer zekerheid dan het omgekeerde. Een onverwacht lager inkomen kan ertoe leiden dat je de huur of de afbetaling van de auto niet meer kunt voldoen. Voor je het weet sta je op straat en kun je niet meer naar je werk. Dan is de sociale neergang niet meer te stoppen.

Dat geldt ook voor blanke Amerikanen, maar die nadelen komen dubbel hard aan voor zwarte Amerikanen en immigranten. In alle statistieken bungelen Afro-Amerikanen en latino's onderaan.

Voor hen is de Amerikaanse droom onbereikbaar.

De droom is voor hen een nachtmerrie.

NOSTALGIE VERTEKENT HET VERLEDEN: DE ONTPLOFTE ZEKERHEID VAN DE MIDDENKLASSE

Toch is het misleidend om eenzijdig te kijken naar rijk (de bofkonten) en arm (de pechvogels). Amerika is een middenklassenland. Dáár zit de meerderheid van de bevolking. En ook daar is de nood hoog.

We kennen allemaal die blije affiches uit de jaren vijftig en zestig. Vrolijke, energieke gezinnen in hun stationwagon op een zonovergoten weekendtrip. Mam en pap, een paar roomblanke kids en een kwispelende huisgenoot. Paps werkte vijf dagen per week, mams genoot met andere huismoeders van het gerieflijke leven in het keurig aangeharkte suburbia. Geen zorgen voor morgen. Of daarna...

Dat beeld was toen al voor velen niet realistisch. Nostalgie vertekent het verleden. Maar de gemiddelde ouder van een middenklassengezin had toen minder zorgen. Nu kijken ze aan tegen onbetaalbare doktersrekeningen, universiteiten waar hun kinderen hoge schulden opbouwen en slechtbetaalde banen zonder zekerheid.

Wanneer is het misgegaan? Wanneer ontplofte die oude zekerheid dat arm en rijk in redelijkheid Amerika's rijkdom verdeelden? Wanneer werd het gewoon dat miljoenen werknemers er tweede en soms derde baantjes bij moesten nemen om rond te komen? Sinds wanneer is dat aloude Amerikaanse ideaal van ouders ('mijn kinderen moeten het net ietsje beter krijgen dan wij') dof geworden en bleek uitgeslagen?

Dit is Amerika niet zomaar overkomen. Politici hebben er keer op keer zelf voor gekozen. Ze holden de bestaanszekerheid van vele miljoenen kiezers uit. Politieke campagnes gingen sinds Ronald Reagan onveranderlijk over het terugdringen van de rol van de overheid, het muilkorven van vakbonden en het verlagen van de belastingen.

De Republikeinen hebben daarbij zelfverzekerd vooropgemarcheerd. In Europa (ook in Nederland) is terugkijkend veel kritiek op het neoliberalisme, dat te veel aan de vrije markt overliet. Maar in Europa kennen we – vergeleken met de VS – slechts een light variant van dit rechtse denken.

Kapitalisme bestaat mede bij de gratie van de verschillen tussen arm en rijk. Dat zal elke Amerikaan met je eens zijn. Maar de uitwassen zijn nu bizar groot.

IV

Verkiezingen: hoe de minderheid de meerderheid bedondert

13

Het kiesstelsel: konkelfoezen hoort erbij

'De Verenigde Staten, het grote voorbeeld voor democratieën in de wereld, zijn een falende democratie geworden. Het vertrouwen in de politieke instituties is verminderd. Dit is al lang bezig, ook lang voordat Donald Trump president werd.'
Democracy Index 2016

'In alle achtenvijftig landen in de wereld met een presidentiële democratie gaat de overwinning naar de kandidaat met de meeste stemmen. Alleen in Amerika geldt dat niet. De laatste twee Republikeinse presidenten zijn met een minderheid van de stemmen gekozen.'
'America's electoral system gives the Republicans advantages over Democrats', artikel in *The Economist*

VERTROUWEN ALS BESCHERMENDE DIJK ROND ONS OER-HOLLANDSE POLDERMODEL

Ik heb Amerika beter leren snappen door het te vergelijken met Nederland. Wat drijft een land? Wat zijn de beperkingen? Het zijn die onzichtbare en onmisbare elementen van het dagelijks leven. Je merkt ze pas op als je lang ergens anders woont. Laten we het vergelijken met een virus. Ook onzichtbaar maar van grote invloed op ons leven.

Door mijn werk als nieuwscorrespondent in Washington had ik veel te maken met de politiek. De Amerikaanse politiek is zwaar besmet door het virus van het wantrouwen. De patiënt is ernstig ziek. Dit virus was Amerika ook binnengeslopen lang voordat corona dagelijks voor 'breaking news' zorgde. En – gokje... – wantrouwen zal er nog zijn als corona allang in de geschiedenisboekjes is beland.

Net als corona leidt het virus van het wantrouwen tot een soort anderhalvemetersamenleving. Het schept immers afstand en verkilt menselijk contact. Je verspeelt kansen op samenwerking en creativiteit. Dan hebben we het in Nederland getroffen: hier is vertrouwen veel vaker dan wantrouwen de norm.

Ik ben soms verbaasd als Nederlanders luidruchtig klagen over vertraagde treinen, straatvuil, de kosten van gezondheidszorg of een universitaire studie.

In ons land is de infrastructuur – vergeleken met de VS – véél beter. Zorg en onderwijs zijn vergeleken met de VS spotgoedkoop. En ja, Nederlandse belastingen zijn hoger, maar daar krijg je ook wat voor. De kwaliteit van leven is voor de meeste Nederlanders echt hoger.

Bij lezingen debatteer ik graag met mijn toehoorders over het politieke klimaat in Nederland. Vraag aan de zaal: Is vertrouwen in de politiek de laatste jaren groter of kleiner geworden?

Oh, wat 'n makkelijke vraag zeg! Dat vertrouwen is fors geslonken natuurlijk. Kijk maar naar de strijdbare opmars van de virulente klaagkongsi van FvD en PVV in hun niet-aflatende kruistocht tegen zakkenvullers, partijelites en linkse islamknuffelaars.

Minder vertrouwen dus? O ja? Klopt dat wel?

Ik ben een fan van het Sociaal en Cultureel Planbureau (SCP) dat borreltafelpraat altijd feitelijk toetst. Het is meteen raak: bijna 80 procent van Nederland (onderzoek uit 2018) is – anders dan de populisten ons doen geloven – tevreden over onze democratie. Vertrouwen in de politiek is (maart 2020) 'hoog en stijgend'. Ik lees: 'Vergeleken met andere landen is er in Nederland veel vertrouwen in onbekende medeburgers en in instituties. Tussen 2002 en 2019 is er voor verschillende soorten vertrouwen een stijgende trend te signaleren.'

Het SCP ziet wel schommelingen. 'Politiek vertrouwen daalt als er "gedoe" is in Den Haag, maar kan snel stijgen als men politieke daadkracht ziet in crisissituaties.' Tv-programma *EenVandaag* vroeg

Nederlanders (22 april 2020) over de drastische coronamaatregelen. Conclusie: 'Pijn, frustratie en vraagtekens', maar ook: 'De meeste mensen (77 procent) staan achter de nieuwe aanpak van het kabinet in de strijd tegen het coronavirus.'

Die combinatie is veelzeggend: ja, het doet pijn. Nee, het vertrouwen in onze leiders verliezen we niet. Het creëert het waardevolle en onmisbare fundament onder ons poldermodel.

De toon van het debat is in Amerika radicaal anders. In Michigan komen zwaarbewapende demonstranten in verzet tegen Democratisch gouverneur Gretchen Whitmer. In Californië wordt haar partijgenoot Gavin Newsom op een met hakenkruizen versierde vrachtauto als Hitler afgebeeld.

Er is ook de bizarre theorie dat Microsoftoprichter Bill Gates het middelpunt is van een boosaardig complot dat verantwoordelijk is voor de verspreiding van het coronavirus. Het tegendeel is het geval. Gates heeft juist veel geld ter beschikking gesteld voor bijvoorbeeld de ontwikkeling van een krachtig vaccin.

Hij was ook degene die al in 2015 in een TED-talk waarschuwde voor een epidemie zoals die zich nu voltrekt. Via hun charitatieve stichting hebben Bill en Melinda Gates in de loop van de jaren miljarden dollars geschonken voor de bestrijding van besmettelijke ziektes in de hele wereld.

De complottheorie tegen Gates is aantoonbare kletskoek, maar krijgt op social media veel verspreiding en aanhang. Gates reageerde: 'Het is toch wel ironisch dat je iemand uitkiest die miljarden uitgeeft om de wereld beter voor te bereiden op de uitbraak van besmettelijke ziektes. Maar ja, we leven in een idiote situatie en dan krijg je idiote geruchten.'

Roddels in tijden van corona...

Het politieke discours in de VS is dus in de greep van het virus van het wantrouwen. Volgens Pew Research Center had in de jaren zestig nog ruim driekwart fiducie in de overheid. Dat is in de laatste 20 jaar dramatisch gedaald, van 50 naar minder dan 20 procent. Ook veelzeggend: de opkomst bij verkiezingen is in Nederland tientallen procenten (2017: 82 procent) hoger dan in de VS (in 2018: 56 procent). In ons land is de trend de laatste 20 jaar licht stijgend, in de VS dalend.

De misschien wel grootste aanjager van wantrouwen is de president zelf. Amerika beleeft de grootste economische crisis in tientallen jaren. Dan hoop je op politieke leiders die zelfverzekerd en consistent het initiatief nemen en daarbij zo veel mogelijk steun verwerven bij politici en burgers. Donald Trump doet het omgekeerde.

Zijn verbeten scheldpartijen zweven door mijn hoofd als hij weer eens ánderen verwijten maakt: het coronavirus is de schuld van de Chinezen, de angst onder de bevolking komt door linkse media, de WHO heeft jammerlijk gefaald, de economie wankelt door de 'do nothing Democrats', illegale immigranten besmetten 'fellow citizens'.

Wantrouwen is de brandstof in de politieke aanvalsmachine van Donald Trump. Die machine draait 7 dagen per week, 24 uur per dag.

Amerika is tot op het bot verdeeld. Links tegen rechts, Democratisch tegen Republikeins, tégen of vóór Donald Trump. Zelfs het heropenen van de economie verloopt langs partijlijnen. Democratischgezinde staten bleven gemiddeld langer dicht. Republikeinse staten waren sneller met het openstellen van winkels, bedrijven, parken en stranden. Daar steeg vervolgens het aantal besmettingen ook het snelst.

Onverdraagzaamheid is er altijd en overal. De Amerikaanse politiek kent ook geen gunfactor. Het is politiek vrij worstelen. Daarmee vergeleken is de Haagse politiek een bedaarde handwerkclub.

Toch vinden Nederlanders juist de Haagse politiek vaak venijnig. Geen wonder, de media venten elk meningsverschil op hoge toon uit alsof het voortbestaan van het vaderland op het spel staat. Maar als het erop aankomt overheerst wederzijds vertrouwen. Die oer-Hollandse traditie is – anders dan voorlopig het coronavirus – onuitroeibaar.

WIJ VINDEN DIGID HEEL GEWOON, IN AMERIKA IS ZOIETS ONDENKBAAR

Het is dus leerzaam om een tijdje in het buitenland te wonen. Je leert je land vooral kennen als je je – bij terugkeer uit den vreemde – door talrijke procedures en formulieren werkt. Al snel stuit je dan op DigiD. Als kersverse repatriant maak je daar voor het eerst serieus kennis mee. Wow, wat een luxe. Met twintig jaar Amerika in het hoofd verbaasde ik me daarover. DigiD zou in de VS ondenkbaar zijn!

Ik heb DigiD wel eens uitgelegd aan Amerikanen. Of beter: geprobeerd uit te leggen. Dan vertel ik dat het een online portaal is waarin al mijn gegevens zitten van de gemeente waar ik woon en ook van (een onvolledige opsomming) apotheken, belastingen, donorregister, kadaster, Kamer van Koophandel, kiesregister, notarissen, onderwijs, pensioen, RDW, Sociale Verzekeringsbank, zorgverzekering, het ziekenhuis en UWV. Hoera! Wat een gemak.

Maar menig Amerikaan hoort dat met grote weerzin aan. Amerikanen lijden aan een ongeneeslijk wantrouwen tegen alles wat overheid is. Dat is een belangrijke reden waarom ze geen centraal bevolkingsregister hebben, zoals bijna elk ander beschaafd land dat wel kent. Natuurlijk sta je als bewoner van de VS op allerlei plekken geregistreerd, maar die registratie is zeer verouderd en hopeloos versnipperd (per staat of gemeente). Wat een verspilling!

Een gemeente of stad weet niet eens hoeveel mensen er wonen. Eens in de tien jaar is er een volkstelling (*census*), zodat ze een beetje weten wie er zoal woont. Nederlanders vertrouwen erop dat hun privégegevens veilig zijn. Niemand zeurt daarover. In de VS zou dat vertrouwen er zeker niet zijn. Geen politicus die een Amerikaanse DigiD zal voorstellen. Dan hoor je: 'Weet je wie dol waren op zo'n registratie van elke burger? Hitler en Stalin! Moet ik meer zeggen?'

Dat heeft vergaande consequenties: in de VS zijn bijna vierhonderd miljoen vuurwapens in omloop. Dat is een schatting, want een landelijke registratie van verkochte vuurwapens is bij wet verboden (met dank aan de wapenlobby). Er is al jaren een fel debat of je zo'n vuurwapen moet registeren. Dat zou logisch zijn. Je krijgt als overheid inzicht in het wapenbezit en bij misdrijven kan de politie zo opzoeken van wie het gebruikte wapen is.

Drie keer raden wat de uitkomst van dit debat is. Wel of geen wapenregistratie? Inderdaad, niet dus. En het zal ook niet snel gebeuren. Er is zelfs een wet die verbiedt dat bij de aankoop de informatie van de koper van het vuurwapen blijvend in een data-archief wordt opgeslagen. Dat alles is het gevolg van de inspanningen van de NRA. Want zij zeggen: 'Als er een centrale registratie van vuurwapens komt, is de inbeslagname door de overheid de onvermijdelijke volgende stap. Dat doen dictators ook altijd.'

De Amerikaanse recherche kan – door deze politieke idiotie – na een misdrijf niet even snel in de computer nazoeken van wie het wapen is (geweest). Het gevaarlijkste artikel dat een eenvoudige consument kan kopen, onttrekt zich vrijwel volledig aan de controle van de overheid. Alle pogingen om een landelijke registratie van wapenbezitters en -verkopen op te zetten liepen, vast in politiek drijfzand.

Een gevolg van deze malle en achterhaalde situatie is ook dat een centraal register van kiezers ontbreekt. Je krijgt in de VS niet – zoals in Nederland – keurig een stemkaart in de bus. Je moet je eerst als kiezer registreren (als Democraat, Republikein of onafhankelijke kiezer). Het gevolg is dat er veel dode kiezers zijn die – via poststemmen door familieleden – gewoon mee blijven doen. Volgens een onderzoek uit 2012 zijn dat er bijna twee miljoen!

Nogal wat kiezers staan in twee staten geregistreerd (2,75 miljoen) en meer dan 20 miljoen kiesregistraties zijn niet accuraat, aldus onderzoek van PewTrust.

De VS heeft ongeveer 200 miljoen kiesgerechtigden. 150 miljoen hebben zich ook echt laten registeren. Zo'n 50 miljoen kiesgerechtigden staan dus helemaal niet geregistreerd en mogen niet meedoen.

Waarom niet? Drie redenen: ze hebben geen belangstelling om te stemmen, ze vinden het te veel moeite of het wordt hun door allerlei wetten en regels onmogelijk gemaakt. De onderzoekers van Pew concluderen: 'Het systeem is inaccuraat, kostbaar en inefficiënt.' Alles draait om de politieke wil om geld te besteden aan een beter systeem waardoor meer kiezers daadwerkelijk kunnen stemmen. Elk land krijgt het kiesstelsel dat het verdient.

DE DEMOCRATEN IN MACHTELOZE WOEDE: DE REPUBLIKEINEN HALEN MET MINDER STEMMEN MEER ZETELS

Nederlanders vergeten vaak, dat een president een totaal andere positie heeft dan onze premier. In Nederland kan het parlement de premier elke dag naar huis sturen. Zo'n minister-president zit er immers bij de gratie van zijn mandaat in de Tweede Kamer.

Een Amerikaanse president heeft geen politieke machtiging van het parlement (het Congres in de VS), maar rechtstreeks van de kiezers. Dat kun je niet zomaar ongedaan maken. Dat maakt een president heel machtig en afzetting bijna onmogelijk.

En dus kan Donald Trump allerlei fratsen (het opzeggen van verdragen, de bouw van de Amerikaans-Mexicaanse muur, strengere regels voor immigratie, gratie voor omstreden gevangenen, veel en vaak schelden) uithalen zonder dat het Congres kan ingrijpen.

Hij is ook opperbevelhebber van het machtige Amerikaanse leger en kan op eigen houtje tot bombardementen besluiten. Een Amerikaanse president is koning, keizer en admiraal. Dat is fijn als je een fan bent van de president, maar akelig als de president van een politieke kleur is die je als kiezer niet bevalt.

Hoe lastig het is een president naar huis te sturen (*impeachment*) of daar zelfs maar een poging toe te doen zien we in 2019 als de Democratische oppositie onder leiding van Congreslid Nancy Pelosi maar blijft aarzelen omdat ze bang is dat kiezers zich ertegen keren. Trump lacht in zijn vuistje, blijft er lustig op los liegen en weigert het Congres botweg informatie te geven.

Eind september 2019 keert het tij en besluit Pelosi alsnog een begin te maken met impeachment, ook al weet ze dat de kans van slagen minimaal is omdat de Republikeinse meerderheid in de Senaat afzetting van de president zal blokkeren. Democratische controle heeft zo zijn beperkingen in het Amerikaanse systeem. Onze hoogste politieke baas (de premier) wordt veel strikter gecontroleerd en gecorrigeerd dan de Amerikaanse president. In Nederland hebben we dus een democratischer systeem.

Er is meer als je de VS en Nederland vergelijkt. Het Amerikaanse stelsel laat toe dat de wens van de meerderheid van de kiezers eenvoudig terzijde wordt geschoven. Nog een ernstig mankement in het Amerikaanse systeem: het gerommel met kiesdistricten.

Laat ik met mijn conclusie beginnen: het gevolg is dat de Democratische kandidaten – door grootscheeps gemanipuleer van de Republikeinen – veel stemmen mislopen. En ja, dat is erg ondemocratisch. Voor een fiks deel kun je het – bij voldoende politieke wil – makkelijk voorkomen. Voor een ander deel zit het ingebakken in het onveranderlijke systeem.

Een rekenvoorbeeld: je hebt twee kandidaten die honderdduizend stemmen te verdelen hebben voor een zetel in het parlement. De ene kandidaat heeft zestigduizend stemmen, de andere veertigduizend. Dan denk je: simpel, de een heeft zestig zetels, de ander veertig. Niet in de VS. Daar kan de verdeling zomaar zeventig tegen dertig zijn. Je kunt zelfs met een minderheid van de stemmen een meerderheid van de zetels halen.

Even een uitleg: in het Huis van Afgevaardigden – vergelijkbaar met onze Tweede Kamer – zitten 435 leden, die elk één kiesdistrict vertegenwoordigen. Je wint die zetel als je in jouw district de meeste stemmen haalt. Bij de tienjaarlijkse volkstelling worden de grenzen van die kiesdistricten opnieuw bepaald. En daarbij wordt schaamteloos gezwendeld. Zowel de Republikeinen als de Democraten hebben zich daar in de loop van de jaren schuldig aan gemaakt. Maar de Republikeinen maken het wel héél bont.

Hoe het werkt? Met slimme computerprogramma's zoek je per wijk, straat en zelfs per woonblok uit waar waarschijnlijk de meeste Democratische kiezers wonen. Vervolgens zorg je dat in een paar kiesdistricten zo veel mogelijk Democraten wonen, die daar dan met een grote meerderheid winnen. Het gevolg is dat Republikeinen in alle overige kiesdistricten met betrekkelijk weinig stemmen een kleine meerderheid kunnen halen. Ondemocratisch, maar niet per se in strijd met de wet. Een gevolg is wel dat kiesdistricten er qua vorm idioot uitzien. Een soort gespetterde inktvlek, en dan nog erger.

Onderzoek laat zien dat de Republikeinen hiervan in 2016 vier keer vaker profiteren dan Democraten. Dat voordeel was pregnant in een aantal swingstates: Michigan, North Carolina, Pennsylvania, Wisconsin, Florida en Virginia. Het totale voordeel van de Republikeinen was maar liefst 22 zetels (van de 435). Ruim vijf procent verschil dus!

Onderzoekers van het Brennan Center for Justice van New York University noemen dit 'een bedreiging voor de democratie'. Die 22 zetels zouden de Democraten in 2016 net geen meerderheid hebben opgeleverd. Maar het beeld verandert als je alle andere trucs meetelt die als doel hebben het aantal kiezers terug te dringen. Hadden de Democraten vanaf 2016 Trump beter dwars kunnen zitten?

Gerrymandering is een praktijk die tweehonderd jaar teruggaat. Ooit was er in de staat Massachusetts gouverneur Elbridge Gerry. Die tekende voor eigen politiek gewin een wild gevormd kiesdistrict dat op een salamander leek. Verbind er zijn naam aan en je krijgt het – in Amerika overbekende – begrip van *gerrymandering*. In Pennsylvania ziet het er nog gekker uit. Het zevende district heet daar in de wandeling 'Goofy kicking Donald Duck'; de heel grillige vorm van het district doet er inderdaad aan denken.

200 jaar later is dit nog steeds actueel. De Democraten hebben het gevaar van dit politieke gerommel onderschat. De Republikeinen zijn daarin gewoon sneller en slimmer geweest. In een beleidsstuk van de partij staat het zonder schaamte: 'Socialisme begint in de staten. Daar moeten we het dus ook blokkeren.'

EEN HOGE OPKOMST KAN ONDEMOCRATISCHE RESULTATEN VOOR DE DEMOCRATEN DEELS NEUTRALISEREN

Bloomberg News heeft het uitgerekend: in twee derde van de staten hebben de Republikeinen onevenredig veel macht door gerrymandering. Een voorbeeld: in 2016 haalden de Republikeinen 49 procent van de stemmen, maar kregen 55 procent van de zetels in het Huis van Afgevaardigden.

Het is nog veel erger in de kiesdistricten waar de Republikeinen eenzijdig de districtsgrenzen bepaalden. Dat was heel extreem in 2010: Republikeinen haalden in die 'eigen' districten 51 procent van de stemmen en maar liefst 72 procent van de zetels. Dit was de periode dat Barack Obama president was. Door de voor hem slechte uitslag in het Huis van Afgevaardigden werd zijn politieke speelruimte veel kleiner. Het bemoeilijkte zijn plannen voor de hervorming van de economie en de uitvoering van Obamacare.

Ook in de jaren daarna (2012, 2014, 2016) waren de Republikeinen steeds dik in het voordeel: meer zetels met minder stemmen. De verkiezing van 2018 was een uitzondering. Toen hadden beide partijen ongeveer evenveel stemmen nodig voor één zetel. Dat had te maken met de recordopkomst van Democraten: vijfentwintig miljoen (!) meer stemmen dan bij de vorige Congresverkiezingen van 2014. Als kiezers in 2020 weer zo gretig opkomen, is Trump gezien.

In de Senaat is de verhouding nog schever. Je moet kijken naar alle stemmen van de laatste zes jaar (elke twee jaar komt immers een derde van de zetels vrij). In 2014, 2016 en 2018 haalden de Democraten in totaal 123 miljoen stemmen, de Republikeinen 98 miljoen. Mooi voor de Democraten zou je denken. Helaas, de Democraten zouden volgens die telling vijfenvijftig zetels moeten hebben, ze hebben er in werkelijkheid slechts vijfenveertig. Dat staat wel erg ver af van het Hollandse 'meeste stemmen gelden'.

Het is bij de Senaat het gevolg van de Grondwet die bepaalt dat staten ongeacht hun inwonertal twee senatoren leveren. Linkse staten als Californië (negenendertig miljoen) en New York (twintig miljoen) hebben dus evenveel macht als conservatieve staten als Wyoming (570 000) en North Dakota (760 000). Dat heeft vergaande gevolgen voor de macht in Washington. Donald Trump zou met een uitslag gebaseerd op het aantal stemmen tegen een solide Democratische meerderheid moeten opboksen in Huis en Senaat. Een *lame duck*-president heet dat, een kreupele president. Hij zou dan wel een toontje lager (moeten) zingen.

Nu heeft Trump de meerderheid in de Senaat en kan hij rechtse benoemingen voor het zo belangrijke Hooggerechtshof erdoor duwen. Daar zit nu een rechtse meerderheid (vijf van de negen rechters) die beslissingen neemt die Trump welgevallig zijn. De Democraten zien opnieuw in machteloze woede toe hoe de Republikeinen met minder stemmen toch hun wil aan de meerderheid opleggen.

Het Amerikaanse systeem zet voor Republikeinen een politieke premie op een lage opkomst. Een hoge opkomst is doorgaans goed voor Democraten. In de aanloop naar de verkiezingen van 2020 is er een heftig debat over het stemmen per post ('mail-in ballots'). Ondanks alle gebreken in het Amerikaanse kiesstelsel is het aantal bewezen gevallen van fraude zeer gering. Dat geldt ook voor de staten (Colorado, Hawaï, Oregon, Utah, Washington) waar alle geregistreerde kiezers een stemformulier thuis krijgen gestuurd.

Clare Malone van de politieke website Fivethirtyeight.com deed onderzoek naar fraude. Ook zij concludeert dat de Republikeinen een probleem proberen op te lossen dat er amper is ('a solution in search of a problem').

Er zijn steeds meer staten die massaal gebruikmaken van poststemmen. Republikeinen proberen hartstochtelijk deze vorm van stemmen verdacht te maken en via beperkende regels voor grote groepen kiezers vrijwel onmogelijk te maken.

Donald Trump: 'Poststemmen zijn levensgevaarlijk voor het land. Ze zorgen voor oplichting. Er zal in zeer veel gevallen sprake zijn van fraude. Dat accepteer ik niet.' Trump dreigt als straf geld voor het organiseren van de verkiezingen in bijvoorbeeld Michigan te blokkeren.

De president schetst zonder feitelijke onderbouwing een onheilspellend beeld: nooit eerder was er zoveel fraude ('2020 will be the most rigged election') met manipulatie vanuit het buitenland ('millions of mail-in ballots will be printed by foreign countries').

Waar is hij toch bang voor? Meer Democratische stemmen in Michigan, een staat die hij in 2016 met minimaal verschil won (elfduizend (0,23 procent) van de vierenhalf miljoen stemmen)? Ook in Wisconsin is het juridische gevecht over poststemmen losgebarsten. Daar won Trump vier jaar geleden ook met minimale marge (ook minder dan 1 procent).

REPUBLIKEINEN WILLEN LAGE OPKOMST: MET STEMRECHT MOET JE NIET TE SCHEUTIG ZIJN

Per post stemmen zal de opkomst waarschijnlijk flink verhogen. Traditioneel is dat gunstig voor Democraten. Dat verklaart de Republikeinse jihad tegen uitbreiding van de opties om te kunnen stemmen. Dat is ook niet nieuw. De Burgerrechtenwetten uit de jaren zestig bevatten al bepalingen die een einde moesten maken aan 'voter suppression' onder zwarte Amerikanen. Toen was het dus al een probleem.

De Republikeinen weten verduiveld goed dat ze er voordeel uit halen. Republikeins activist en een van de oprichters van de rechtse denktank Heritage Foundation Paul Weyrich was er heel open over: 'Ik wil niet dat iedereen gaat stemmen. Laat ik even eerlijk zijn: onze invloed bij verkiezingen stijgt als het aantal kiesgerechtigden daalt.'

Weyrich schreef mee aan wetsontwerpen die precies dit doel hadden: zorg dat het aantal Democratischgezinde kiezers zo laag mogelijk blijft. Daar zijn de Republikeinen heel lang zeer succesvol in geweest. Nu pas is er breed verzet en zijn er rechtszaken om dit onrecht ongedaan te maken

Het is extra actueel geworden door de coronacrisis, waardoor veel kiezers uit angst voor besmetting liever niet naar een stembureau aan, maar de voorkeur geven aan het per post stemmen. Het zou om vele miljoenen stemmen kunnen gaan in november. Donald Trump fulmineert ertegen en waarschuwt voor massale fraude. Maar het bewijs daarvoor ontbreekt dus. En de meeste staten gaan voorlopig ondanks de presidentiële doemscenario's hun gang en proberen het kiezers wél zo makkelijk mogelijk te maken om per post een voorkeur voor Donald Trump of Joe Biden kenbaar te maken.

De president wil stemmen juist moeilijker maken en belooft hard te vechten tegen verruiming. Versprak Trump zich op Fox-TV toen hij over Democratische plannen om geld vrij te maken voor het systeem van poststemmen zei: 'Als je daarmee akkoord gaat, zal in dit land nooit meer een Republikein gekozen worden.'

Niemand kan het effect van corona inschatten. Zeker lijkt wel dat tientallen miljoenen Amerikanen in november het zekere voor het onzekere zullen nemen en per post gaan stemmen. Er zijn voorspellingen dat meer dan de helft van de kiezers niet meer naar het stemlokaal wil komen. Dat zou ongekend zijn. Geen wonder dat het Trumpkamp zich grote zorgen maakt.

Zelfs dit is nu al een onderwerp van politiek dispuut. De meeste Democraten zijn voor 'absentee ballots'; de meeste Republikeinen zijn tegen.

Ach ja, stemrecht.

Daar moet je niet te scheutig mee zijn.

DE OPKOMST BIJ DE VERKIEZING WORDT INGEPERKT: EN WEER ZIJN DE DEMOCRATEN IN HET NADEEL

Er is een oude grap over een zwarte professor die naar het zuiden van de VS verhuist en zich daar als kiezer wil laten registreren. Een blanke ambtenaar zegt dat hij eerst hardop het eerste artikel van de Grondwet moet citeren. Geen probleem. Dan moet hij een tekst uit het Spaans vertalen. Dat gaat ook goed. Daarna uit het Frans, Duits en Russisch. Allemaal vlekkeloos. Dan geeft de ambtenaar de professor een tekst in het Arabisch. Of hij dat ook even wil vertalen. Oei, maar de professor weet een oplossing en zegt snedig: 'Daar staat in het Arabisch: "Zwarten mogen niet stemmen in Amerika".'

Ook bij de registratie van kiezers wordt schaamteloos gerommeld. En opnieuw vooral door Republikeinen. In de VS heet het *voter suppression*, het gekunsteld laag houden van de opkomst. Amerikaanse burgers moeten zich als kiezer registreren. En daarbij heb je bijvoorbeeld een rijbewijs, paspoort of ander identiteitsbewijs nodig. Ook zijn er vaak strenge termijnen waarbinnen je je geregistreerd moet hebben (soms maanden voor de verkiezingen).

In de praktijk blijkt dat veel kiezers daar moeite mee hebben. Veel burgers met lage inkomens en leden van etnische minderheden (die veelal op de Democraten stemmen) zijn het slachtoffer van deze strenge regels. En die restricties worden vaak bedacht en in stand gehouden door Republikeinse bestuurders. In 2016 hadden veertien staten naast de oude wetten nog eens extra maatregelen die de opkomst beperkten.

Van die veertien staten (waaronder Alabama, Arkansas, Indiana, Kansas, Mississippi en Ohio) stemden er elf voor Trump. Gemiddeld is het in linkse staten makkelijker om te stemmen dan in rechtse staten. Het verschil in opkomst kan oplopen tot bijna tien procent. Dat kan het verschil betekenen tussen winnen en verliezen.

Een voorbeeld van voter suppression: in Georgia was er de regel dat er geen enkel verschil mag zijn in de spelling van je naam op verschillende documenten. Eén letter verschil of het ontbreken van een streepje in de naam is al genoeg om de registratie af te wijzen. Bij indiaanse reservaten is er vaak geen adres maar alleen een postbus. Jammer, dat mag niet. Je kunt dan niet stemmen. Over deze kwesties worden veel rechtszaken gevoerd.

Wie wil stemmen, moet dus op de kieslijst staan. Het is van kolossaal belang wie daarnaar kijkt. Wie blijft erop staan? Wie wordt geschrapt? Wie beslist? Het overkomt kiezers dat ze bij het stembureau pas horen dat ze eruit liggen. Het toezicht op de lijsten voor de kiezersregistratie is in 2013 door het overwegend conservatieve Hooggerechtshof drastisch beperkt. De staten hebben nu – zonder federale pottenkijkers – vergaande zeggenschap.

En wat blijkt: staten die in het verleden het vaakst discrimineerden, doen dat nu nog vaker. Uit een studie van het Brennan Center for Justice blijkt dat gemiddeld de meeste kiezers worden geschrapt in Republikeinse staten. Tussen 2016 en 2018 zijn zeventien miljoen (!) kiezers van de lijsten verwijderd. Pakweg eenzelfde aantal verdween in de twee jaar daarvoor. Soms is dit natuurlijk legaal (verhuizing naar een andere staat, sterfgevallen), vaak ook niet. En dan te bedenken dat Trump in een paar beslissende staten met enkele tienduizenden stemmen won.

Nog een maatregel die gelijkheid bij het kiezen beperkt: in veel staten raken (ex-)gevangenen hun stemrecht kwijt, vaak voor de rest van hun leven. Maar liefst zes miljoen burgers mogen niet stemmen vanwege een veroordeling.

Florida is een pijnlijk voorbeeld. Trump won er van Clinton met een verschil van honderdduizend stemmen. In deze staat mogen 1,5 miljoen (ex-)gevangenen niet stemmen. In een referendum in 2018 zeiden de bewoners in grote meerderheid (65 procent) gevangenen hun stemrecht terug te willen geven. Dat kunnen cruciale stemmen zijn in een altijd weer spannende staat als Florida.

Krijgen de inwoners van Florida na het glasheldere referendum dus hun zin? Nee, het overwegend Republikeinse staatsparlement heeft het voor (ex-)gevangenen zo moeilijk gemaakt om zich te registreren dat het effect van de nieuwe wet veel kleiner is geworden. Maar liefst 20 procent van de zwarte kiezers in Florida mag nu niet stemmen. Dat is opnieuw nadelig voor de Democraten.

Het is ondemocratisch om zoveel kiezers hun rechten op deze manier te ontnemen. Het is ook in strijd met het zo belangrijke eerste amendement van de Amerikaanse Grondwet, dat vrijheid van meningsuiting garandeert. De banale politieke realiteit van alledag is iets minder verheven.

Het Brennan Center komt tot een sombere conclusie: 'In de afgelopen 20 jaar hebben staten de toegang tot de stembus beperkt. De regels om te mogen stemmen zijn aangescherpt. De tijden dat je mag stemmen zijn ingekort, en veel kiezers zijn van de lijsten geschrapt. Dat benadeelt alle Amerikanen, maar is in het bijzonder nadelig voor minderheden, armen en groepen jonge en oude kiezers.'

Barack Obama had gelijk toen hij zei: 'Wij zijn de enige volwassen democratie die mensen met opzet ontmoedigt om te gaan stemmen.'

Wetenschappelijk onderzoek bevestigt deze treurige conclusie. The Electoral Integrity Project van Harvard University en de University of Sydney beoordeelt politieke systemen op hun eerlijkheid en rechtvaardigheid.

Op de lijst van westerse democratieën bungelt de VS onderaan de lijst.

NEGEN RECHTERS BESLISSEN OVER VUURWAPENS, SPERMADONOREN, CYBERVEILIGHEID EN ANTICONCEPTIE

Wie de Amerikaanse politiek wil snappen, kan niet om het Hooggerechtshof heen. Nederlanders realiseren zich niet altijd hoe groot de macht van dat ondemocratische Hooggerechtshof is. Een president kan op eigen houtje en zonder invloed van het Congres kandidaten voordragen, zo gauw een rechter overlijdt (er zijn geen zittingstermijnen) of terugtreedt.

Door deze benoemingen kan een president tientallen jaren over zijn eigen politieke graf heen regeren. Cruciaal is dat die voordrachten van rechters moeten worden bevestigd door de Senaat. Een meerderheid aan stemmen garandeert immers niet een meerderheid in zetels.

De huidige rechtse meerderheid van vijf tegen vier van het Hooggerechtshof duurt nu mede voort door de benoeming van de zeer conservatieve rechter Clarence Thomas, die in 1991 (!) door George H.W. Bush is benoemd. Er zitten ook nog twee progressieve rechters (Ruth Bader Ginsburg sinds 1993 en Stephen Breyer sinds 1994), die Bill Clinton benoemde.

Bij een tweede termijn voor Donald Trump is de kans groot dat de conservatieve meerderheid groeit naar zes tegen drie, omdat Ruth Bader Ginsburg, een van de vier progressieve rechters, oud is (geb. 1933) en een zwakke gezondheid heeft. Houdt zij stand tot het einde van de tweede termijn van Trump (in 2024)? Progressieven kijken dat met angst en beven aan.

We zien hier eenzelfde effect: veranderingen in de samenleving werken zeer vertraagd door in de politieke richting van het bestuur en het zo belangrijke Hooggerechtshof. In Nederland lopen alle grote beslissingen via de Eerste en Tweede Kamer. In de VS toetst het Hooggerechtshof zonder enige democratische controle of wetten voldoen aan de Grondwet uit 1787.

De rechters zitten nu bijna 250 jaar later te puzzelen over de vraag wat de opstellers van de Grondwet zouden vinden van abortus, anticonceptie, cyberveiligheid, e-commerce, genetische manipulatie, gokken op sportwedstrijden, het homohuwelijk, een inreisverbod voor moslims, internet- en handelswetten, mobiele telefonie, digitale privacy, spermadonoren en de verkoop van ultramoderne automatische wapens.

De opstellers van de Grondwet – onder wie Alexander Hamilton, Benjamin Franklin en George Washington – zouden bij veel van de nu behandelde onderwerpen geen idee hebben waar het over ging. Maar hun overwegingen uit de late achttiende eeuw bepalen nu in de eenentwintigste eeuw nog steeds de uitkomst van grote kwesties als abortus, wapenbezit en Obamacare. Ze moesten eens weten.

En precies dáár komt de politiek om de hoek kijken. Linkse rechters komen vaak tot andere conclusies dan rechtse rechters. Daarom is de vraag wie de meerderheid heeft in de Senaat zo belangrijk. Donald Trump had zijn twee conservatieve rechters nooit benoemd gekregen bij een meerderheid van de Democraten. Die hadden de voordrachten vrijwel zeker geblokkeerd.

In Nederland is onze Hoge Raad nooit onderwerp van politiek debat; in de VS is het Hooggerechtshof altijd een belangrijk onderwerp van gesprek. Uitspraken van de rechters zijn vaak breaking news. De heftige polarisatie in de Amerikaanse politiek klinkt keihard door in de statige rechtszaal van het Hooggerechtshof.

Trumpaanhangers zijn vast diep teleurgesteld over de uitspraken in het voorjaar van 2020 wanneer het Hooggerechtshof in korte tijd vier voor de Republikeinen onaangename uitspraken doet: over lhbtq-rechten, wapenbezit, verblijfsvergunningen voor honderdduizenden illegalen en een verbod op de strikte abortuswet in Louisiana. Trump heeft vergeefs gerekend op slaafse gehoorzaamheid van de vijf rechtse rechters.

Dit is Donald Trump niet gewend. Hij heeft nu iets uit te leggen aan de christelijke kiezers voor wie bijvoorbeeld elke vorm van abortus een gruwel is. De voorstanders van abortus waren daarentegen verrukt over de uitspraak. Ze zien het als een verdedigingslinie tegen de pogingen om het recht op abortus voor eens en altijd om zeep te helpen.

'WE THE PEOPLE': JA, MAAR VAAK HEEFT HET VOLK HET NAKIJKEN

Je kunt de Amerikaanse politiek niet snappen zonder enige kennis van de ontstaansgeschiedenis. De founding fathers onder leiding van George Washington waren vrijheidsstrijders. Ze hadden geleden onder het koloniale bewind van de Engelsen en hun koning. Ze bevochten in de achttiende eeuw hun vrijheid en onafhankelijkheid. Vanuit die strijdbaarheid schreven ze de eerste Grondwet van hun nog zo jonge natie.

De aartsvaders van de VS wilden een staatsbestel waarin machtsmisbruik – zoals dat van de Engelse koloniale bezetter – onmogelijk was. De eerste woorden van de Grondwet luiden dan ook: 'We the people'. En dan volgt de opsomming van de vele rechten en plichten van de burgers van deze jonge republiek, die in rap tempo zou uitgroeien tot de grootste supermacht ter wereld.

Voluit heet het land de United States of America. Dat klopt, en het klopt ook niet. Ja, het land is 'united' en heeft een gezamenlijke grondwet, regering en munt. Dat staat niet ter discussie. En daarmee heeft het Europa met een paar honderd jaar verslagen! Maar de bevoegdheden liggen voor een groot deel bij de vijftig staten. Die hebben veel meer macht dan onze provincies.

Het hele kiesstelsel draait om de staten. Bij de vorming van de VS werden nieuwe staten met een kleine bevolking gelokt met de belofte dat ze niet kansloos overschaduwd zouden worden door de grote staten. De staten met een kleine bevolking zijn ook bij de verkiezing voor een nieuwe president zwaar in het voordeel. Landelijk had Hillary Clinton, die vooral won in staten met veel inwoners, drie miljoen stemmen meer, maar mede door die scheve verhoudingen van de staten verloor ze van Donald Trump. Zo staat het nu eenmaal in de wet. Hetzelfde overkwam in 2000 de Democratische kandidaat Al Gore, die landelijk vijfhonderdduizend stemmen meer had dan George Bush, maar geen president werd.

Stel je voor dat in de VS zou gelden wat wij in Nederland doen (de meeste stemmen gelden), dan zou Bush nooit president zijn geworden en zou er bijvoorbeeld geen oorlog in Irak en Afghanistan zijn geweest. En in 2016 zou Hillary Clinton met klinkende cijfers Donald Trump hebben verslagen.

OP HET POLITIEKE MENU STAAN MAAR TWEE SMAKEN: LINKS OF RECHTS

Nederlanders realiseren zich vaak niet wat het betekent dat je – zoals in de Verenigde Staten – keuze hebt uit slechts twee partijen en twee kandidaten. Er is – heel Amerikaans – een harde schifting tussen winnaars en verliezers. Dat heeft grote invloed op de manier waarop burgers hun stem bepalen.

Even een uitleg: stel je voor dat we in Nederland een politiek stelsel hadden als in de VS. Dan zouden we bij parlementaire verkiezingen moeten kiezen tussen twee partijen. Een linkse en een rechtse.

Neem als voorbeeld een GroenLinkskiezer, die zich bij zijn of haar partij niet meer thuis voelt. In de Amerikaanse situatie heb je dan maar één, rechts alternatief. Hoe frustrerend moet dat zijn? Want je bent ontevreden met je eigen linkse partij, maar je vindt jezelf ook niet echt rechts. Wat te doen? In Nederland zijn er dan meerdere progressieve alternatieven.

In de omgekeerde situatie krijg je hetzelfde. Hoe snel stapt een rechtse kiezer over naar een echt linkse partij? Dan bedenk je je wel drie keer, ook omdat de kans groot is dat je dan politiek breekt met veel vrienden en familieleden. Je hebt in het buurthuis, bij de hockeyclub, de vakbond of de Rotary wel wat uit te leggen. Wie kiest voor zo'n ongemakkelijke situatie?

Als Nederlanders zich verbazen over de giftige polarisatie in de Amerikaanse politiek vergeten ze vaak dat dit mede het gevolg is van dit tweepartijenstelsel. Officieel zijn er natuurlijk nog een paar kleine partijen, maar die spelen geen enkele rol bij het verdelen van de macht. Het politieke menu in de VS heeft twee smaken. Punt uit. Is het verwonderlijk dat veel kiezers dat frustrerend vinden?

Nog een verschil dat de afstand burger-politiek kan vergroten: in Nederland is de regering een afspiegeling van het parlement met steeds een aantal partijen in de coalitie. In Amerika niet. Een president heeft vaak een politiek vijandige meerderheid tegenover zich. Dat overkwam zowel Bill Clinton (1994) als Barack Obama (2010), die na twee jaar in het Witte Huis een electorale aframmeling kregen en daarna moesten opboksen tegen een meerderheid van politiek vijandige Republikeinen in het Huis van Afgevaardigden. Voor Clinton was het helemaal rampzalig, want die verloor ook nog de meerderheid in de Senaat. Vanaf dat moment hebben de Republikeinen hem met volle overgave politiek dwarsgezeten.

Vergelijk het maar met premier Mark Rutte, die politiek zaken moet doen met een parlement waarin de SP of de PVV de absolute meerderheid zou hebben. Hoeveel krijgt Rutte dan gedaan? Niet veel. Die partijen gunnen Rutte niks. Het Nederlandse stelsel met al die partijen biedt een rommelige (en ook Hollands gezellige) aanblik. Het is politiek boerenbont. Maar – echt waar! – onze besluitvorming staat op een veel hoger niveau dan in de VS. Nederland wordt beter, zakelijker en efficiënter geregeerd dan de VS. Dat mogen we van de moppercoalitie van PVV, Denk en FvD niet weten, maar het is wel waar.

Het aanzien van de politiek en het parlement is in Nederland ook veel hoger dan in de VS. En de opkomst ligt in Nederland ver boven het niveau van de VS. Kortom: wij doen het zo slecht nog niet.

In Nederland hoor je frequent klaagzangen dat in ons vermaarde poldermodel te veel in politieke achterkamertjes wordt bedisseld. Maar kijk eens hoe in het Amerikaanse systeem de politieke smaak- en spraakmakers ongecontroleerd en ongegeneerd zitten te konkelfoezen. Het is een vergiftigd politiek bedrijf, waar de hoofdrolspelers kniehoog door de stromen dollars waden, die ze van grote bedrijven en lobbyisten hebben getoucheerd. Ze noemen dat in de VS vrijheid van meningsuiting. In Nederland heet het corruptie. Is dat democratisch?

Amerikanen kunnen dus wel wat leren van ons knusse poldermodel, waarin je niks bereikt als je elkaar niet af en toe een succesje toeschuift. In Washington daarentegen heerst politieke en ideologische verlamming (*gridlock*) die elke creativiteit en daadkracht verstikt. Donald Trump had groot gelijk toen hij daar in de campagne van 2016 luidruchtig over mopperde. Hij zou dat politieke moeras in Washington wel even leegpompen. De president heeft de pomp nog niet aangezet.

14

Trump en de politiek: 'Aanvalluh!'

'Donald Trump hoeft niet te winnen. Hij moet ervoor zorgen dat de Democraten verliezen. Miljoenen kiezers vinden Trump walgelijk, maar stemmen toch op hem. Ze vinden de Democraten nog angstaanjagender.'
Charles Sykes, hoofdredacteur van de conservatieve website The Bulwark

Vraag van een Congreslid: 'Hoe vaak heeft de heer Trump u gevraagd namens hem mensen te bedreigen?'
Oud-Trumpadvocaat Michael Cohen: 'Nogal vaak.'
'Vijftig keer?'
'Meer.'
'Honderd keer?'
'Nee, vaker.'
'Tweehonderd dan?'
'Meer.'
'Vijfhonderd keer?'
'Ja, zoiets. In een periode van tien jaar.'
Michael Cohen tijdens het verhoor in het Congres in 2019

HET NIEUWE NORMAAL: DE GOEDE SMAAK EN HET FATSOEN IN DE NULSTAND

Journalisten zijn verslaafd aan Donald Trump. Kijkcijfers van tv en oplagecijfers van kranten stijgen. Veel journalisten vinden Trump vreselijk. Maar ja, hij is wel goed voor de omzet. En dus blijven ze de extreme uitlatingen en scheldpartijen van Trump herhalen. Hoeveel Amerikanen hebben die overbekende aanduidingen als Crooked Hillary, Pocahontas (voor de Democrate Elizabeth Warren) of Sleepy Joe (Biden) al onuitwisbaar in ons collectieve geheugen vastgelegd?

Margaret Sullivan, columnist van *The Washington Post*, waarschuwt haar collega's dat media precies doen waar Trump op hoopt. Ze zijn de bereidwillige megafoon voor de presidentiële propaganda. Trump weet immers: doe iets extreems en je bent verzekerd van publiciteit. En dat het kritiek oplevert? Geeft niet, als de mensen maar onthouden wat ik zei. Sullivan: 'Daarmee worden journalisten medeplichtig aan de verachtelijke werkwijze van Trump. Zijn grapjes waren nooit grappig. Behandel ze dan ook niet zo.'

Trump heeft zelf toegegeven dat hij journalisten gebruikt. Hij is er een grootmeester in: 'Zodra je een klein beetje anders, een beetje absurd, of lomp, of controversieel bent, gaat de pers over je schrijven.' Daar komt de schaamteloosheid van Trump om de hoek kijken. Niks is te gek. Goede smaak en goed fatsoen zetten we in de nulstand.

Michael Kruse schrijft op de website Politico: 'De Trumpcampagne is een opzettelijke opeenvolging van kolossale blunders en misstappen. Bij elke andere kandidaat zou dit de campagne torpederen, maar het maakte Trump juist sterker, omdat zijn naam voortdurend in het nieuws was.'

Zelf een Trumptestje doen? Ga naar YouTube en typ 'Trump nobody knows better' in. Dan krijg je een bonte variëteit van Trump-video's waarin hij pocht over zijn actuele kennis over tal van zaken. Het filmpje 'Everything Donald Trump is an expert in; according to him' is een absolute aanrader. Of dit: '24 things nobody does better than Trump'.

Een kleine selectie van zijn onovertroffen vaardigheden: 'Niemand is sterker dan ik, niemand weet meer over militaire zaken, atoombewapening, infrastructuur, handel en devaluatie, niemand houdt zoveel van de Bijbel, kan zo goed muren bouwen en gehandicapten helpen, niemand is even conservatief en pro-Israël als ik.' O, en vergeet deze niet: 'Niemand respecteert vrouwen zoals ik dat doe.'

Zou de gelovige Trump er de Bijbel wel eens op na hebben geslagen? Wat had hij dan kunnen lezen? 'Wees steeds bescheiden, zachtmoedig en geduldig' – Efeziërs 4:2. En: 'Wees eensgezind en niet hoogmoedig. Zet uzelf aan tot bescheidenheid' – Romeinen 12:16.

TRUMP SABOTEERDE DE IMPEACHMENT: EEN LEVENSGEVAARLIJK PRECEDENT

Nu we Trump bijna vier jaar als president hebben meegemaakt worden deze patronen steeds duidelijker. Wat waren zijn plannen en beloftes destijds? Wat is ervan terechtgekomen?

Al die handelsoorlogen bijvoorbeeld. Daarmee zou eindelijk het handelstekort van de VS snel kleiner kunnen worden. De werkelijkheid: het tekort was onder president Trump tot de coronacrisis al met vijfentwintig procent gestegen. Hij heeft door zijn ruzie met de Chinezen de wereldeconomie in de paniekstand gezet.

Nog een voorbeeld: het begrotingstekort van de overheid. Dat zou ook snel slinken na het wanbeleid van Barack Obama. Helaas, het is groter dan ooit, mede door de kosten van de coronacrisis en de megabelastingverlaging die Trump doorvoerde.

Donald Trump beloofde als kandidaat dat onder zijn presidentiële leiding de Washingtonse politiek eindelijk inzichtelijk zou worden. O ja? En de impeachmentprocedure dan?

Het is een van de belangrijkste politieke wapens die het Congres tegen een president in stelling kan brengen. Congresleden moeten nieuwe wetten maken (wetgevende macht) en de president (de uitvoerende macht) controleren. Je zou denken dat de president het als zijn heilige plicht beschouwt om het Congres bij zo'n onderzoek ter wille te zijn. Het tegendeel was het geval. Nul transparantie. Nul medewerking. Maximaal gescheld.

Even een vergelijking: stel je voor dat premier Mark Rutte het verzoek van de Tweede Kamer krijgt om schriftelijke informatie over zijn beleid te geven. Rutte weigert. En zijn eigen partij, de VVD, geeft hem groot gelijk. Wat denkt die oppositie wel?

Kunnen we dan, vragen de Kamerleden vervolgens, in elk geval met de ambtenaren praten die op dit vlak deskundig zijn? Rutte weigert opnieuw. Potverdikkie, dit wordt wel heel akelig: wil de premier dan zelf in de Tweede Kamer maar komen uitleggen wat er precies aan de hand is?

Rutte weigert hooghartig en verwijt vooral de oppositie dat ze een complot aan het smeden zijn om zijn functioneren onmogelijk te maken. De VVD juicht. Wat is die Rutte toch een fantastische leider. Eindelijk iemand die zijn rug rechthoudt.

De Tweede Kamer moet het onderzoek naar zijn functioneren dan uitvoeren met de handen op de rug gebonden. De belangrijkste informatie ontbreekt immers. Het onderzoeksrapport over de geheimen van Het Torentje is dan op zijn best onvolledig en dus kun je de conclusies niet erg serieus nemen.

Dit is in de Nederlandse situatie natuurlijk een krankzinnig scenario. Ondenkbaar. Als Mark Rutte had gedaan wat Trump deed, had hij met de aangenomen moties van wantrouwen kunnen kwartetten.

Toch is dit precies wat in 2019 in Washington gebeurde. De president wilde niet getuigen en ook geen stukken opsturen. De meesten van zijn medewerkers kwamen ook geen getuigenis afleggen. Ministers ook niet. De Democraten hadden hoop dat er genoeg getuigen waren met belastende verklaringen over de president om in elk geval een paar Republikeinen ertoe over te halen de president af te vallen. Maar die hoop verdampte snel. Welgeteld één senator, oud-presidentskandidaat Mitt Romney uit de staat Utah, volgde zijn geweten en stemde met de Democraten mee.

Het is een dramatisch precedent. Hoe zouden de Republikeinen gereageerd hebben als de Democraten bij een onderzoek naar bijvoorbeeld Barack Obama een vergelijkbare sabotagestrategie hadden gevolgd? Dan zou het politieke gehuil tot ver buiten Washington te horen zijn geweest.

Koning Trump vindt de bemoeizucht van volksvertegenwoordigers maar lastig. Hij vindt dat de wetten die voor ieder ander gelden voor hem niet van kracht zijn. Veelzeggend is zijn uitspraak over zijn eigen immuniteit dankzij de hondentrouw van zijn kiezers: 'I could stand in the middle of Fifth Avenue, and shoot somebody, and I wouldn't lose any voters.'

Ooit, in vroeger eeuwen, vonden koningen, keizers en farao's ook dat ze zich niks hoefden aan te trekken van de wensen van het volk. Om aan dergelijk dictatoriaal wangedrag een einde te maken is toen democratie uitgevonden. Ook in de VS.

DONALD TRUMP NEEMT HET ADVIES VAN JOHAN CRUIJFF TER HARTE: 'ALS WIJ DE BAL HEBBEN, KUNNEN HUN NIET SCOREN'

Obamacare leek zo'n goed idee. Voor tientallen miljoenen burgers zonder ziekteverzekering bood Obamacare een uitweg uit de martelende onzekerheid over onbetaalbare doktersrekeningen. Helaas, de Republikeinen presenteerden het als een socialistisch, on-Amerikaans waanidee. Kansloos, zo verzekerde Trump.

Hij zou het snel vervangen door iets veel beters. Het zou het béste plan uit de Amerikaanse geschiedenis worden. Maar, zoals dat gaat met verkiezingsbeloftes, er kwam geen nieuw plan. Intussen laat hij Obamacare langzaam wegsudderen. Een beetje tegenwerking hier, een bezuinigingetje daar. Zelfs in tijden van corona.

Tijdens de coronacrisis was het gebrek aan een deugdelijk zorgstelsel weer eens pijnlijk duidelijk. De meesten van de pakweg dertig miljoen (!) nieuwe werklozen waren van het ene op het andere moment hun zorgverzekering kwijt. De kwetsbaarste patiënten hebben de dokter het hardst nodig, maar hebben er het minste geld voor. Dus ga je niet of te laat naar de dokter. Met een beetje pech ga je onnodig eerder dood. Maar ja, Obamacare is een socialistisch gedrocht en dat wil je natuurlijk óók niet...

Voor Nederlanders moet dit een verbijsterende statistiek zijn: van de Amerikanen die failliet gaan geeft twee derde als reden onbetaalde doktersrekeningen. Het aantal onverzekerden steeg – na een daling onder Barack Obama – onder Trump weer; naar schatting zeven miljoen Amerikanen verloren hun ziektekostenverzekering. Als het aantal werklozen opnieuw stijgt (dat moet een keer gebeuren), wordt de situatie ongetwijfeld nog slechter.

Of neem de grensmuur tussen Mexico en de VS. Weet u nog? Het zou de mooiste muur ooit worden (Trump: 'Het bouwen van muren, daar ben ik de beste in.') en de Mexicanen gingen er lekker zelf voor betalen. Niet dus. Ja, er is onderhoud gepleegd en er zijn een paar stukken oude muur vervangen (ruim 200 mijl van de totaal 1900 mijl), maar dat is het wel zo'n beetje. En het geld daarvoor heeft Trump uit de defensiebegroting gesmokkeld, omdat hij er langs de gewone weg geen meerderheid voor kreeg. Een rechter heeft hem voor die boekhoudkundige truc op de vingers getikt.

Mislukt dus allemaal? Niet in de wereld van Donald Trump. Let maar op, in de campagne. Dan zijn er twee opties: hij jokt over successen of hij geeft anderen de schuld dat iets niet gelukt is. 'Wij wilden jullie beschermen tegen de hordes immigranten, maar de Democraten maakten dat onmogelijk. Is dat geen schande?' Zoiets dus.

De president kan zelfs profiteren van het rekken van problemen. Neem de bouw van de omstreden grensmuur tussen de VS en Mexico. Het levert Trump bij elke stap (de aankondiging, de protesten, de rechtszaken, de politieke debatten, de paniek over de toestroom van illegalen) een bak publiciteit op zonder dat hij er echt iets voor hoeft te doen. Er is – ondanks alle fiere beloften – immers amper nieuwe grensbewaking toegevoegd.

Maar de president heeft het onderwerp van immigratie wel op de agenda gezet als centraal thema voor de 2020-verkiezingen. Hij heeft steeds de bal in het debat. Dat is knap! Daarmee staat hij al op voorsprong in de race.

Johan Cruijff zei het al: 'Als je niet kan winnen, moet je zorgen dat je niet verliest.' Dat is cruijffiaans én heel trumpiaans: altijd het initiatief houden en aan de bal blijven.

Cruijff wist het al: 'Als wij de bal hebben, kunnen hun niet scoren.'

'TEFLON DON' HEEFT EEN DREAMTEAM VAN GETALENTEERDE JOKKEBROKKEN

Ronald Reagan noemden we destijds de 'teflonpresident'. Hij lachte zijn presidentiële potsierlijkheden weg. Dat werkte als een tierelier. Blunders, leugens en suffe versprekingen: Amerikanen vergaven het de immer opgeruimde president graag.

Je kon het radicaal oneens zijn met Reagan (hij legde mede de basis voor het keiharde rechtse beleid waarvan Trump en de Republikeinen tot op de dag van vandaag profiteren), maar je kon niet kwaad op hem blijven. Als een teflonpan dus: niks bakt aan. Even onder de kraan, afspoelen en klaar is Kees.

Trump verstaat ook de kunst om allerlei politieke rottigheid niet te laten aanbakken. Dat is de overeenkomst met Reagan. Het grote verschil met zijn verre voorganger is de permanente boosheid in de politieke arena van Trump. 'Teflon Don' is president van een nijdig land: onmacht, ongeduld en onhebbelijkheid overheersen. Zijn krijgsplan is even doorzichtig als doelmatig. Twee rollen wisselen elkaar bij Trump steeds af.

Hoe werkt dat?

1. **Slachtoffer**. Zorg altijd voor een herkenbare vijand. Dan ben je zelf automatisch het slachtoffer. Trump heeft een heel arsenaal aan vijanden bedacht: hij manoeuvreert zich in de rol van slachtoffer van de fake media. De commissie-Mueller ondernam de heksenjacht tegen hem. De Democraten zijn verkapte socialisten en ondermijnen zijn prachtplannen voor een beter Amerika. De Chinezen en Iraniërs zijn ook bad people. 'Als ik aangevallen word, vecht ik tien keer harder terug. Het is een levenswijze!' En niet alleen Trump voelt zich nu slachtoffer. Ook veel van zijn

blanke aanhangers voelen zich gediscrimineerd. Ze zijn de dupe van de toestroom van gekleurde immigranten die hun banen inpikken en hun geliefde Amerika onherkenbaar veranderen. Trump maakt handig gebruik van die angst onder zijn kiezers. Sterker: zonder angst en boosheid onder zijn kiezers (dat is hún slachtofferrol) zou hij in 2016 niet gewonnen hebben.

2. **Aanvaller.** Tegenover de rol van slachtoffer staat onophoudelijk de rol van aanvaller. Blijven beuken! En nooit verdedigen of excuses aanbieden. Trump kent als geen ander het beginsel 'de aanval is de beste verdediging'. Of bij de president: aanval is de énige verdediging. Trump komt continu met plannen waarvan de politieke goegemeente in Washington zich een hoedje schrikt: de bouw van de grensmuur, het opzeggen van handelsverdragen, het scheiden van ouders en kinderen in gevangenkampen aan de grens, het dreigen met raketaanvallen op Iran en Noord-Korea (*fire and fury*), het kopen van Groenland, het beledigen van Europese bondgenoten. Het is een ononderbroken presidentieel spervuur: de opponenten van de president komen nooit uit hun politieke dekking.

Trump switcht moeiteloos van het ene scenario (slachtoffer) naar het andere (aanvaller). Het ene kan niet zonder het andere; ze versterken elkaar. En intussen doet het politieke teflon zijn werk. Als tegenstander van de president ben je machteloos. Je kunt weinig doen tegen de trumpiaanse kamikazeaanpak. Linksom of rechtsom heeft Trump steeds het initiatief. Zijn politieke agenda beheerst het publieke debat.

Trumpbiograaf Gwenda Blair beschrijft beeldend een ander effectief wapen van Donald Trump: 'Overdrijf! Altijd en overal.' Of het steeds klopt? Nee, natuurlijk niet, maar wat maakt dat uit. En als je niet een beetje, maar heel veel overdrijft, stromen de journalisten toe om er verontwaardigd over te berichten. Dat is zoals aandachtsjunkie Donald Trump het graag ziet.

Gwenda Blair bedenkt de Vijf Geboden van Donald Trump:

1. doe alles om te winnen;
2. wees schaamteloos;
3. maak van alles wat je doet een reclamespot voor jezelf;
4. wat er ook gebeurt: presenteer het als een overwinning;
5. overdrijf, overdrijf, overdrijf.

Dat is het menu dus. En het werkte steeds! Trump houdt zich niet in en spreekt over de media als 'absolute scum', 'totally dishonest people' en 'the enemy of the people'. De gevolgen blijven niet uit: het aantal mensen dat geen vertrouwen heeft in de media is de afgelopen tientallen jaren verveelvoudigd. Ook het vertrouwen in de wetenschap is spectaculair gedaald. Hetzelfde geldt voor vertrouwen in de overheid (nu minder dan twintig procent). Het is natuurlijk niet alleen de schuld van Trump. Maar hij heeft het proces wel versneld.

Het mediacircus, waar Trump met zoveel overgave op scheldt, programmeert hem elke dag toch weer als hoofdact van de show. Politiek journalisten, die ook al blunderden toen ze in 2016 de overwinning van Trump niet hadden voorzien, moeten heel goed nadenken hoe ze hun ongewilde rol als megafoon van Trump kunnen voorkomen. Dat antwoord hebben ook de media die heel kritisch zijn over Trump nog niet gevonden.

De president blaast publicitair iedereen omver. En al zijn leugens worden uitbundig herhaald en uitvergroot door gedienstige slippendragers in het Witte Huis. Net als hun baas moeten ze wel bovengemiddeld getalenteerde jokkebrokken zijn: er staat een dreamteam van leugenaars aan het roer van 's werelds grootste supermacht.

In het voorjaar van 2020 wordt het wel spannend. Werkt de trumpiaanse aanpak nog wel na de coronacrisis, economische ineenstorting en grote demonstraties in alle grote steden? Er is speculatie dat Trump het initiatief kwijt is en steeds meer Republikeinse bondgenoten het zinkend schip van Trumps luidruchtige presidentschap verlaten. Is de brutale bravoure van The Donald uitgewerkt?

Hij vertrouwt onvoorwaardelijk op de Trumpcoalitie van 2016. En om zijn herverkiezing zeker te stellen zijn Trumpaanhangers bereid vergaande compromissen te accepteren.

Dat gaat ongeveer zo: de christenen nemen de wapenlobby voor lief. De wapenbezitters accepteren dat het minimumloon al jaren niet stijgt. Die minima zijn Trump dankbaar dat hij de Chinezen een lesje leert en Amerikaanse boeren beschermt. Die boeren zijn blij dat ze nog steeds voor dertig dollar hun pick-uptruck kunnen voltanken. De arbeiders van Ford, Dodge en GM die de deze trucks fabriceren, zijn blij dat Trump hen niet machteloos overlevert een de socialistische knoet van Obamacare. De tientallen miljoenen onverzekerde Amerikanen prijzen de president dat hij vasthoudt aan zijn militante antiabortusstandpunt. De abortusbestrijders zijn blij dat ze hun vuurwapens mogen houden vanwege je-weet-maar-nooit. Ze bidden dat God hun president nog vier jaar in het Witte Huis gunt.

En zo is de cirkel rond. Elke strijdmakker in de trumpiaanse kruistocht levert wat in ten faveure van de Grote Roerganger die hun Good Old USA behoedt voor links bederf en on-Amerikaanse ontworteling. Ziedaar de rechtse politieke agenda van 2016. Werkt het weer in 2020?

DIT ZOU ONDER TRUMP NOOIT GEBEUREN: 'MR. GROENHUIJSEN, WILT U DE PRESIDENT INTERVIEWEN?'

Die rechtse, politieke agenda is natuurlijk niet nieuw. De manier waarop deze politiek wordt verkocht wél! Even terug in de geschiedenis: het moet 1988 geweest zijn. Ik stond als NOS-correspondent (na een lang veiligheidsonderzoek door de Secret Service) op de officiële lijst van geaccrediteerde correspondenten. Met mijn White House Press Pass kon ik naar believen in- en uitlopen op 1600 Pennsylvania Avenue, het beroemdste adres van Amerika.

De telefoon ging. Een medewerker van het Witte Huis aan de telefoon. 'Mr. Groenhuijsen, wilt u volgende week de president interviewen?' Was ik verbouwereerd, opgetogen, verrast? 'Nou graag!' Een week later zat ik in de Oval Office en drukte de goedlachse Ronald Reagan de hand. 'Great to see you!' Bij de NOS waren ze knap opgewonden over het interview. Ik haalde alle Nederlandse kranten met de aankondiging dat ik Reagan ging interviewen.

Kijkend en luisterend naar Donald Trump komen de herinneringen aan de Reaganjaren nu als vanzelf weer boven. Politiek zouden beide presidenten het over een aantal kwesties best eens geweest zijn. Reagan zei: 'It's morning again in America.' Trump zegt: 'Let's Make America Great Again.' Die slogan is trouwens woordelijk gepikt van de Reagancampagne van 1980. Een kniesoor die daarop let.

Reagan en Trump hebben dezelfde boodschap: 'Laten we trots zijn op Amerika.' Beiden klagen over te lage defensie-uitgaven van Europa. Reagan had gelijk, Trump nu ook. En ook toen waren er heftige discussies over handel.

Tot zover de overeenkomsten tussen 1988 en 2020. Nu de verschillen: hun toon en presentatie verschillen radicaal. Ook Reagan had toen moeite met de kritische Amerikaanse pers. Zijn aanpak: geen gescheld, maar grappen. Hij dreef graag de spot met zichzelf.

Journalisten klaagden dat Reagan een wel erg luie president was, die van de meeste grote onderwerpen amper iets wist; niet echt een dossiervreter dus. Hij keek liever met zijn vrouw Nancy naar westernfilms met John Wayne dan dat hij zich met staatszaken bemoeide.

Reagan gaf zijn critici ruimhartig gelijk, maar had zijn antwoord klaar. Olijk glimlachend zei hij: 'Weet je, ze zeggen wel dat nog nooit iemand van hard werken is doodgegaan. Maar ach, waarom zou je het risico nemen?' Reagan – ook weer vol zelfspot – over zijn luiheid: 'Ik heb opdracht gegeven mij in geval van een noodsituatie altijd wakker te maken, ook als ik midden in een kabinetsvergadering zit.' Hij maakte gebruik van zijn zwakke kanten. Kan, wilde een journalist in de campagne van 1980 weten, een ex-acteur wel een goede president zijn. Reagan had zijn antwoord klaar: 'Hoe redt een president het zónder acteur te zijn?'

DONALD TRUMP EN DE FAKE MEDIA: 'IK KRIJG NU MINSTENS ÉÉN DOODSBEDREIGING PER WEEK'

Daartegenover staat de keiharde, confronterende aanpak van Donald Trump, die journalisten voortdurend de mantel uitveegt. Van de grote media krijgt alleen de slaafse, Trumpgezinde tv-zender van Fox de goedkeuring van de president. Maar voor de rest? Allemaal leugenaars, fake news, Amerika hatende schurken, ongeneeslijke Trumphaters. Bah!

Hoe hard de president daarin is, ondervond CNN-correspondent Jim Acosta. Hij stelde een vraag die Trump niet beviel en verloor prompt zijn perspas voor het Witte Huis. Na protesten van alle collega's (zelfs van concurrent Fox News) kreeg de CNN-verslaggever zijn pas terug.

Acosta zegt in een interview met de NOS over de handelwijze van de president: 'Het probleem is dat niet iedereen doorheeft dat het onderdeel is van een act. Veel van Trumps aanhangers nemen het voor waar aan en nemen deze vijandelijkheden over, waardoor wij ons als pers bedreigd voelen. Ik krijg nu minstens één doodsbedreiging per week.'

Journalisten afschilderen als de vijand van het volk is dus gevaarlijk, vindt Acosta. 'Ik kan me voorstellen dat er een moment komt – en ik hoop niet dat dat ooit gebeurt – dat een journalist zwaargewond raakt of om het leven komt. Dat zal een ingrijpend moment zijn voor de VS. Want als een journalist om het leven komt door de retoriek vanuit het Witte Huis, dan leven we niet langer in het land waarin ik opgroeide. Dan zijn we onderdeel geworden van een groep landen waarin de pers niet langer veilig is om zijn werk te doen.'

In zo'n mediaklimaat hebben Nederlandse correspondenten in Washington geen serieuze kans de president te spreken te krijgen. Wat een verschil met de periode eind jaren tachtig, toen Ronald Reagan ondanks gepeperde trans-Atlantische kritiek zijn hand juist uitstak naar Europeanen: 'Kom maar langs, dan mag je me interviewen.'

Ik was die middag niet de enige. Het was een groepsinterview met collega's van de BBC, het Duitse ZDF, het Franse Antenne 2 en de Italiaanse RAI. En reken maar dat het interview in al die landen uitgebreid publicitaire aandacht kreeg. Alle tv-zenders zonden het uit.

Vanuit Ronald Reagan bekeken: een mooie score voor een uurtje werk. Zo'n kans laat de huidige president liggen.

PRESIDENTIËLE ONWAARHEDEN: LIEVER EEN SIMPELE TWEET DAN EEN LASTIGE PERSCONFERENTIE

Een andere traditie die we kenden sinds Franklin Roosevelt is de regelmatige (vaak dagelijkse) persconferentie door de woordvoerder van het Witte Huis. Ook daarin trekt Trump zijn eigen lijn: bijna geen persconferenties. Daarvoor in de plaats kwamen de geïmproviseerde sessies op het grasveld bij het Witte Huis waar de presidentiële helikopter al met ronkende motor klaarstaat. Trump heeft dat afgekeken van Ronald Reagan die er een sport van maakte om breed grijnzend net te doen alsof hij de lastige vragen niet had verstaan. Trump doet dat net zo. Bij al dat lawaai van de warmdraaiende helikopter kun je als journalist alleen korte vragen stellen.

Tijdens de coronacrisis zijn er korte tijd de dagelijkse briefings door de president en zijn naaste medewerkers. Virusdeskundige dokter Anthony Fauci en medewerker Deborah Birx kijken met verbijstering toe hoe de president de ene na de andere dubieuze stelling de wereld in slingert. Het wordt – zo kennen we The Donald weer – een zelfverzekerde Trumpshow. Na een paar weken wordt de briefing, die soms tot ruim anderhalf uur uitloopt, onverwacht stopgezet; eind juli keren ze opeens weer terug.

Trump valt terug op zijn talrijke presidentiële tweets. Dan heb je geen last van kritische journalisten. Het is 'headline'-journalistiek: extreme standpunten, snel scoren, geen nuance, wel veel aandacht. Je schiet verbaal uit de heup. Soms is het raak, soms niet. Wat maakt het uit. Een Witte Huis-verslaggever verzucht op Politico: 'It's a fucking circus.'

Typisch Trump: hij houdt alle touwtjes zelf in handen. In dat model past natuurlijk geen dagelijks contact van de woordvoerder van de president met verslaggevers. Zo'n persconferentie wordt vaak op kabeltelevisie uitgezonden. Sarah Sanders, die in 2019 terugtrad als presidentiële woordvoerder, had nogal eens verhitte discussies met de journalisten. Daar zijn de tv-nieuwszenders dol op. Er waren ook vermakelijke persiflages in de veelbekeken programma's *Saturday Night Live* en *The Daily Show*.

Leuk die aandacht, maar Donald Trump verliest dan de controle over wat de woordvoerder precies zegt. En erger nog voor Trump: de publicitaire aandacht gaat even naar de woordvoerder en niet naar hem. Dát kan niet de bedoeling zijn.

Deze antihouding van het Witte Huis heeft ook te maken met het fanatieke vijandbeeld dat de president heeft van de pers. Ook het grote aantal onwaarheden (gemiddeld vijftien per dag) speelt daarbij vast een rol. Daar krijg je maar lastige vragen over, waar feitelijk geen weerlegging mogelijk is. *The Washington Post* houdt in de 'Fact Checker' alle 'false and misleading claims' netjes bij (steeds met bronvermeldingen). De stand is in juli ruim twintigduizend onwaarheden. Wat wordt de eindstand aan het einde van zijn eerste termijn? Spannend!

Sean Spicer, de eerste woordvoerder van de president, zette in januari 2017 op zijn eerste dag meteen de toon door glashard te beweren dat bij een presidentiële inauguratie nog nooit zóveel mensen kwamen opdagen. Dat was aantoonbaar (de tv-beelden van eerdere presidenten lieten geen twijfel) verzonnen. Hoe vaak is het fragment van Spicer daarna wel niet op tv vertoond en kritisch besproken?

Zijn tegenstanders proberen weerwoord te geven maar kunnen het presidentiële spervuur onmogelijk bijhouden. Zijn aanhangers zijn daar blij mee: 'The Donald durft het toch allemaal maar te zeggen!'

Zijn tegenstanders wenden het hoofd in weerzin af: 'Laat ook maar.'

Zo ziet Trump het graag!

Nog een pikante onwaarheid die de president op verzoek van de

Reagan Foundation niet meer mag gebruiken: Trump zou Reagan in zijn jonge jaren de hand hebben geschud. Reagan zei toen: "Ik zal het nooit kunnen uitleggen, maar toen ik die jongeman ontmoette, had ik het gevoel dat ík de hand schudde van de president." Een vooruitziende blik van Reagan? Of een leugentje van Trump? Het laatste dus.

DRIEËNHALF DUIZEND RECHTSZAKEN VAN TRUMP: TWEE KEER PER WEEK EEN NIEUWE AANKLACHT

Donald Trump lijkt het wel eens te vergeten maar hij had in 2016 drie miljoen stemmen minder dan Hillary Clinton, maar won door de mallotige samenstelling van het Electoral College, het Kiescollege. Nooit eerder werd een kandidaat met zo'n achterstand in stemmen toch president.

Nee, dan Ronald Reagan. Die won in 1980 met ruim acht miljoen stemmen op knock-out van Jimmy Carter. 1984 was nog erger voor de Democraten: Reagan versloeg Walter Mondale (die won alleen zijn thuisstaat Minnesota, alle 49 andere staten gingen naar Reagan) met zeventien miljoen stemmen verschil. Van de 538 kiesmannen kreeg Reagan er 525 (97 procent). Alleen Franklin Roosevelt (1936) deed het met 98 procent van de kiesmannen nog iets beter.

Leidde de zo benarde overwinning van Trump tot presidentiële bescheidenheid? Niet echt. Het heeft zijn machtslust allerminst beteugeld. Hij is eerder agressief en regeert met veel presidentiële besluiten (waar geen goedkeuring van het Congres voor nodig is). Op diverse ministeries zitten speciale ambtenaren (Inspectors General, IG's) die onderzoeken of alles wel correct verloopt. Daar houdt Trump niet van. Hij ontslaat de ene na de andere IG. Hoeveel gekker moet het worden? De president stuurt degenen de laan uit die hem moeten controleren. Het leidt tot commentaren over de dictatoriale trekjes van de president. De Republikeinen zwijgen. Opnieuw: wat zou hun reactie zijn geweest als Barack Obama zoiets had gedaan?

De eigengereidheid van Trump gaat steeds verder. Hij probeert elke wettig vastgelegde democratische controle te ontlopen. Hij negeert waar mogelijk de wensen van de Democraten in het Congres. Hij verbiedt bijvoorbeeld de publicatie van overheidsrapporten over klimaatverandering, weigert informatie over samenwerking met de Russen aan het Congres te geven en geeft (ex-)medewerkers geen toestemming om te getuigen voor de commissie-Mueller.

Ook was er de hardnekkige weigering van Trump om zelf bij de commissie-Mueller te getuigen. Verder blijft informatie over zijn dubieuze afkeuring voor de militaire dienst in Vietnam geheim (hij kan zich niet eens herinneren aan welke voet hij de zo pijnlijke botvergroeiing had), vertikt Trump het zijn belastingaangiften over te dragen en sluit hij zonder toestemming van het Congres duizenden immigranten op achter prikkeldraad. Wie er wat van zegt, weet zich verzekerd van een scheldkanonnade van de president.

Sinds zijn jaren als onroerendgoedmagnaat heeft Trump critici altijd meteen voor de rechter gesleept. Het past perfect in zijn tactiek van 'nooit verdedigen, altijd aanvallen'. Het aantal rechtszaken dat hem achtervolgt heeft een recordhoogte bereikt. De krant USA *Today* ging tellen en kwam op drieënhalf duizend rechtszaken. Dat zijn er over dertig jaar gerekend (de onderzoeksperiode van USA *Today*) gemiddeld twee per week. Ook als president is Trump in tientallen nieuwe rechtszaken verwikkeld geraakt. Dat is ongekend.

Michael Kruse van Politico: 'Al bijna vijftig jaar heeft Donald Trump rechtszaken ingezet als middel om publiciteit te krijgen. Trump en zijn handlangers hebben ze ook steeds gebruikt als dreigement, om mensen lastig te vallen, om aanklachten te vertragen, om tegenstanders te straffen en zijn merknaam, geld, imago en hemzelf te beschermen. Ook als hij ogenschijnlijk verliest, weet hij het om te vormen tot een overwinning.' Trump put zijn tegenstanders op deze manier uit. Hij heeft altijd meer geld voor advocaten dan zijn slachtoffers.

Peter Wehner schreef het boek *The Death of Politics*. De ondertitel is veelzeggend: *How to Heal our Republic after Trump*. Wehner schrijft over de manier waarop Trump mensen behandelt die het niet met hem eens zijn: ‘Hij heeft een standaardaanpak voor iedereen die het niet met hem eens is. Hij beledigt, scheldt uit, koeioneert en kleineert zijn tegenstander.’

Trump aarzelt ook niet mensen met een lichamelijke beperking te beledigen. Bij het uitschelden van tegenstanders duikt steevast het begrip ‘heksenjacht’ op. ‘Hij bespot gewonde veteranen, gehandicapten en vrouwen vanwege hun uiterlijk. Hij houdt vast aan theorieën voor samenzweringen. Er zijn veel presidenten geweest van wie werd gezegd dat ze het land verdeelden. Maar er is nooit een president geweest die zoveel genoegen schept in het uitlokken van verwijten, kwaadaardigheid en bitterheid. Hij lijkt daar genoegen in te scheppen. De grootste zorg is zijn onophoudelijke – van de ochtend tot de avond – frontale aanval op feiten, de waarheid. Trump is daarin uniek en dat is treurigmakend,’ aldus Wehner.

Inderdaad: aanvallen blijft het devies en verliezen is in het draaiboek van Trump geen optie. Over de race van 2020 zegt hij: ‘Ik houd niet van verliezen en ik heb ook vrijwel nooit verloren in mijn leven.’ Een – kleine, maar redelijk veilige voorspelling – áls Trump op 3 november 2020 verliest, zal hij de uitslag met alle denkbare juridische middelen aanvechten. Er zijn zelfs speculaties dat hij zal weigeren het Witte Huis te verlaten. Dat is een heel extreem scenario, waar volgens juridische deskundigen de wet niet tegen is opgewassen.

Vergezocht? Te absurd om serieus te nemen?

Wat is nog vergezocht of absurd in het Trumptijdperk?

DE PARALLELLE WAARHEDEN VAN DONALD TRUMP: HIJ LIEGT EN BEDRIEGT ALS EEN MAFFIA-ACCOUNTANT

Twee geinige en ook veelzeggende voorbeelden over de parallelle werelden van Trump: bij de bouw van zijn dure appartemententorens verzon Trump er altijd minstens tien verdiepingen bij. Wie telt dat nu na? Je drukt elke dag op knopje 68 van de lift en zoeft naar boven naar je miljoenenoptrekje op de hoogste verdieping. Wie weet dat er tien liftknopjes zijn die nergens naartoe gaan? Want er zijn maar 58 verdiepingen.

Mensen wonen graag hoog. Dat vinden ze chic. Als je op de 68e verdieping woont wil je niet ruilen met die sneue types die op de 58e woont. En die wonen dus in werkelijkheid op de 48e. Ach, zolang niemand het aantal verdiepingen telt... Typisch Trump.

Of neem zijn favoriete sport: golf. Ook daar liegt hij dat het een lieve lust is. Sportjournalist Rick Reilly schreef er zelfs een boek over. Hij verandert de functie van Trump: geen 'commander-in-chief' maar 'commander-in-cheat', de oppervalsspeler. Zelfs na een vrolijk partijtje met Tiger Woods jokt hij uitbundig over de uitslag.

Zijn gedrag op de golfbaan is veelzeggend, schrijft Reilly. 'Hij bedriegt als een maffia-accountant. Hij bedriegt als een gek, of je het nu ziet of niet.' Hij jokt ook over zijn handicap en moffelt – leve de behulpzame ballenjongens – in het water geslagen ballen weg.

En een bal in de bunker? Oei, altijd lastig zo'n balletje weer uit het zand slaan. Geen nood. Trump schopt de bal eruit. Het levert hem, schrijft CNN, onder caddies de bijnaam 'Pele' op, naar de beroemde Braziliaanse voetballer. Maar waarom? Het is maar een spelletje. Nee, in het ego-imperium van Trump is níks een spelletje.

Reilly beschrijft Trumps pathologische afkeer van verliezen. Dat woord komt niet voor in het vocabulaire van The Donald. Reilly: 'Hij moet absoluut winnen – niet dat hij zo van golf houdt, hij houdt er gewoon van je te verslaan.' Met golf is hij dus niet de beste. Maar met liegen is hij een ware professional. Een kampioen met een handicap 0.

En helemaal schandalig: Obama vloog in zijn presidentiële jaren met de hemelsblauwe Air Force One (Trump sprak over 'a big, fully loaded 747') frequent helemaal naar Hawaï. Trump hekelde de energieverspilling en beloofde dat hij als president voorrang zou geven aan zijn werk voor zijn 'fellow Americans' en niet zoals die lapzwanzende Obama steeds zou gaan golfen. Daar heb je als president immers geen tijd voor.

Na bijna vier jaar Trump kunnen we de balans opmaken. Trump speelt veel vaker golf dan Obama. Na 3,5 jaar presidentschap is eind mei 2020 de stand 266-98 in het voordeel van de president. Hij speelde ook bijna steeds op zijn eigen golfbanen. Kassa: elke keer is dat gratis reclame.

Tv-verslaggevers vermelden immers elke keer braaf de naam van het golfresort en laten er mooie plaatjes van zien. En de gemaakte vlieguren voor de talrijke golfuitjes? Zelfde verhaal. De feiten zijn onmiskenbaar: Trump maakt veel meer vlieguren (bijvoorbeeld naar zijn buitenverblijf in Florida) dan Obama naar Hawaï.

15

Een tweede termijn voor Trump: steunt de boze, witte man hem weer?

'De boze witte mannen voelen zich aan de kant gezet door de machthebbers en bureaucraten in Washington. Ze hebben het gevoel er niet meer toe te doen. De toegang tot de Amerikaanse droom is hun afgepakt. De aanhangers van Trump hebben lang op zo'n leider gewacht.'
Michael Kimmel in zijn boek *Angry White Man*

'De geschiedenis laat zien dat de meeste presidenten worden herkozen, ook als ze minder populair zijn dan ze willen. Zijn aanhangers trekken zich niks aan van alle schandalen, die andere kandidaten wel zouden hinderen. Ze lijken Donald Trump niet te raken. Zijn trouwe fans gaan weer op hem stemmen.'
Analyse op de opiniesite BigThink.com, juni 2019

DE POLITIEKE KNOCK-OUT VOOR DE GERIATRISCHE PARTIJELITE?

Het is voor Democraten een weinig geruststellende gedachte dat ze zo overvloedig ervaring hebben met het aanwijzen van kansloze kandidaten, die afwisselend te links zijn (Mondale, McGovern), te technocratisch (Dukakis), te aardig (Carter), te slaapverwekkend (Gore), er te Frans uitzien (John Kerry) of te kil en koel zijn (Hillary 'The Bitch' Clinton). Gaat Joe Biden de Democraten verlossen uit de politieke houdgreep van deze galerij der verliezers?

Op de website van Politico wordt scherp uitgelegd wat de Democraten fout doen: 'Beste Democraten, op deze manier is de herverkiezing van Trump gegarandeerd. Stop met al die duurzame plannen voor een peperdure Green New Deal, het radicaal schrappen van studieschulden, het ongecontroleerd toelaten van massa's immigranten, het handhaven van late abortussen, het propageren van veel strengere wapenwetten en het nationaliseren van de gezondheidszorg.'

De geschiedenis is inderdaad leerzaam. Het is nuttig terug te lezen wat activist, filmmaker en Trumptegenstander Michael Moore voorspelde in de zomer van 2016 toen de politieke goegemeente nog zeker wist dat Hillary Clinton met vliegend vaandel ging winnen van Donald Trump. Moore zag tot zijn afschuw hoe linkse Amerikanen net deden alsof het wel mee zou vallen met die Donald Trump. Moore: 'Ik kijk naar Donald Trump door een andere lens. Anders dan de progressieve, linksige types en Democraten. Ik heb hem altijd serieus genomen. Ik geloof hem ook als hij iets zegt.'

De linkse Moore was er toen al niet gerust op: 'Nog nooit heb ik zo graag ongelijk willen hebben. Maar het is tijd om uit die bubbel te komen: ontken het niet langer en accepteer de waarheid waarvan je ook wel weet dat die nu onvermijdelijk is. Het is vreselijk en deprimerend, maar waar: Donald J. Trump gaat winnen in november. Deze afschuwelijke, onwetende, gevaarlijke parttimeclown en fulltimepsychopaat wordt onze nieuwe president. President Trump. Kom op en zeg die twee woorden, want je zult ze de komende vier jaar nog vaak moeten zeggen: president Trump.'

Moore beschrijft in 2016 het lot van de boze blanke man: 'The Last Stand of the Angry White Man.' De blanke mannenheerschappij komt ten einde. Die boze blanke mannen zetten hun nijdige nostalgie om in fanatieke steun voor Trump. Het is hun wanhopige poging om hun geïdealiseerde verleden terug te halen: zonder criminele immigranten, lesbiennes die met elkaar trouwen, tofoekauwende bomenfluisteraars, voor socialisme pleitende jongemannen met paardenstaarten.

Michael Moore schetst in 2016 beeldend de gedachtegang van hoe de boze blanke man over Hillary Clinton denkt: 'We hebben ons acht jaar de les laten lezen door een Afro-Amerikaan. En nu moeten we maar achteroverleunen en ons acht jaar door een vrouw rond laten schoppen. En wat daarna? Acht jaar een homo in het Witte Huis? En vervolgens een transgender? Het is overduidelijk waar dit naartoe gaat. Uiteindelijk krijgen dieren mensenrechten en hebben we een klotige hamster die het land bestuurt. Dit moet stoppen.'

Archie Bunker leeft! Hij was het prototype van de boze, blanke man uit de fameuze tv-serie *All in the Family* uit de jaren zeventig. Archie ging toen al trumpiaans tekeer tegen alles wat links ('the commies'), niet-blank en modern was. Als je Archie Bunker over immigranten hoort praten klinkt dat ineens heel eigentijds. Dit zijn teksten die je ook nu van 'redneck'-Republikeinen hoort: 'Geen enkele zwerver die geen perfect Engels spreekt zou in Amerika mogen blijven. Hij moet over de grens worden gezet. Wegwezen!'

In het Engels klinkt het leuker, vooral als je het hardop voorleest: 'No bum that can't speak poifect English oughta stay in this country... oughta be de-exported the hell outta here!'

Voor deze groep kiezers was Trump in 2016 de laatste hoop op terugkeer naar een conservatief Amerika waar Archie Bunker-denken gerespecteerd en gewaardeerd is. Het was voor hen de laatste kans om Amerika's neergang te stoppen.

Sprongetje naar 2020. Deze keer komt Michael Moore tot een tegengestelde conclusie: Trump verliest. Moore: 'De Republikeinen gaan verliezen. De meerderheid van de kiezers steunt hun politieke agenda immers niet. De meerderheid van het land bestaat niet uit het klimaatontkenners. De meerderheid van het land vindt ook dat vrouwen hetzelfde moeten verdienen als mannen. Ga de hele wensenlijst maar na. De enige manier waarop Republikeinen kunnen winnen is de zaak te flessen, op te lichten, vals te spelen, en precies te doen waar ze zin in hebben.' Ik ben het vaak oneens met Michael Moore; deze keer denk ik dat hij gelijk heeft.

De boze Archie Bunkers van de eenentwintigste eeuw zijn uitgespeeld. Archie zei ruim veertig jaar geleden over linkse Amerikanen (liberals):

'If you liberals keep gettin' your way, we're all gonna hear one big loud flush. The sound of the US of A goin' straight down the toilet.'

Is het toeval? De rechtse talkshowhost Sean Hannity gebruikt exact dezelfde toiletbeeldspraak en haalt er ook het beroemde nummer van Don McLean bij. Hannity over de gevolgen van een nederlaag van Donald Trump: 'Dan kunnen we echt gaan zingen: *Bye, bye, Miss American Pie*. Want het is dan allemaal voorbij. Onze hele levenswijze wordt door het riool gespoeld' ('flushed down the drain'). Het enge is dat Biden aan de leiband loopt van de meest radicale, de meest extreme socialistische extremisten die deze [Democratische] partij ooit heeft omarmd'.

TRUMP HEEFT TEGENSTANDERS IN ZIJN EIGEN PARTIJ: 'HET LIEGEN EN BEDRIEGEN IS MISSELIJKMAKEND'

De president scoort al sinds zijn aantreden fors beneden de vijftig procent. Hij doet het slechter dan al zijn recente voorgangers. Er zijn ook bedreigingen voor Trump waar hij geen invloed op heeft, bijvoorbeeld de talrijke lopende gerechtelijke onderzoeken tegen hemzelf en de zijnen (kinderen, zussen, broer, naaste medewerkers).

Nog een mogelijk risico voor de president: afvalligen in zijn eigen partij. Daar zijn er (openlijk) steeds meer van. Volgens *The New York Times* zullen oud-president George W. Bush en senator Mitt Romney niet voor Trump stemmen. Cindy McCain, de weduwe van Republikeins senator John McCain, stemt eveneens op de Democratische kandidaat. Ook onder minder prominente Republikeinen zijn er afvalligen. Hun motivatie is interessant.

Andy McKean, een Republikeinse politicus uit Iowa, is een van de weinige afvalligen. Hij is wanhopig over de nieuwe cultuur in Washington: 'Als dit het nieuwe normaal is, dan wil ik daar geen deel van uitmaken.'

McKean stapte – na bijna vijftig jaar Republikeins lidmaatschap – over naar de Democratische Partij. Hij wil het gedrag van Trump niet langer goedpraten: 'Het is onacceptabel wat hier gebeurt en we moeten zeggen waar het op staat: Amerikanen van alle partijen moeten eisen dat we een veel betere leider krijgen als leider van de vrije wereld. De president is een slecht voorbeeld, voor iedereen, maar met name voor onze kinderen, met zijn botte en kinderachtige gedrag.'

Senator en oud-presidentskandidaat Mitt Romney heeft zijn buik ook vol van het gedrag van zijn Republikeinse partijgenoot: 'De mate waarin mensen in de allerhoogste functies, inclusief de president, liegen en bedriegen is misselijkmakend. Het manipuleren van verkiezingen om zelf aan de macht te blijven is de ergste vorm van ambtsmisbruik die ik kan bedenken.' Romney noemt Trump ook een vrouwenhater en 'bully'. Partijgenoten onder elkaar...

In het voorjaar van 2020 krijgt Trump ongezouten kritiek van vroegere militaire topadviseurs. Dat doet pijn. De ex-militairen vegen de vloer aan met de regeerstijl van Trump. Admiraal Mike Mullen kan niet stil blijven: 'Trump heeft minachting getoond voor het recht om te protesteren. We moeten als burgers de strijd aangaan met politiegeweld en aanhoudende onrechtvaardigheden tegen de Afro-Amerikaanse gemeenschap.' Generaal Jim Mattis is 'boos en verbijsterd'. Hij zegt: 'We zijn getuige van drie jaar zonder volwassen leiderschap. De president probeert ons tegen elkaar uit te spelen.'

Admiraal William McRaven gaf leiding aan de aanslag op terroristenleider Osama bin Laden. Hij heeft genoeg van Donald Trump: 'Het is tijd voor een ander leiderschap in ons land. President Trump heeft laten zien dat hij de kwaliteiten niet heeft om opperbevelhebber te zijn. We proberen de corona-epidemie te bedwingen en zien verschrikkelijke vormen van racisme en onrecht. Daarbij heeft de president geen leiderschap getoond. Het land moet voort, maar zonder hem aan het roer.'

Generaal Colin Powell, die onder vier presidenten diende (Reagan, oude en jonge Bush, Clinton), is Republikein maar gaat nu op Democraat Joe Biden stemmen. Powell heeft fundamentele kritiek op Trump en de Republikeinen: 'Ze denken dat ze immuun zijn en alles kunnen zeggen. Er is een woord dat ik nooit zou hebben voor de vier presidenten waar ik voor heb gewerkt: hij liegt.'

Er zijn ook prominente Republikeinen die hun politieke voorkeur nog even voor zich houden. Dat is op zich veelzeggend. Oud-minister van Buitenlandse Zaken Condoleezza Rice, de vroegere voorzitter van het Huis van Afgevaardigden Paul Ryan, senator Lisa Murkowski (Alaska), oud-chef-staf in het Witte Huis John Kelly ('ik wou dat er andere keuzes waren'), oud-senator Jeff Flake ('hij probeert geeneens steun te verwerven buiten zijn eigen kringetje') en oud-Congreslid John Boehner twijfelen allemaal nog. Donald Trump zou graag de steun verwerven van deze bekende partijgenoten. Vooralsnog lukt hem dat niet.

Eerder is het tegendeel het geval: volgens *The New York Times* spreken vooraanstaande Republikeinen elkaar onderling veel, bijvoorbeeld via Zoomgesprekken. Daarin bespreken ze de mogelijkheid om gezamenlijk een stem tegen Trump te laten horen.

Justin Amash, Congreslid uit Michigan, was ook Republikein en al veel langer openlijk anti-Trump. Hij is zelfs uit de partij gestapt. Hij zegt: 'De moderne politiek zit gevangen in een dodenspiraal van de partijen, maar er is een uitweg.' Trump reageerde snel en noemde Amash 'een van de domste en ontrouwe mannen in het Congres'.

Amash voegt eraan toe dat veel Republikeinen – zelfs bestuurders van de partij – het stiekem met hem eens zijn, maar daar niet voor uit durven te komen. 'Collega's sms'en of bellen op en zeggen: "Dank je wel dat je je uitspreekt." Alleen zeggen ze het niet in het openbaar. Het is een probleem voor het land en de Republikeinse en Democratische Partij als mensen zich niet meer mogen uitspreken. Ik ben tegen die slaafse trouw aan de partij. Die verdeelt ons en ontneemt ons onze menselijke waardigheid. We verdienen beter dan dit tweepartijensysteem. Als we in Amerika alles voor zoete koek slikken verliezen we straks alles.'

EEN REPUBLIKEINSE SENATOR OVER DONALD TRUMP: WE HADDEN HEM UIT DE PARTIJ MOETEN SCHOPPEN

Het is goed ons in herinnering te roepen hoe sterk in 2016 de Never Trump-beweging was: vooraanstaande Republikeinen die beefden bij de gedachte dat Trump hun politieke leidsman zou worden. O, gruwel!

De frustratie was groot toen het niet lukte hem te stoppen. Trump was volgens hen levensgevaarlijk maar kaapte de partij en het Witte Huis. Nu in 2020 is de Never Trump-beweging terug. Het zijn de kritische Republikeinen die een rampscenario voor de partij voorzien als Trump wordt herkozen. Het zijn politieke vluchtelingen, die vinden dat Trump en zijn politieke bondgenoten het gedachtegoed van hun partij vernietigen.

Maar 2016 dan? Toen waren ze toch kansloos? Klopt, en ook nu is de harde kern van de partij fanatiek pro-Trump. De Never Trumpers putten moed uit de verschillen met 2016.

Toen wisten ze niet hoe Trump als president zou regeren. Nu wel.

Toen was de tegenstander van Trump de zeer gehate Hillary Clinton. Joe Biden is gematigder en oogst meer waardering bij ontevreden Republikeinen. Dan is de politieke overstap minder ingrijpend.

Terug naar 2016. Zou de vooraanstaande Republikeinse senator Lindsey Graham (South Carolina) toen hebben overwogen om zich aan te sluiten bij Never Trump? Dat zou zomaar kunnen. Luister maar wat Graham over Trump zei: 'We hadden hem uit de partij moeten schoppen. Hij is een malloot, hij is gek en niet geschikt voor het ambt van president.'

Een paar Engelse scheldwoorden van Graham over Trump (het is met deze zoekwoorden zo als video op YouTube te vinden): 'A jackass, a nut job, a race baiting, xenophobic, religious bigot.' In het Nederlands wordt dat ongeveer dit: 'Een domme ezel, een idioot, een racistische vreemdelingenhater en onverdraagzame relifanaat.' Zou het ooit goed komen tussen Graham en de nieuwe president?

Eerst was er de harde reactie van Trump: 'een schande', 'geschift', 'een van de domste schepsels'. Trump over Graham: 'Ik denk dat hij niet eens hondenvanger in deze staat zou kunnen worden.' Het beproefde recept dus van Donald Trump: altijd keihard terugslaan, ook al is het slachtoffer een partijgenoot.

En Lindsey Graham? Die is sinds de verkiezing van Trump muisstil. Nauwelijks een woord van kritiek meer. De heren spelen samen golf en Graham verdedigt de man met eenzelfde overgave waarmee hij hem niet lang tevoren verrot schold.

De verklaring voor deze adembenemende politieke looping? Graham wil in 2020 herkozen worden en kan daarbij de hulp van de president goed gebruiken. Daarom behoort hij nu tot de trouwe fans van de president.

Nog een veelzeggende opinie van een conservatief: columnist George Will is al tientallen jaren een betrouwbare stem op rechts, maar zegde in 2016 zijn lidmaatschap van de Republikeinse Partij op. Trump is een ramp voor het land en de conservatieve beweging. De schade is niet makkelijk te herstellen, vindt hij.

George Will: 'Wat deze president heeft aangericht in onze cultuur, ons openbare debat... Dat kun je niet zomaar ongedaan maken; je kunt niet net doen alsof het niet is gebeurd. In korte tijd is het normaal geworden om voortdurend leugens en beledigingen de wereld in te slingeren die je normaal van rotjongens op de middelbare school zou verwachten. De schade is ongekend en langduriger dan die stiekeme inbraken van Richard Nixon.'

In het voorjaar van 2019 publiceerde George Will een boek over Amerikaans conservatisme: *The Conservative Sensibility*. Dat zal dan wel veel over Donald Trump gaan, want die is in korte tijd de spraak- en smaakmaker geworden van Amerika's conservatieven. Maar nee, de naam Trump komt in het boek geen enkele keer voor.

Will daarover: 'Dit is een boek over de rijke traditie van Amerikaans conservatisme. Donald Trump heeft daar niks mee te maken. De president praat daar niet over. Ik weet niet eens of hij er iets over weet. Er moet een einde komen aan het gescheld en onophoudelijke liegen.' Hij vindt het verbijsterend dat de Republikeinse Partij dit allemaal over haar kant laat gaan.

'Het revolutionaire effect van Trump is dat wat tot voor kort ondenkbaar was nu acceptabel is.' En de jonge kiezers? Die willen volgens George Will allang niks meer met de Republikeinse Partij te maken hebben. Kan dat leiden tot de ondergang van de partij? Will: 'Dat is al aan het gebeuren. Jongeren hebben allang besloten dat het een domme partij is.'

George Will mengt zich in het voorjaar van 2020 als toegewijde conservatief ook in het debat rond racisme. Kijkend naar het gedrag van Trump concludeert hij: 'Trump moet worden verwijderd. En de Republikeinen in het Congres die hem afdekken ook.'

Voor Will is de maat vol: 'Ga er niet van uit dat we het dieptepunt hebben bereikt. Het ergste moet nog komen. Ik heb het over onze nationale veiligheid: antiamerikanisme kan zo weer ontwaken.' Will volgt zijn geweten en bekent dat hij niet op Donald Trump zal stemmen. Ook niet op Joe Biden overigens. Hij zoekt een onverkiesbaar, maar moreel aanvaardbaar alternatief.

HET STABIELE GENIE GEDRAAGT ZICH ALS EEN DRIEJARIGE: ZIJN EGO IS HEEL KWETSBAAR

Er is nog een Republikein die resoluut afscheid van Trump heeft genomen. Oud-veiligheidsadviseur John Bolton was een politieke lieveling van de president, maar viel in ongenade. Nu schreef Bolton 600 pagina's vol over zijn 17 maanden als veiligheidsadviseur naast Trump. Het beeld is ontluisterend.

En let wel: dit is dus geen boek van een anonieme schrijver. Het is ook geen relaas gebaseerd op anonieme bronnen of de partijdige weergave van een rancuneuze Democraat die zijn of haar woede wegschrijft. Nee, het is een trouwe Republikeinse dienaar die zich net als Trump thuis voelt op de rechtervleugel van de partij.

In de eigen woorden van Bolton in zijn boek met de titel *The Room Where It Happened*: Trump is 'naïef en gevaarlijk' en 'ongeschikt als president'. 'Je kunt hem geen minuut alleen laten' en 'zijn onwetendheid is verbijsterend' ('he is stunningly uninformed'). Bolton: 'Alles wat hij doet heeft maar één doel: herkozen worden voor een tweede termijn als president; hij is een gevaar voor het land.'

De president is, schrijft Bolton, niet geïnteresseerd in de briefings van de inlichtingendiensten. Als hij er een keer bij zit, is hij vooral zélf aan het woord. Trumps feitenkennis was als Zwitserse kaas. De president denkt dat Finland deel is van Rusland en hij weet niet dat Groot-Brittannië atoomwapens bezit.

Trump heeft nog geprobeerd publicatie van het boek via de rechter tegen te houden. Vergeefs. Het boek stond in juni meteen op nummer 1 van de top 10 van Amazon: het bestverkochte boek van het jaar.

Nog een boek dat het Trumpkamp via de rechter probeerde te verbieden. Het is geschreven door Mary Trump, de dochter van Fred, de oudere broer van Donald. Het gaat over de jonge jaren van de president en heeft een treffende titel: *Too Much and Never Enough*. Dat is inderdaad de stelregel van alles wat Trump doet en nastreeft. Altijd overdrijven, altijd zijn zin doordrijven, altijd meer willen. De ondertitel is even duidelijk: 'How my family created the world's most dangerous man'.

Vanuit het Witte Huis kwam er meteen tegengas. De onthullingen die Mary Trump opschrijft zijn ook wel erg pijnlijk voor de president: Donald liet, schrijft Mary Trump, zijn schooltesten door medescholieren invullen, zorgde ervoor dat zijn vader mislukte zakenavonturen van de ondergang redde en heeft gerotzooid met de erfenis.

Mary Trump – ze is zelf klinisch psycholoog – vergelijkt Donald met een driejarige kleuter. 'Donald is nu zoals hij was toen hij drie jaar oud was: niet in staat om te groeien, te leren of te zich te ontwikkelen, niet in staat zijn emoties te reguleren, zijn reacties te matigen of informatie op te nemen en te verwerken.'

Hij gedraagt zich zijn hele leven al als een pocherige opschepper, maar dat is allemaal schijn. Hij is juist heel onzeker. Mary Trump: 'Zijn ego is heel kwetsbaar. Het moet elk moment weer worden opgepept, omdat hij diep vanbinnen weet dat er niks waar is van alles wat hij beweert te zijn.'

Het boek, dat een pijnlijk beeld schetst van een liefdeloze en op uiterlijk prestige gebaseerde opvoeding, trekt heel ruw het gordijn van de schone schijn weg. Trump affícheert zichzelf graag als 'een stabiel genie'. Het tegendeel van het kwetsbare portret dat zijn nicht nu van hem presenteert in haar boek. Dat vanaf de eerste dag een bestseller was.

Vanuit het Witte Huis werd geschamperd dat Mary door publicatie van het boek kennelijk uit was op financieel eigenbelang.

Zou dat een familietrekje zijn?

KINDEREN IN HET TIJDPERK VAN TRUMP: PAPA, MAG IK ALS IK GROOT BEN OOK VREEMDGAAN EN JOKKEN?

Ik herinner me levendig het Lewinsky-schandaal uit 1998. Ik was toen NOS-correspondent in Washington. Bill Clinton had orale seks gehad met een tweeëntwintigjarige stagiaire in de Oval Office (door grappenmakers omgedoopt tot Oral Office). Bill Clinton ontkende vergeefs. Alles kwam naar buiten. Maandenlang stonden ook de sappigste details van de presidentiële indiscreties wereldwijd op alle voorpagina's.

Ouders van opgroeiende kinderen moesten ineens ongemakkelijke vragen beantwoorden over de buitenechtelijke fratsen van de president: 'Papa, hoe zit het met die sigaar waar ze op televisie steeds over praten?' En: 'Wat is orale seks?'

De overspelige president als falend voorbeeld voor Amerika's jeugd. Bijna twintig jaar later zou Hillary er nog last van hebben in haar eigen presidentiële campagne. Waarom bleef ze – feministe in hart en nieren – bij hem? Kon ze Trump hard aanvallen op zijn gedrag met vrouwen? Trumps gedrag leek heel erg op de escapades van echtgenoot Bill.

We woonden in 1998 in Washington en hadden het geluk dat onze kinderen (geboren 1992, 1994 en 1995) net te jong waren voor al te ongemakkelijke observaties en nieuwsgierige vragen.

Maar je zult nu maar jonge pubers hebben die gaan nadenken over gewenst of ongewenst gedrag van Donald Trump: de president als lichtend of als liegend voorbeeld?

Hoe leg je het aan je kinderen uit als het in het nieuws steeds gaat over de misdragingen van de president. Die kids horen hoe Trump over vrouwen praat. 'Papa, mag ik later ook vreemdgaan en mensen uitschelden?' En: 'Waarom mag de president wel racistische dingen zeggen en ik niet?' Hoe houd je 'het nieuwe normaal in het Witte Huis' buiten de opvoeding in je eigen huis? Een cartoon in *The New Yorker* vat het beeldend samen. Een strenge moeder tegen haar zoontje: 'Je mag hier in huis géén presidentiële taal gebruiken.'

Hoe groot is het verschil met Trumps voorganger. Je kunt het politiek eens of oneens zijn met Barack en Michelle Obama, maar ze verdienen een compliment voor de manier waarop ze het bombardement aan kritiek, leugens en beledigingen hebben verwerkt.

Donald Trump heeft daaraan zijn portie bijgedragen, bijvoorbeeld rond de Birther Movement: het rechtse complot om kiezers ervan te overtuigen dat Obama niet in de VS was geboren en dus nooit president had mogen zijn. Het was allemaal kletskoek, maar de daders hebben nooit sorry gezegd. Sommige Republikeinen geloven het nog steeds!

Michelle Obama heeft in al die jaren één keer iets gezegd over de meedogenloze stortvloed aan hele en halve leugens die zij en Barack over zich uitgestort hebben gekregen. Op de conventie van de Democratische Partij in 2016 zei ze het ingetogen en zonder bitterheid. Maar de boodschap was glashelder: 'Als zij laaghartig zijn, zijn wij hoogstaand.' ('When they go low, we go high.')

Dat is koninklijk.

In 2020 is er het door Trump gecreëerde Obamagate, waarvan niemand weet wat het precies is. Als een journalist Trump ernaar vraagt komt er geen antwoord. Maar als je het vaak genoeg herhaalt, nemen veel kiezers de suggestie van wangedrag, oplichting en bedrog over. Zoals de Republikeinen het vertellen, is het een malicieuze samenzwering. En we weten dat de drieslag 'Trump-Twitter-Twijfelzaaien' zijn effectiviteit al ruimschoots heeft bewezen.

Complotonderzoeker en journalist Anna Merlan zegt daarover in het AD: 'We weten dat mensen in stabiele samenlevingen, met een representatieve democratie en een sterk sociaal vangnet, over het algemeen minder geneigd zijn om aan complotdenken te doen. Je ziet het meer in ondoorzichtige machtssystemen, als mensen het gevoel hebben dat ze geen invloed hebben op politieke besluiten. Hoe belachelijk die ideeën soms ook zijn, ik begrijp waar ze vandaan komen. Een oneerlijke samenleving als de VS is de perfecte voedingsbodem.'

Het patroon is herkenbaar: eerst geloven kiezers zo'n complottheorie niet; dan ontstaat de twijfel en in de laatste fase móét het wel waar zijn. Je hebt er dan immers al zo vaak over gehoord. Als je er als politicus of president schaamteloos genoeg voor bent, werkt het altijd in het tijdperk van fake news, Fox-televisie en social media.

Het is de tactiek van de gierkar ('flooding the zone with shit'). De akelige geur blijft láng hangen, maar de schuldige is allang vertrokken. Ooit brachten media hier het wapen van 'factchecking' tegen in stelling. Dat doen ze nog steeds, maar daarmee bereik je alleen de kiezers die toch al tegen Trump zijn. Het bombardement van onwaarheden stopt nooit. Daar kan geen factchecker tegenop.

HET 2020-SCOREBORD: REDENEN WAAROM TRUMP WINT OF VERLIEST

Even op een rij: winst of verlies voor de president in 2020? Ik laat mijn fantasie en creativiteit de vrije loop.

Bedenk er zelf nog een paar argumenten bij...

Trump wint in 2020 want:

De economie herstelt snel na de coronadreun.

De president krijgt zijn verbitterde, boze achterban weer naar de stembus. 'Opkomst, opkomst, opkomst'.

Angstonderwerpen (immigratie, terrorisme, socialisme) hebben wéér als een tierelier gewerkt. De Democraten hebben geen antwoord.

Trump liegt vaker, beter en onbeschaamder dan elke eerdere kandidaat in de geschiedenis van de VS. Véél gratis publiciteit.

Al die linkse plannen (zorg, onderwijs, infrastructuur, studieschulden) kosten bakken met geld. Dan gaan de belastingen omhoog. En het tekort is al zo groot.

O, en dan nog deze: Bill en Hillary kunnen het niet laten en gaan in de laatste fase van de campagne toch weer mee campagne voeren: 'Don't stop thinking about yesterday' (vrij naar Fleetwood Mac). Of Hillary het nog eens gaat proberen? 'Zeg nooit nooit.'

Trump verliest:

De economische recessie woekert na corona voort: dat ontneemt Trump zijn sterkste argument om op hem te stemmen.

De venijnige anti-Trumpstemming brengt een recordaantal progressieve kiezers naar de stembus: 'Opkomst, opkomst, opkomst'. Jonge kiezers en vrouwen geven Trump een electoraal pak rammel. Oude, witte man, maak plaats!

De Democraten hebben geleerd van 2016 en voeren nu wel fanatiek campagne in de Midwest. Michigan, Pennsylvania en Wisconsin staan nu hoog op de lijst. Dat nekt Trump.

Vanaf het begin heeft de president dik onder de vijftig procent gescoord wat de beoordeling van zijn presidentschap (*approval rating*) betreft. Dat is slechter dan al zijn recente voorgangers. Dat maakt hij niet op tijd goed.

Veel trouwe Republikeinen hebben het wel gehad met Trump. Hoogopgeleide Republikeinen stemmen heus geen tweede keer op Trump. De partij blijft totaal ontredderd achter.

Oei! Deze als laatste: Melania verlaat Donald een week voor de verkiezingen: ze vertrekt met flapperende jaspanden (een jas van het merk Dolce & Gabbana, prijs vijftigduizend dollar) uit het Witte Huis. Ze vraagt via een prominente advocaat (Democratisch, ex-Clinton) echtscheiding aan, eist een paar miljard dollar en vertelt op de avond voor de verkiezing live op televisie haar hele verhaal aan Oprah.

Trump wint/verliest?

En de winnaar is…

Prettige wedstrijd!

16

De buitenlandse politiek: een cowboy als baas van een supermacht. 'Handen omhoog of ik tweet.'

'Beleid is afgeleid van zorgvuldig denken, analyseren, bewijs verzamelen. Het is de cruciale strategische taak om middelen af te stemmen op prioriteiten. Dat doet Trump gewoon niet.'
John Bolton, oud-veiligheidsadviseur van Donald Trump

'We zitten midden in de strijd tussen de twee grootmachten China en de VS. Het gevoel van onaantastbaarheid, dat Amerika had tijdens de Koude Oorlog en het begin van de globalisering, is verdwenen.'
Robert Kaplan, in *The National Interest*, een conservatief maandblad

EEN FLITSENDE TRUMPSHOW: DONALD TRUMP DOLT MET DE WERELDLEIDERS

Donald Trump houdt het simpel. Vijanden leest hij graag de les en zijn dreigementen klinken onveranderlijk onheilspellend. Hij onderhandelt met getrokken pistool.

Wat als Kim Jong-un, de 'kleine raketman' ('little rocket man') en dictator van Noord-Korea, zijn raketten afvuurt? Trump: 'Onze enige keus is dan de totale vernietiging van Noord-Korea.' Wat als de moellahs in Iran een gewelddadige confrontatie zoeken met de VS? 'Dat is dan het officiële einde van Iran.' De vernietiging van Noord-Korea? Het einde van Iran? Er zijn vast 'trumpies' die bewonderend roepen: 'Zie je wel, The Donald zegt toch maar waar het op staat. Dat is andere koek dan die slappeling van een Obama!' Maar wordt de wereld er beter, veiliger van? En leiden de woorden ook tot daden? Vaak niet.

Donald Trump hanteert de wetten van de cowboys uit het Wilde

Westen. Met altijd een heldere keus: 'Handen omhoog of ik schiet.' In het Trumpuniversum is de wet van de prairie herschreven: 'Handen omhoog of ik tweet.'

De hoogbejaarde oud-minister van Buitenlandse Zaken George Shultz (hij diende onder Ronald Reagan) vocht in de Tweede Wereldoorlog als marinier. Shultz (1920) herinnert zich: 'Toen ik mijn geweer kreeg uitgereikt, was de eerste spelregel: richt je geweer alleen op iemand als je ook bereid bent de trekker over te halen.'

Er is ook de Powell Doctrine. De Republikein Colin Powell was minister, nationaal veiligheidsadviseur en topmilitair. Hij waarschuwt voor doldrieste militaire avonturen. Doe het alleen als er in eigen land voldoende steun is en je zeker weet dat je de vijand knock-out kunt slaan. Wat betreft die militaire overmacht ('overwhelming force') zit het meestal wel goed. De VS hebben immers het duurste, beste, grootste en best uitgeruste leger ter wereld. Maar dat is – helaas – geen garantie voor succes.

Want er is ook deze vaak geschonden wet van het slagveld: 'Begin alleen een oorlog als je ook al weet hoe je er een einde aan maakt.' Als zo'n goed doordacht plan er niet is (en dat is lastiger en genuanceerder dan een gemiddelde presidentiële tweet!) gaat het vaak mis. Kijk maar naar Irak en Afghanistan. In de verkiezingscampagne van 2016 beloofde Trump het onomwonden: 'Geen ondoordachte oorlogen. Geen dure militaire kruistochten om in verre oorden de democratie te vestigen. We hebben in eigen land genoeg problemen. America First!'

Wat is in de internationale politiek na de corona-epidemie het 'nieuwe normaal'? Op het moment dat ik dit schrijf (juli 2020) weten we vooral heel veel nog niet. Na deze onbedoelde, onverwachte en onvoorspelbare coronadisruptie zou je zeggen: ga bij elkaar zitten om via internationale samenwerking onder Amerikaans leiderschap over oplossingen na te denken. Deze crisis is zo groot dat het nationale belangen verre overstijgt.

Maar ja, dat is geen trumpiaans scenario; hij werkt immers niet samen. En leiderschap betekent in zijn woordenboek de baas spelen en schelden op eenieder die hem durft tegen te spreken. Zijn binnenlandse adagium 'America First' wordt internationaal steeds meer 'America Alone'. Een multilaterale aanpak past veel beter bij internationalist Joe Biden. Ook zijn bezorgde achterban wil niet te veel buitenlandse fratsen. Eerst binnenlands orde op zaken stellen.

HET EINDE VAN HET AMERIKAANSE LEIDERSCHAP: HEBBEN WE DAT NIET EERDER GEHOORD?

Zekerheden zijn schaars in het leven en al helemaal in de onvoorspelbare en wispelturige buitenlandse politiek. Maar dit is wel een zekerheid: meelijwekkende analyses over de onstuitbare neergang van Amerika zijn er altijd geweest en zullen er altijd blijven. Het vakblad *Foreign Affairs* ging erg ver met een artikel met de titel: 'Een lijkschouwing van het Amerikaanse leiderschap'. Klopt dit wel?

Er waren altijd al machtige concurrenten die Amerika naar de kroon staken. Ooit was dat de Sovjet-Unie, die Amerika leek te verslaan in de ruimterace. Dat is niet gebeurd. Rusland zou nu verkruimelen zonder de inkomsten uit olie en gas. Poetin zet wel een grote mond op, maar dat is voor een groot deel bluf.

Nu is er de stormachtige opkomst van China, India en andere landen in Zuidoost-Azië. Dat verzwakt de positie van de VS. Maar de onomkeerbare, desastreuze neergang die zoveel wordt besproken? We hebben dat dus vaker gehoord.

Josef Joffe, hoofdredacteur van *Die Zeit* en schrijver van het boek *The Myth of American Decline*, laat zich niet overtuigen door de doemdenkers. Licht spottend schreef hij een paar jaar geleden: 'Het is weer de tijd van de neergang' ('it's decline time again'). De titels van hoofdstukken in zijn boek verwijzen naar eerdere periodes van neergangsdenken: jaren vijftig: de Russen komen eraan; jaren zestig: het uiteenvallen van Amerika; jaren zeventig: Amerika's malaise; jaren tachtig: de Rijzende Zon van Japan; eenentwintigste eeuw: de Chinezen komen eraan.

Ruchir Sharma, Chief Global Strategist van zakenbank Morgan Stanley, komt in *Foreign Affairs* tot eenzelfde conclusie. Hij schrijft over 'the Comeback Nation'. 'Wanhoop *niet*! Tussen 2010 en 2020 maakten de Verenigde Staten niet alleen een comeback als economische grootmacht, maar bereikten ze ook nieuwe hoogten als een financieel imperium, aangedreven door de relatief jonge bevolking, de open deur naar immigratie en investeringen die Silicon Valley binnenstroomden. De Amerikaanse economische suprematie heeft herhaaldelijk bewezen dat aanhangers van de neergangstheorie ernaast zaten. Ik doe niet mee in het koor van klagers over de macht van Amerika.'

Michael Mandelbaum maakt in *Foreign Affairs* een fascinerende rekensom: in 1850 hadden de VS 23 miljoen inwoners; 13 miljoen minder dan Frankrijk. Vandaag hebben de VS 330 miljoen inwoners. Dat is meer dan Duitsland, Engeland, Frankrijk, Italië en Nederland bij elkaar!

Ja, er is de concurrentie van China en India, maar de VS blijven vooralsnog de grootste economie ter wereld. Een groeiende bevolking (VS en India) is een groot voordeel ten opzichte van landen met krimp (China, grote delen van Europa).

Journalist en commentator Daniel Gross komt in het boek *Better, Stronger, Faster* tot deze slotsom: 'Als je een magneet bent voor immigranten, toeristen en kapitaal en als mensen in recordaantallen naar je toe komen voor een bezoek, studie, werk of investeringen, dan ben je geen land in verval. Als je bevolking blijft groeien en als je bevolkingssamenstelling geen economische belemmering is maar de voorwaarden schept voor economische groei, dan ben je geen aftakelend land. Als je bedrijven, merken en businessmodellen hebt die voortdurend de wereld veroveren en het vermogen tonen om nieuwe markten binnen te dringen, dan ben je géén land in ontbinding.'

Ian Bremmer schrijft in *Every Nation for Itself*: 'Wie gelooft in de neergang van Amerika ontkent de geschiedenis van de Verenigde

Staten en hun bevolking. Ja, de wereld is veranderd; Amerika heeft niet langer de leidende functie die het in de vorige eeuw had. Maar Amerikaans leiderschap kan opnieuw cruciaal zijn voor internationale vrede en welvaart.'

Vergeet intussen niet dat Donald Trump in zijn buitenlandse beleid ook vaak gelijk heeft, al is de presentatie beroerd en vaak contraproductief:

- Europa betaalt te weinig aan defensie; de militaire dreiging van Rusland en China is reëel;
- China profiteert eenzijdig van de handel met de VS;
- Iran is en blijft onbetrouwbaar in een toch al zo labiele regio;
- Noord-Korea moet militair (kernwapens) worden ingedamd;
- de toestroom van honderdduizenden illegalen vanuit Mexico is politiek onhoudbaar.

Grote vraag: kríjgt Trump ook gelijk? Of heeft het het voor zichzelf verpest? De president is de man van de korte baan, van snelle resultaten en woeste beleidswijzigingen. Dat zorgt voor veel onzekerheid en daar houden ze niet van in de internationale politiek. Alle spelregels uit het handboek 'Diplomatie voor Dummies' slaat Trump in de wind. Kernbegrippen in de traditionele diplomatie zijn immers beleefdheid en begrip, geduld en gezag, respect en realisme. Dat klinkt niet heel trumpiaans.

De wereld is sinds het aantreden van Trump kritischer over de VS. De natuurlijke charme en de rocksterachtige uitstraling van Barack Obama deden veel goed en verhulden zijn vaak zwakke buitenlandbeleid: populair, mooie toespraken, weinig concreet resultaat.

Trump doet dat anders. Hij grossiert in grote daden en verbroken vriendschappen. Er is een recordaantal opgezegde verdragen en eenzijdige maatregelen (Parijs, Iran-akkoord, WHO, NAFTA, TPP, China, dreigen naar NAVO-landen). Bondgenoten speelt hij tegen elkaar uit. Zijn gedrag is grillig en impulsief: veel getergde tweets, weinig consistent beleid.

Ooit was Amerika wereldwijd een moreel rolmodel en dus een van de meest bewonderde landen.

Voorbij die tijd!

'DE BESTE PRESIDENT OOIT' HEEFT VEEL TE DANKEN AAN 'DE SLECHTSTE PRESIDENT OOIT'

Een kolossaal voordeel voor de VS is dat ze sinds een paar jaar de grootste leverancier ter wereld zijn van olie en gas. Dat is andere koek dan Nederland en de rest van West-Europa, die met de pet in de hand bij de Russen moeten aankloppen voor gas en bij de Arabieren voor olie. Trump kan een heel lange neus maken naar de olie- en gasoligarchen.

De president ('Ik ben de beste president ooit') zal het niet graag toegeven, maar juist onder Barack Obama (de slechtste president ooit, volgens Trump) is er geweldig geïnvesteerd in de Amerikaanse energieproductie, vooral in schaliegas en -olie. De slogan 'Let's Make America Great Again' begon wat dat betreft al onder Obama. Trump heeft hem daar (zo kennen we Trump) geen credit voor gegeven. Integendeel.

De Amerikaanse olie- en gaswereld krijgt harde klappen van de coronacrisis. De vraag daalt door de economische ineenstorting en dus duikelen de prijzen. De Amerikaanse leveranciers doen het goed in tijden van hoge prijzen en zijn als eerste de pineut als de wereldmarkt krimpt.

Amerika heeft vergeleken met de OPEC hoge productiekosten en heeft dus veel last van economische tegenwind. Het is moeilijk voorspelbaar hoe deze economische recessie uiteindelijk voor de Amerikaanse energiesector uitpakt. Zeker is dat de enorme energievoorraden van de VS op de lange termijn een heel belangrijke troefkaart zijn op het wereldpolitieke toneel. Europa is daar jaloers op.

Nog een sterke kant van de VS: de economie is ongekend innovatief. Amerikaanse ondernemers slagen er als geen ander in om technisch vernuft om te zetten in blockbusterbusinessmodellen. De hele top van de grootste en meest innovatieve bedrijven is Amerikaans: Amazon, Apple, Facebook, Google en Microsoft. Ze heten al een tikkeltje zeurderig de Frightful Five, de Angstaanjagende Vijf.

Een beetje jammer is wel dat vs-critici er als de kippen bij zijn om dat glanzende succes te laten verbleken. Dan gaat het natuurlijk om hun monopoliepositie en de angst voor mogelijk misbruik van privacy.

Die kritiek is deels terecht, maar we hebben ook veel aan die bedrijven te danken. Dit boek was er zonder Google niet geweest. Ik koester de zegeningen van een perfecte zoekmachine. En hartelijk dank voor een storingsvrije eveneens Amerikaanse (in China gemaakte) computer, software waarmee ik dit alles kan omtoveren tot persklare kopij voor mijn boek en foutloze onlinebestellingen (boeken). En tussendoor houd je als vader moeiteloos contact met de drie over diverse continenten uitgewaaierde volwassen kinderen, met tijdsverschillen van zes en negen uur.

Vooruitgang in de wereld (onderwijs, geneeskunde, transport, communicatie) is mede mogelijk door de technologie van deze megabedrijven uit de vs. Wereldwijd groeit mede daardoor de best geïnformeerde jonge generatie uit de wereldgeschiedenis op. Het ongebruikte potentieel van vrouwen zal sneller tot wasdom komen dankzij internet, smart data en kunstmatige intelligentie. Leve Amerikaans ondernemerschap. Het maakt mijn leven en dat van vele miljoenen anderen aangenamer, efficiënter, goedkoper, makkelijker, socialer. Dat mag wel eens gezegd worden. Bij dezen!

Zijn er dan geen zorgen over de Amerikaanse economie? Jawel, de Aziatische concurrentie is formidabel en blijft groeien. China krijgt in steeds meer delen van de wereld (Afrika, de vs en ook Europa) steeds meer bezittingen en dus economische en politieke invloed. De Volksrepubliek ontwikkelt zich ook militair razendsnel, hoewel de militaire uitgaven van de vs boven alles uittorenen. De verhoudingen tussen de vs (650 miljard dollar per jaar) en China (250 miljard) blijven heel scheef. Maar het gemak waarmee de aanhangers van *declinism*, de achteruitgang, de VS wegzetten als een ex-supermacht is eenzijdig, overdreven en niet in overeenstemming met de feiten.

De wereld heeft de VS nog steeds hard nodig. Ongeacht de uitslag van de verkiezingen van 2020.

DE KIEZERS VAN TRUMP ZITTEN IN BOSTON, BUFFALO EN BROOKLYN; NIET IN BERLIJN, BEIJING EN BAGDAD

Er is veel chagrijn in de wereld over de onbezonnenheid waarmee Donald Trump van de internationale politiek een wildwaterbaan heeft gemaakt. Dat kan Trump overigens niet veel schelen. Zijn kiezers zitten immers in Boston, Buffalo en Brooklyn; niet in Berlijn, Beijing en Bagdad.

Vanuit het perspectief van het grote Amerika (de grootste economie en het machtigste leger) is het buitenland bijna altijd klein. Bij onderhandelingen begint Trump ook niet met praten. Zijn eerste daad is altijd dreigen, wraakzuchtige tweets sturen of het eenzijdig opzeggen van verdragen. Dat gebeurt onveranderlijk met veel bombarie en bravoure. Vriend en vijand krijgen dezelfde behandeling. Daar schrikken zijn tegenstanders en bondgenoten geweldig van. Maar ook hier geldt: het went.

Vroeger zou zo'n door de politieke porseleinkast stampende olifant nog echt nieuws zijn geweest. Nu wordt ook dat routine; het nieuwe normaal. Dat Trump steeds weer radicaal van koers verandert (wel of geen nieuw NAFTA-verdrag, Noord-Korea als vriend of vijand, wel of geen aanval op Iran, handelsoorlog met China of toch een deal?) is nu ook al voorspelbaar.

In de zomer van 2019 verscherpt Trump het handelsconflict met de VS. China's VN-ambassadeur Zhang Jun is niet onder de indruk: 'Als de Amerikanen willen praten, dan praten we. Willen ze vechten, dan vechten we.' Veel collega-regeringsleiders in de wereld wachten en hopen: ze wachten op de volgende 'schot-uit-de-heup'-actie van Trump. Ze hopen dat het na 2020 voorbij is.

Intussen jaagt Trump bijvoorbeeld Amerikaanse boeren tegen zich in het harnas, door export van sojabonen naar China te bemoeilijken. Dat is electoraal gevaarlijk, omdat Trump en de Republikeinen zonder massale steun in de agrarische staten niet kunnen winnen in 2020. De handelsoorlog kost een Amerikaans gezin vele honderden dollars per jaar.

Is dat economische sabelgekletter vanzelf voorbij als Trump verdwijnt? Keert Amerika na Trump terug in het Klimaatakkoord van Parijs? Worden opgezegde handelsverdragen hersteld? Met een Democratische president zou de politieke volumeknop naar beneden worden gedraaid, maar zou de rust níét weerkeren. De VS gaan ook onder een Democraat níét terug naar de jaren van onomstreden Amerikaanse suprematie en onvoorwaardelijke trans-Atlantische vriendschap.

Een Democraat in het Witte Huis zal net als Trump krachtig aandringen op hogere defensie-uitgaven in Europa. Trump heeft de toon gezet voor een scherper handelsbeleid. En immigratie blijft politiek in de VS 'een hete aardappel'. Kiezers van links en rechts eisen een stevig beleid.

De scherpste kantjes van het Trumpbeleid worden vast weggeslepen, maar ook een Democraat moet zijn of haar kiezers onomwonden laten zien: 'Ik bescherm ons land tegen oneerlijke concurrentie en ongewenste nieuwkomers.' Trumps erfenis dreunt ook lang na omdat hij bij veel Amerikanen de overtuiging heeft geplant dat China een loopje neemt met de VS en immigranten worden voorgetrokken. Het aantal niet-blanken stijgt gestaag. Dat leidt tot angst. Amerika beperkt onder Trump – na een traditie van honderden jaren – de gastvrijheid voor nieuwkomers. Durft een Democratische president dat terug te draaien?

En er is nog een verandering die vergaande consequenties kan hebben voor het buitenlandse beleid, ongeacht de politieke kleur van de president. Jonge kiezers zijn niet belast met de erfenis van de Tweede Wereldoorlog en de Koude Oorlog. De vanzelfsprekendheid van Amerika als wereldwijde politieman (*global cop*) ontbreekt bij jonge kiezers. Velen zeggen: de noden in eigen land zijn hoog. Die honderden miljarden voor defensie kunnen we deels beter besteden. Een volgende president – ongeacht de politieke kleur – zal het Europa snel laten weten: doppen jullie nu alsjeblieft even je eigen boontjes?

Columniste Anne Applebaum van *The Washington Post* luisterde naar een paar debatten met de twee dozijn Democratische presidentskandidaten. Het ging vrijwel niet over het buitenland. Komt het aloude isolationisme terug, waarbij Amerika zich binnen de eigen grenzen terugtrekt? Applebaum over de verkiezingsdebatten: 'Het ging niet over Europa, China of Venezuela. Ook was er geen verhelderende discussie over internationale handel, en niemand had het over de voordelen van vrede, die zeker werd gesteld door vijfenzeventig jaar Amerikaanse aanwezigheid in Europa. Dat komt nu in gevaar door de dreiging van een Amerikaans vertrek. Sinds 2016 heeft Amerika geen ambities meer om met baanbrekende ideeën de wereld te hervormen. Amerika is nu in oorlog met zichzelf.' De bondgenoten in Europa en elders zijn gewaarschuwd!

De verkiezingen van 2020 zullen amper over buitenlands beleid gaan. En al helemaal niet over Europa. De Amerikanen zijn even te druk met zichzelf.

V

Slot: Trump is tijdelijk

17

Het wereldbeeld van journalisten: een lachspiegel met een grauwsluier

'We liggen allemaal in de goot, maar sommigen van ons kijken op naar de sterren.'
Oscar Wilde (1854-1900), dichter en toneelschrijver

'Elk land moet weten dat wij, ongeacht de prijs, pijn en inspanning, elke vriend zullen steunen en elke vijand zullen bestrijden om er zeker van te zijn dat vrijheid altijd succesvol blijft.'
John Kennedy, president (1960-1963) van de Verenigde Staten

Ik ben in 1954 geboren in Joure in Friesland en maakte de fameuze jaren zestig als puber vanuit ons bedaarde dorp op afstand mee. Woodstock en Kralingen zag ik in zwart-wit op de televisie. De ambities van de hippies en hemelbestormers waren toen torenhoog, maar de verbeelding kwam niet aan de macht.

De gehoopte democratisering van de samenleving en de universiteiten liep uit op een kolossale teleurstelling. Want wat veranderde nu echt in de late twintigste eeuw?

Ik kijk intussen terug op een lange carrière in de nieuwsjournalistiek. Tijd voor een tussenbalans. Ik doe elk jaar rond oud en nieuw een klein testje. Bij Google News typ ik als zoektermen in: 'worst year ever'. Dat is altijd raak! Er gaat geen jaar voorbij – en 2020 zal vanwege corona zeker geen uitzondering zijn – zonder bezorgde beschouwingen in de internationale media over het afgelopen jaar: 'Het is nog nooit zó erg geweest.'

Het is als een weersvoorspelling met onveranderlijke koude, storm en wind. Bij journalisten schijnt nooit de zon. Na regen komt géén zonneschijn. Hoe geloofwaardig is zo'n weersverwachting met een dikke rouwrand?

Journalisten houden een spiegel op waarin hun lezers, kijkers en klikkers de wereld om ons heen weerspiegeld zien. Maar het is een lachspiegel met een grauwsluier. Pessimisme is verslavend. Het is een verslaving die in de wereld van journalisten bovengemiddeld vaak voorkomt. En corona zorgt vast ook niet voor opklaringen in het journalistieke humeur. Het nieuwe normaal blijft in de media een somber normaal. Jammer, maar waar.

DE CONFLICTEN IN DE WERELD VAN TRUMP: NOOIT EEN TUSSENWEG OF COMPROMIS

Eerlijk is eerlijk: er gebeuren dingen in de VS die ik niet had voorzien. Donald Trump schudt het land, de politiek en zijn partij door elkaar. De heftigheid waarmee dat gebeurt is ongekend. Trump won in 2016 op het nippertje van Hillary Clinton, maar regeert nu alsof hij met een Noord-Koreaanse uitslag (99 procent van de stemmen) triomfeerde. Dat mandaat is er niet. Het verhindert Trump niet te proberen als een ongekozen potentaat te regeren (uitschakelen controle van het Congres, ontslaan van critici, zo veel mogelijk regeren via presidentiële orders, uitschelden en verdacht maken van tegenstanders, negeren advies van deskundigen).

Hij ontleent er de ambitie aan om Amerika drastisch te hervormen. Niet vooruit in de tijd, maar terug naar de vorige eeuw. Trump heeft daarvoor een voorspelbaar recept: hij drijft mensen uit elkaar en praat ze angst aan. Waar moeten we dan bang voor zijn? Dit is de wereld volgens Trump:

- niet bang zijn voor opwarming van het klimaat, maar wel voor 'socialistische Congresleden die Amerika haten';
- niet bang zijn voor de schrijnende verschillen tussen arm en rijk, maar wel voor de tsunami aan immigranten;
- niet bang zijn voor bijna dertig miljoen Amerikanen zonder

zorgverzekering, maar wel voor 'linkse bureaucraten in de spreekkamer van de dokter';

- niet bang zijn voor jaarlijks 40 000 vuurwapendoden in de VS, maar wel voor de enkele tientallen doden in de VS per jaar als gevolg van extreem terrorisme (75 procent van de daders zijn trouwens geen moslims maar veelal boze, blanke, rechtse mannen, maar dat zegt Trump er niet bij);
- niet bang zijn voor het coronavirus (dat zal op miraculeuze wijze verdwijnen), wel voor demonstranten die standbeelden van hun sokkel trekken.

Tot het voorjaar van 2020 was racisme amper een onderwerp. In elk geval was er geen enkele poging van de Trumpregering de structurele achterstanden van zwarte Amerikanen aan te pakken. Ook van Democraten kwam geen initiatief in die richting. Het was geen urgent onderwerp.

Al vanaf het voorjaar van 2019 staat racisme ineens wél op de agenda, maar niet als probleem dat je als president moet aanpakken. Nee, het is omgekeerd. Trump is zelf de bron van racisme en boosheid daarover onder de bevolking. Het begint op te vallen: in tweets valt de president wel erg vaak uitgerekend gekleurde landgenoten aan. Om te beginnen de vier vrouwelijke Congresleden die sinds de Congresverkiezingen van 2018 zo aan de weg timmeren.

Drie van de vier zijn in de VS geboren en dus 100 procent Amerikaan, maar toch krijgen ze het advies terug te keren naar de landen waar ze vandaan komen: daar heerst een rampzalige chaos met falende, corrupte regeringen, aldus Trump. Daarna is het zwarte Congreslid Elijah Cummings het slachtoffer van Trumptweets. Trump valt tegelijk de bewoners aan van veelal zwarte buurten in Baltimore, waar ratten en ander ongedierte een plaag zijn.

Trump gebruikt het woord *infestation* (plaag) vaak in verband met misdaad en ongedierte. Over Baltimore: 'Een plek waar geen mens wil wonen' en over Cummings: 'Een brute bullebak, die tiert en schreeuwt.' Daarvoor was het eveneens zwarte Congreslid John

Lewis al aan de beurt geweest. Hij kwam uit een 'door misdaad geteisterd' kiesdistrict in Atlanta. Ook de zwarte dominee Al Sharpton moet het ontgelden. Hij is 'een oplichter en ruziezoeker'.

CNN-presentator Victor Blackwell zegt op de website Politico: 'Donald Trump heeft meer dan 43000 tweets verstuurd. Hij heeft duizenden mensen van zeer diverse komaf beledigd. Maar als hij tweets stuurt over "een plaag" gaat het altijd over bruine en zwarte mensen.' Columnist Charles Blow van *The New York Times* voegt er cynisch aan toe: 'Bij een plaag hoort uitroeiing.'

We raken hier de harde kern van het maatschappelijk debat in de VS. Het doet denken aan de Culture War van religieus rechts en de Moral Majority van veertig jaar geleden. Ook toen werden tegenstellingen tussen bevolkingsgroepen vergroot. De president, zelf de kleinzoon van immigranten en tweemaal de echtgenoot van een immigrant (Melania – Slovenië, zijn eerste vrouw Ivana – Tsjecho-Slowakije), verdeelt de mensheid nu ook weer in twee groepen.

Alles staat in het teken van confrontatie en tegenstellingen. De fans van Trump vinden dat fantastisch: dit had Amerika nodig! De haters van Trump kijken met afschuw toe: dit is niet hun Amerika!

In Trump Country is er nooit een tussenweg of compromis. Altijd conflict, nooit samenwerking. Altijd schelden, zelden een compliment. Zelfs op de nationale feestdag (Fourth of July) gaat Trump vol op het orgel. Hij spreekt over dreigend fascisme en beschimpt de actievoerders die overal in het land standbeelden omvertrekken of bekladden.

OOK STANDBEELDEN HEBBEN NIET HET EEUWIGE LEVEN: TRUMP WIL TERUG NAAR GOEIE OUWE TIJD

Het omvertrekken van standbeelden is nu live op televisie te zien. Op social media verschijnen de eerste bijtende commentaren al voordat zo'n standbeeld de grond raakt. De beelden gaan binnen luttele seconden de wereld over. Dat is nieuw. Maar voor de rest? Woede over foute historische symbolen was er 250 jaar geleden ook al. Niks nieuws onder de zon. Behalve de smartphones natuurlijk.

Neem de zomer van 1776. Het was een paar dagen na de allereerste officiële Fourth of July, de dag waarop George Washington en de zijnen de Declaration of Independence tekenden. Daarmee maakten ze zich los van de Britse koloniale overheerser. Koning George III was voor de ambitieuze revolutionairen het gehate symbool van het koloniale kwaad.

In New York trok een groep trotse burgers van de kersverse USA naar Broadway waar hoog te paard koning George III op de opstandelingen – de achttiende-eeuwse variant van Black Lives Matter – neerkeek. In de strijd voor gerechtigheid en vrijheid paste dat standbeeld niet langer. We hebben er mooie schilderijen van. De revolutionaire opwinding en hoopvolle toekomstverwachting spetteren van het doek. Alleen de kop 'Breaking News' ontbreekt.

Het beeld werd omvergehaald en kort daarna omgesmolten. Volgens de historische bronnen werden er ruim 42 000 kogels van gemaakt. Het was het tastbare symbool van politieke verandering. Een revolutie ook die niet meer was terug te draaien.

De revolutionaire helden van toen zijn voor veel Amerikanen nu het symbool van kwaad en onrecht, bijvoorbeeld omdat ze slaven hadden.

Donald Trump is het daar niet mee eens. Hij maakt zich kwaad dat nu 250 jaar later slaveneigenaar George Washington en de zijnen voor velen nu de bron van racisme en onderdrukking zijn.

Op de 4 Juliviering zegt Trump strijdbaar: 'We verslaan radicaal-links, de marxisten, de anarchisten, de agitators en plunderaars. Boze bendes proberen standbeelden van onze oprichters af te breken. Ze beschadigen onze meest heilige gedenktekens en ontketenen een golf van gewelddadige misdaad. Ze denken dat het Amerikaanse volk slap, zwak en onderdanig is. Maar nee, het Amerikaanse volk is sterk en trots en we zullen niet toestaan dat ons land en al zijn waarden, geschiedenis en cultuur worden afgepakt. Ik heb een presidentiële order getekend. Mensen die federale standbeelden of monumenten beschadigen, krijgen minimaal 10 jaar gevangenisstraf.'

Trump wil deze symbolen in een 'park voor Amerikaanse helden' onderbrengen, maar hij realiseert zich niet dat je daarmee de tijd niet terugdraait. Het trotse verleden, waar Trump naar verlangt, is echt voorbij.

De actievoerders die de beelden omvertrekken willen daar niet naar terug. Ze willen dat verleden juist voor eens en altijd afsluiten. Het omtuimelende standbeeld wordt een symbool van hoop voor een betere toekomst. Dat is altijd zo geweest: denk maar aan de vernielde standbeelden en schilderijen van Saddam Hoessein, Jozef Stalin, Adolf Hitler, Hosni Moebarak, Lenin en Moammar Khadaffi. Wat hebben deze gevallen leiders gemeen? Hun standbeelden zijn nooit opnieuw overeind gezet. Leiders en hun symbolen hebben niet het eeuwige leven.

The Washington Post schrijft over de vele standbeelden in de VS die het vanwege een racistisch verleden moesten ontgelden: 'Het omtrekken van standbeelden is een wereldwijde beweging. En het werkt! Voor het eerst sinds de jaren vijftig en zestig uiten zwarte mensen over de hele wereld tegelijkertijd hun verontwaardiging over de lange geschiedenis van hun landen van deelname aan slavenhandel, slavernij en kolonialisme.'

RACISME: DAAR HEB JE ALS LEIDER GEVOEL VOOR NODIG. DAT IS NIET DE STERKSTE KANT VAN TRUMP

Wie had dit voorzien? De aanleiding had net zo goed voor het grote publiek verborgen kunnen blijven. Maar deze keer sloeg de vlam in de pan nadat vier agenten op 25 mei in een onopvallende straat in Minneapolis George Floyd arresteerden. Ruim acht minuten zat een agent met zijn knie op de nek van de vergeefs naar adem happende Floyd. Hij stierf op straat.

Stel dat we nog leefden in het tijdperk van vóór de smartphone.

Dan was een politieverklaring uitgegeven over George Floyd die zich had verzet tegen zijn arrestatie en daarbij ongelukkigerwijs om het leven was gekomen. Akelig, maar eigen schuld. Hij zou naamloos gestorven zijn.

Het is verbazend hoe vaak agenten nog in de fout gaan, terwijl ze weten dat attente burgers allang staan te filmen. De vakbonden van de politie spelen hierin een dubieuze rol. De vakbonden behartigen natuurlijk de belangen van agenten, maar in de praktijk dekken ze vaak wangedrag van hun leden toe.

Mede daardoor is er deze verontrustende en beschamende statistiek: in 99 procent van de gevallen worden agenten niet veroordeeld voor dodelijk geweld. De wet beschermt de agenten, ook al gaan ze in de fout. Meestal waagt een officier van justitie zich niet eens aan een tenlastelegging. Vaak wordt ontslag van een zich misdragende agent onder druk van de vakbonden zelfs teruggedraaid.

Alles is erop gericht agenten te vrijwaren van controle ('a sweetheart deal for the police'). Het is een staat in de staat: arrogant, onaantastbaar en volledig in zichzelf gekeerd.

En wie is daarvan de dupe? De burger natuurlijk, die vergeefs gerechtigheid zoekt na misdragingen door de politie. Daarop komt nu veel kritiek. De publieke opinie kantelt en de politieke druk wordt steeds groter.

Bij nabestaanden leidt dit alles tot woede en verwijten over racisme (hoewel bijna de helft van de slachtoffers blank is). Niet langer individuele agenten, maar het hele systeem (geweld, discriminatie, fraude) staat ineens ter discussie. Er is geen ontwikkeld land waar agenten zo vaak burgers doodschieten (gemiddeld bijna drie doden per dag). Vergeleken met West-Europese landen heeft de VS een veelvoud aan dodelijke slachtoffers.

Vroeger waren daar natuurlijk geen videobeelden van. Nu zijn er vaak direct videobeelden; zelfs vanuit verschillende gezichtshoeken, alsof er een reportagewagen van een tv-station live staat mee te filmen. George Floyd is niet naamloos gestorven dankzij smartphone en social media.

In *The New York Times* schrijft columnist Nicholas Kristof hierover: 'Het is goed dat er dankzij onlinevideo's veel meer controle is op wangedrag van gezagsdragers. Maar veel vaker is er ook nog erbarmelijk onrecht zonder panklare videobeelden. Niemand ziet de talloze keren dat een gekleurd kind goede kansen op onderwijs wordt onthouden. Dat dit kind gemiddeld veel korter leeft dan een blank kind laat zich ook niet in paar videobeelden vangen. En de tienduizenden zwarte Amerikanen die aan corona sterven? Deze bevolkingsgroep is onevenredig zwaar getroffen. Het is een kille statistiek zonder videobeelden om de omvang van de ramp full colour te illustreren.'

Door de onthutsende tv-beelden van de dood van George Floyd slaat de vlam in de pan. In het hele land zijn massale demonstraties. Trump grijpt plunderingen aan om zijn giftige analyse over 'loot and shoot' aan te prijzen. De woede wordt nog groter.

De linkse schrijver en columnist (van *The Guardian*) Rebecca Solnit vergelijkt het met paddenstoelen die ineens als uit het niets tevoorschijn komen. De volksbeweging na de moord op George Floyd was voor haar geen verrassing.

Solnit: 'Die paddenstoelen ontspruiten aan uitgebreide, meestal onzichtbare en onbekende netwerken. Zo ontstaan revoluties ook. Heel lang is het onderliggende mechanisme minder zichtbaar, maar daar wordt intussen wel de basis gelegd voor zo'n beweging. Heel lang lijkt het onbeduidend en marginaal. Dan ontstaat plots verandering en gaan mensen anders nadenken over de vraag wie gehoord mogen worden en rechten hebben.'

De woede en frustratie in de etnische wijken van de steden zijn oprecht en steeds meer blanken steunen Black Lives Matter dus. Maar dat alles lijkt de president te ontgaan. Daar wonen zijn kiezers immers niet. Hij is de man van de korte termijn en in zijn observaties zit zelden een tweede laag, een diepere betekenis.

Eind juli verhoogt president Trump de maatschappelijke onrust door tegen de zin van de burgemeester en de gouverneur federale troepen te sturen naar Portland (Oregon). De woede onder de veelal vreedzame demonstranten is groot. De president lijkt na de mislukte aanpak van de coronacrisis een nieuwe vijand te hebben gecreëerd: de "linkse anarchisten die ons land willen ruïneren". De onrust slaat naar steeds meer steden over. Voor Trump en de Republikeinen komt dit verhaal als een welkome afleiding. Hun boodschap: "Willen jullie overal dit soort radicale rellen, stem dan op Joe Biden. Wil je dat niet, stem dan op Donald Trump".

En over de oorzaken van alle onrust? Geen woord!

Robert Kennedy (1925-1968) sprak daarover meer dan 50 jaar geleden al, kort voordat hij werd vermoord: 'Er is een andere vorm van geweld, langzamer, maar niet minder dodelijk. Dit is het geweld van de maatschappelijke instituten, de onverschilligheid en de langzame verrotting. Dit is het geweld dat de armen hard raakt en verhoudingen vergiftigt vanwege hun huidskleur. Dit is de langzame aftakeling van een kind met honger, een school zonder boeken, huizen zonder verwarming.'

Deze analyse van Kennedy zal Trump niet raken. Hij zegt van zichzelf – zonder enige bescheidenheid – dat nooit eerder een president zoveel goeds voor de zwarte gemeenschap heeft gedaan. Hij kijkt naar de volksbeweging van Black Lives Matter ('plunderaars en relschoppers') en de coronacrisis ('het Chinese virus') als een onverwachte en vooral ongewenste onderbreking van de uitbundige zegetocht van de beste president uit de Amerikaanse geschiedenis ('I will be the best president God ever created').

Wie naar de feiten van Trumps presidentschap kijkt, komt tot een onheilspellende diagnose. Eerst werd hij overvallen door het kwaadaardige coronavirus dat zich niet door hem laat afbluffen en niet gevoelig is voor zijn nijdige erupties. En nu is er deze volksbeweging die krachtiger en groter is dan Trump had durven denken. Zijn opmerkingen over de demonstranten ('an angry mob, criminals, domestic terrorists, cultural Marxists, looters, professional anarchists, rioters, thugs, vicious dogs') vallen verkeerd vooral omdat hij niets zegt over de achtergrond van alle demonstraties.

Terwijl de president op de avond van de Witte Huis-betoging van 1 juni de natie toespreekt, waaien flarden lawaai over van de andere kant van het Witte Huis waar juist vreedzame demonstranten met traangas zijn weggejaagd.

In split screen zien miljoenen tv-kijkers tegelijk de zelfverzekerde, zelfingenomen president en de relbeelden van de politie.

Trumps leiderschapsstijl in één beeld gevangen.

18

Het slagveld en de loopgraven maakten plaats voor vergaderzalen en rechtbanken

Bij lezingen vraag ik mijn toehoorders graag – terugkijkend op de laatste honderd jaar – wat de belangrijkste ontwikkeling was. Wat springt eruit als je nadenkt over de twintigste eeuw? Dan krijg ik suggesties als: de twee wereldoorlogen, de Holocaust, dekolonisatie, de atoombom, de beginnende klimaatcrisis, nieuwe technologie, vrouwenemancipatie en mensenrechten. Zo'n antwoord is niet goed of fout. Het is een kwestie van smaak.

Mijn antwoord is steevast: het was de eeuw van de onstuitbare opmars van de democratie. Rond 1900 was de wereld ondemocratisch. Honderd jaar later was die voor een flink deel democratisch. De grootste vooruitgang is geboekt in de tweede helft van de eeuw. Wie had dat durven denken toen de wereld na 1945 in puin lag?

Wie toen de balans had opgemaakt, had met recht kunnen zeggen: wat een afschuwelijke eeuw. In de jaren daarna bloeide in tientallen landen de democratie op. En misschien nog wel belangrijker is dat we met zijn allen een wereld hebben gecreëerd waarin we meer dan ooit samenwerken: op economisch, cultureel en wetenschappelijk gebied, en in de handel.

Er kwamen internationale rechtbanken (het Internationaal Strafhof, het Europees Hof) en handelsorganisaties, zoals de Wereldhandelsorganisatie (World Trade Organization, WTO). De stofwolken van de Tweede Wereldoorlog waren amper neergedaald of we richtten de Verenigde Naties (VN) op, met de Voedsel- en Landbouworganisatie (Food and Agriculture Organization, FAO), de Organisatie der Verenigde Naties voor Onderwijs, Wetenschap en Cultuur (United Nations Educational, Scientific and Cultural Organization, Unesco), het Hoog Commissariaat voor de Vluchtelingen (United Nations High Commissioner for Refugees, UNHCR) en de Wereldgezondheidsorganisatie (World Health Organization, WHO). Er kwamen organisaties als het Internationaal Monetair Fonds (International Monetary Fund, IMF) en de Wereldbank en regionale organisaties in Afrika, in Azië, zoals de Associatie van Zuidoost-Aziatische Naties (Association of Southeast Asian Nations, Asean) en de Asia-Pacific Economic Cooperation (APEC), en in Latijns-Amerika, zoals de Organisatie van Amerikaanse Staten (Organization of American States, OAS).

En vergeet de Europese Unie (EU) niet. Ja, samenwerking loopt langs een kronkelig pad en de immer verdeelde EU heeft structurele zwaktes. Maar onderschat ook de ongekende vooruitgang niet en de gemiddelde populariteit van de EU onder de 450 miljoen eigen burgers. In weerwil van wat de anti-EU-populisten ons willen doen geloven zijn de meeste Europeanen blij met de EU; vooral de aanhang onder jongeren is opvallend (83 procent), aldus Pew Research. In Nederland heeft twee derde van de bevolking een positief oordeel over Europa.

Honderd jaar geleden hadden we in Europa net de Eerste Wereldoorlog achter de rug, zaten we midden in een vernietigende wereldwijde griepepidemie (2,5 miljoen doden in Europa alleen, een veelvoud van de corona-epidemie) en moest de Tweede Wereldoorlog nog beginnen.

De mensheid heeft tientallen eeuwen ruzies en conflicten uitgevochten met een knots, speer, zwaard of ploertendoder. De geschiedenis van Europa is wreed en bloederig. Dat is gestopt. We respecteren elkaars rechten en vrijheden: van de meerderheid en van minderheden. Dat is voor het eerst in de geschiedenis. Tel uw zegeningen.

Het resultaat van al deze internationale inspanningen? De droom van onze verre opa's en oma's komt uit. Ruzies en conflicten die vele eeuwen steevast uitmondden in oorlogen, lossen we nu veelal vreedzaam op. Het slagveld en de loopgraven maakten plaats voor vergaderzalen en rechtbanken. Wie realiseert zich nog wat een zegen het is voor de mensheid dat dit – met vallen en opstaan – zo goed is gelukt?

Maar waarom is dit alles relevant in het slotwoord van dit boek over Amerika en de verkiezingen van 2020?

DONALD TRUMP LIGT DWARS OP DE GOLVEN: 'WIE NIET VOOR ONS IS, IS TEGEN ONS'

Het is relevant vanwege Donald Trump. Hij ligt dwars op de golven van de vooruitgang: weg met de softe internationale samenwerking, stop eens met al die slappe, moeizaam onderhandelde compromissen. Trump doet in de wereld wat hij ook in eigen land doet. Zijn bipolaire denken overheerst: goed tegenover kwaad, betrouwbaar tegenover onbetrouwbaar, staatsburger tegenover vreemdeling, vriend tegenover vijand.

Trump negeert dat de tijd van Amerika als enige supermacht ter wereld voorbij is en niet terugkeert. Naast de VS zijn er nu grote machtsblokken in Azië en Europa. Trumps machogedrag over wapenverdragen met de Russen is veelzeggend. De president zegt het Intermediate-Range Nuclear Forces-rakettenverdrag (INF) op. Dat staat heel stoer en hij heeft zeker een punt als hij boos twittert dat de Russen afspraken hebben geschonden. Maar door het verdrag op te zeggen plaatst hij zich buiten de internationale politieke orde. De machthebbers in Azië kijken er vast met een mengeling van vermaak en verbazing naar.

De president zegt handelsverdragen op, stapt uit een nucleaire afspraak met Iran, negeert het Klimaatakkoord van Parijs en straft landen die niet in de houding schieten als een Trumptweet op hen wordt afgevuurd. Tijdens de coronacrisis verlaat hij ook nog eens boos de Wereldgezondheidsorganisatie (WHO). Als je maar vaak genoeg zegt dat je de rest van de wereld niet nodig hebt, ga je er op den duur vanzelf in geloven.

Trump doet alsof al die vooruitgang uit de tweede helft van de twintigste eeuw er niet is geweest. Sterker: in het wereldbeeld van Donald Trump was dat helemaal geen vooruitgang. Het verzwakte juist de positie van de VS omdat allerlei landen, die zonder uitzondering natuurlijk minder fantastisch waren dan Trumps eigen Amerika, in die internationale praatclubs alleen maar hinderlijk in de weg liepen.

Het uitgangspunt van George W. Bush (in de tijd van de Irakoorlog) was: 'Wie niet voor ons is, is tegen ons.' De variant van de egotripper Trump: 'Wie niet voor *mij* is, is tegen *mij*.' Alles draait om hemzelf; hij is het stralende middelpunt in zijn eigen politieke sterrenstelsel. Er zijn in die denkwereld alleen winnaars en verliezers. Niks daartussenin. Dan wordt de wereld heel simpel. Terwijl de les vanaf 1945 juist was dat het juist minder eenduidig was. En dat je met geduld en tact meer bereikt dan met gescheld en een kwaaie tweet.

Globalisering is nu erg uit de mode, maar ze zorgde wel mede voor de ongekende daling van de mondiale armoede en mondiaal geweld en de stijging van het opleidingsniveau en de levensverwachting. En inderdaad, er is er nog geen oplossing voor de klimaatcrisis, de wereldwijde ongelijkheid, de immigratie en het banenverlies door robotisering. Maar is het dan een oplossing om de 'oude' internationale samenwerking met een ferme zwiep overboord te gooien? Wie garandeert een betere uitkomst van zo'n fanatieke, populistische stormloop op alle oude zekerheden (Boris Johnson, Donald Trump, Bolsonaro, Erdoğan, Poetin en anderen)?

Een groep vooraanstaande deskundigen op het terrein van internationale politiek (van onder meer de universiteiten van Cambridge, Harvard, MIT, Oxford en Princeton) luidde in 2018 de noodklok over het oncontroleerbare en onberekenbare gedrag van Donald Trump. Ze schreven een ongeruste open brief over de aanvallen van Donald Trump op internationale instituten als de VN, het IMF en de Wereldbank: 'We zijn gealarmeerd over deze aanvallen. We moeten het systeem hervormen, maar niet vernietigen. Het heeft Amerika en onze bondgenoten gedurende vele tientallen jaren gediend. De internationale orde moet veranderen, maar zeker niet op de roekeloze manier waarop president Trump die nu nastreeft. Het opbouwen van dergelijke instituten is veel moeilijker dan het afbreken ervan.'

Oud-Sovjetleider Michail Gorbatsjov, die als communistisch leider ooit vergaande wapenafspraken maakte met president Ronald Reagan, zegt: 'We kunnen deze nieuwe uitdaging niet op nationaal niveau tegemoettreden. Nationale regeringen moeten een moeilijke beslissing nemen maar het beleid moet uiteindelijk gemaakt worden door de hele wereldgemeenschap.'

Gorbatsjov vindt dat we te eenzijdig over internationale veiligheid hebben nagedacht. Dat ging voortdurend over wapens en oorlogen, maar niet over menselijke veiligheid. 'Dan gaat het over voedsel, water en schone omgeving en gezondheidszorg. Maar alle pogingen daartoe mislukken als we doorgaan met bakken geld uit te geven aan de wapenwedloop. Militaire uitgaven moeten met 85 tot 90% worden verlaagd. Het is een eerste stap op weg naar bewustwording over een nieuwe vorm van beschaving.'

Francis Fukuyama, hoogleraar op Stanford University en schrijver van de internationale bestseller *Het einde van de geschiedenis*, zit op dezelfde lijn. Alles draait om vertrouwen van burgers in hun overheid en omgekeerd van politieke leiders in elkaar. Op dat vlak heeft Donald Trump veel schade aangericht.

Fukuyama: 'Dat vertrouwen hebben we hard nodig, maar ontbreekt nu helaas. Dat komt door de hoge mate van polarisatie in de Verenigde Staten. Ik denk dat als er een andere president zou zitten we niet met dit probleem te maken hadden. Zolang Donald Trump daar zit, hebben we met dit probleem te maken.'

Daarom staat er in 2020 zoveel op het spel. Sanctioneren de Amerikaanse kiezers de arrogantie van de Amerikaanse president voor nog eens vier jaar? Krijgen we tot en met 2024 een politiek leider die er zichtbaar genoegen in schept de rest van de wereld te schofferen? Dat heeft grote gevolgen voor de VS en voor de rest van de wereld. Democraten aller landen, hoop er maar het beste van!

Als Trump verliest in 2020, kunnen we terugkijkend vaststellen dat Amerika vier jaar lang de verkeerde afslag heeft genomen, maar nu toch weer gewoon de snelweg op draait.

Wint Trump daarentegen een tweede termijn, dan zijn de gevolgen niet goed te overzien. Hij blijft wild en onvoorspelbaar. Voor ons in Europa is er de vraag hoe we dan met de VS moeten omgaan. De internationale samenwerking zoals hierboven beschreven, krijgt dan nog eens een lelijke knauw. Of schieten politieke leiders in Oost en West, Noord en Zuid in een soort mondiale gedoogstand: dan maar een tijdje zonder de VS.

In eigen land zijn de consequenties van Trump-2 vergaand. Ga ook even na: nu al is twee derde van de Amerikanen – ook veel Republikeinen dus – ervan overtuigd dat Trump voor zijn presidentschap misdrijven heeft gepleegd; bijna de helft vermoedt criminele activiteiten tijdens zijn presidentschap. En zo'n man wordt herkozen?

Het 'nieuwe normaal' omvat nu ook wetteloze bandeloosheid in het Witte Huis? Als de kiezer het wil...

Ronald Reagan lachte het weg.

Donald Trump liegt het weg.

DE LIJKSCHOUWING VAN EEN VOORBIJE TIJD: CHRISTENEN ZOEKEN VOORUITGANG IN HET VERLEDEN

Terug naar de binnenlandse politiek van de VS.

Intussen gaat de grote verkleuring van Amerika onverminderd door. Die verkleuring schuift gestaag op naar oudere groepen kiezers. Het gaat snel: nu al is de meerderheid van de Amerikanen onder de achttien jaar gekleurd; in 2030 is de groep tot dertig jaar in meerderheid 'non-white'. In 2045 is het omslagpunt: vanaf dat moment zijn blanke Amerikanen in de minderheid. Het wordt wel vergeleken met schuivende continenten, die het aanzien van de aarde over de lange termijn onherkenbaar en onstuitbaar veranderden. Dat staat Amerika ook te wachten.

Dat heeft indrukwekkende sociale en politieke consequenties. Demografie is de doem van rechts, christelijk Amerika. Donald Trump negeert het en belooft dat we teruggaan naar de tijd van Archie Bunker

('Boys were boys and men were men') en iedereen elkaar nog 'Merry Christmas' wenste in plaats van het politiek correcte 'Happy Holidays'.

Republikeinen weten natuurlijk verdomd goed wat er aan de hand is. Al in 2013 verscheen een intern rapport over de toekomst van de partij. In de wandeling spreken ze over het 'Lijkschouwingsrapport' ('Autopsy Report'). Dat is veelzeggend. Als de partij zich niet aanpast, wordt het op den duur onmogelijk bij verkiezingen meerderheden te halen. De partij is blijven hangen in het tijdperk van Ronald Reagan (1980-1988), aldus het openhartige rapport.

Citaat: 'Het imago van de partij is superslecht. Jonge kiezers rollen steeds meer met hun ogen als ze horen waar de partij voor staat. Veel minderheden denken dat Republikeinen hen niet mogen en het land uit willen zetten. De Republikeinen leunen achterover en zijn de partij van Reagan gebleven zonder uit te zoeken wat daarna komt. Onze partij weet oudere kiezers aan te spreken, maar we zijn het contact met jongeren kwijt.' Donald Trump doet precies waar dit rapport uit 2013 tegen fulmineert: hij droomt nog van een in meerderheid rechts, blank, christelijk Amerika.

Jongeren kijken met onbegrip naar dit verdwenen Amerika: ruim vijftig procent Republikeins, in meerderheid oud en blank, gelovig. De millennials herkennen dat beeld niet: zij zijn immers groot geworden met internet, ontkerkelijking, groeiende minderheden, gelegaliseerde marihuana, succesvolle immigranten en het homohuwelijk. Wat ze van de Republikeinen en evangelicals horen, is zó gedateerd.

DE TOURNEE VAN DE WEEMOED: DE REPUBLIKEINEN EN HET LAND DAT NIET MEER BESTAAT

Het politieke discours van de Republikeinen doet denken aan het dagelijkse koffie-uurtje in een bejaardenhuis. 'Vertel nog eens over vroeger. Gezellig was dat toch.' Ze besturen met de moed der wanhoop een fictief land dat allang niet meer bestaat. Het echte Amerika marcheert met steun van de meeste kiezers naar een socialere, gelijkere toekomst met een bevolking die diverser, veelkleuriger en kansrijker is dan ooit.

Maar de Republikeinen zijn koppig en blijven verouderde, vergeten idealen najagen. Hoelang kunnen Republikeinen hun tournee van de weemoed vervolgen? Hun naïeve nostalgie zegt iets over hun verleden, maar is geen duurzaam recept voor de toekomst.

Maar ja, vertel dat maar eens aan de trouwe, strenggelovige Trumpstemmers die bij verkiezingsbijeenkomsten uren in de rij staan om de belofte van de president nog één keer te horen: 'Let's Make America Great Again.' Voor deze kiezers is Trump de stuurman van de culturele reddingsboot die hun een behouden vaart belooft naar de haven van hun verloren verleden.

Journalist en historicus Yoni Appelbaum beschrijft de onvermijdelijke ommekeer in *The Atlantic* zo: 'De VS zit in een verandering die waarschijnlijk geen enkel rijk en democratisch stabiel land ooit heeft meegemaakt. De groep die in de geschiedenis altijd overheersend is geweest, wordt nu een politieke minderheid. En de vroegere minderheidsgroepen eisen nu hun rechten op en komen op voor hun belangen.'

De Republikeinen zien dit natuurlijk ook. Maar dan gaan de onvermijdelijke feiten door de trumpiaanse verbale gehaktmolen en dan klinkt de analyse over jong, progressief Amerika zo: 'Onze radicale Democratische tegenstanders worden gedreven door haat, vooroordelen en woede. Ze willen ons vernietigen en willen het land zoals we dat kennen te gronde richten. Dat laten we niet gebeuren.'

Klinkt dat zelfverzekerd of wanhopig?

Er is geen ontkomen aan: ook de boze, blanke Trumpkiezers komen er ooit achter dat hun populistische commander-in-chief dat verloren verleden niet op wonderbaarlijke wijze tot leven kan wekken.

Ze kunnen er maar beter aan wennen: voorbij is voorbij.

En Trump is tijdelijk.

Ik zei het al: er is hoop.

Dankwoord en verantwoording

Het is precies een jaar geleden. We genoten in de zomer van 2019 van onze jaarlijkse campertrip door de VS. Ik typte de laatste woorden van de eerste editie van dit boek op een pittoreske, hooggelegen *campground* in de Rocky Mountains.

Nu, een jaar later, zit een reis naar de VS er vanwege de coronacrisis niet in. De laatste woorden van de herziene versie van het boek schrijf ik in juli 2020 met uitzicht op oer-Hollandse duinen tijdens een weekje Vlieland. Ook leuk.

Corona heeft ons leven veranderd en de politieke agenda van de Amerikaanse verkiezingen omvergehaald. Het is amper bij te houden. Als je over actualiteit schrijft, zit het nieuws van alledag je steeds op de hielen. Over de onderwerpen van dit boek is er immers elke dag wel nieuws. Ik loop het risico dat tegen de tijd dat u als lezer dit boek onder ogen krijgt sommige details niet meer kloppen of achterhaald zijn. Ik vraag daarvoor begrip.

Voor de volledigheid: ik heb voor dit boek een enkele keer geput uit eerdere boeken van mijzelf: *Oh, oh Amerika* (2015), *President Donald Trump* (2017) en *Optimisten hebben de hele wereld* (2017). Ook heb ik fragmenten gebruikt van het maandelijkse essay dat ik sinds 1 januari 2020 in het FD schrijf.

In dit boek staan veel uit het Engels vertaalde citaten. Vertalen is een kwestie van smaak. Hoe breng je de bedoeling van de spreker zo goed mogelijk over? Daarbij maak je ter wille van de leesbaarheid keuzes qua lengte, context en woordkeuze. Ik heb daarbij maximale zorgvuldigheid betracht. Op mijn website heb ik een lijst van gebruikte bronnen opgenomen.

Dit boek behandelt veel onderwerpen. Ik kan daarom niet elk onderwerp uitputtend behandelen. Zo schrijf ik heel generaliserend over ‘evangelicals’. Ja, dat ligt genuanceerder, maar dit is een boek voor een (hopelijk) breed publiek en geen religieus traktaat. Vergeef me mijn generalisaties.

Ik ben als altijd meelezers veel dank verschuldigd: Dick Berlijn, Thijs Broer, Henk Dam, Vincent Everts, Oscar Garschagen, Hans Groenhuijsen, Joris van de Kerkhof, Ad van Liempt, Tim Overdiek, Bernard Tomlow, Edwin Venema en Ineke van der Wal. Veel dank voor jullie nuttige en wijze correcties en tips.

Het boek werd er beter door. Mijn vrouw en reisgezel Karin van der Cammen las mee, gaf nuttige tips, behoedde me voor uitglijders en hielp me met het vertalen van Engelse citaten.

Charles Groenhuijsen
Vlieland/Utrecht
Juli 2020